湖北省资源环境发展报告（2021）

湖北省国土空间治理研究

汤尚颖　陈翠芳　主编

科 学 出 版 社

北　京

内 容 简 介

本书在对我国现有国土空间治理历程和湖北省国土空间开发利用实际调研的基础上，就湖北省自然资源开发利用和空间布局现状、湖北省国土空间治理现状、湖北省自然资源开发利用和空间布局绩效评价、湖北省三生空间均衡的实证分析、湖北省国土空间治理体系和治理能力建设进展、新时代湖北省国土空间治理体系和治理能力的构成要件、湖北省国土空间治理体系和治理能力现代化建设框架设计，以及推进湖北省国土空间治理体系和治理能力现代化建设进程的政策建议共八个部分进行分析。

本书可供资源环境经济管理的工作人员阅读参考，也可供高等院校资源与环境经济学专业教师、研究生阅读参考。

图书在版编目（CIP）数据

湖北省国土空间治理研究/汤尚颖，陈翠芳主编. —北京：科学出版社，2023.4
（湖北省资源环境发展报告.2021）
ISBN 978-7-03-073197-5

Ⅰ.① 湖…　Ⅱ.① 汤…　②陈…　Ⅲ.①国土管理-研究-湖北-2021
Ⅳ.① F321.1

中国版本图书馆 CIP 数据核字（2022）第 257373 号

责任编辑：刘　畅/责任校对：高　嵘
责任印制：彭　超/封面设计：苏　波

科 学 出 版 社 出版
北京东黄城根北街 16 号
邮政编码：1007_7
http://www.sciencep.com
武汉市首壹印务有限公司印刷
科学出版社发行　各地新华书店经销
*
开本：B5（720×1000）
2023 年 4 月第 一 版　　印张：16 1/2
2023 年 4 月第一次印刷　　字数：318 000
定价：**118.00 元**
（如有印装质量问题，我社负责调换）

"湖北省资源环境发展报告"系列丛书

丛书主编：郝　翔

副 主 编：成金华　汤尚颖　张　琳

编委（按姓氏笔画）：

邓宏兵　帅传敏　成金华　汤尚颖

严　良　李通屏　杨树旺　吴巧生

余　敬　张　琳　陈翠芳　郝　翔

郭海湘

本书编写组

主　　编：汤尚颖　陈翠芳
副 主 编：陶　荣　赵春燕　刘　茜
　　　　　罗玛诗艺

参编人员：

齐　睿　龚承柱　张意翔　邓惠芬

徐　翔　何宗泽　刘亚君　车佩娟

郭瑛洁　宋　晶　楼怡江　柯友清

袁紫璇　章　钺　石志宇　陈徐州

张　康　杨韵琪　陈佳琪

前 言 Preface

　　《中共中央关于坚持和完善中国特色社会主义制度　推进国家治理体系和治理能力现代化若干重大问题的决定》（以下简称《决定》）是中共中央在党的十九届四中全会上就新时期我国进一步深化改革做出的重大决定。该文件对加强制度建设，推进国家治理体系和治理能力现代化若干重大问题的决定非常具体、内容丰富，具有前瞻性、系统性和全局性，对我国建设成为社会主义现代化强国具有重要的支撑作用。它不仅是我国全面推进和深化改革开放的重要纲领性文件，也是新时代我国各级政府今后相当长时期内的重要建设任务，要求全社会深刻领会和全面贯彻落实，也进一步指明了我国国土空间治理体系和治理能力现代化的建设方向和建设重点。

　　自然资源是我国实现绿色发展和高质量发展的重要物质支撑。为适应经济社会发展的需要，我国的自然资源管理经历了由计划经济体制向市场经济体制、由单一资源管理向综合管理的重大转变。这不仅提高了对自然资源的管理能力，也对国民经济和社会发展产生了积极的影响。

　　目前，我国正在构建由国土空间发展战略、法律与规划和区域政策体系为核心内容，以政府管理、市场机制和社会治理等为参与者，共同实施的国土空间治理体系，并贯穿于自然资源开发利用的全过程。因此，加强国土空间治理体系和治理能力现代化建设既是完善自然资源管理功能，提高自然资源管理能力的内在要求，也是推进国家治理体系和治理能力现代化的重要组成部分，同时必将进一步提高我国自然资源参与宏观经济决策的能力，引导国民经济和社会发展。

　　湖北省作为我国中部地区的大省，资源丰富，科技和教育发达，产业发展基础良好，气候条件、区位条件和生态环境条件优越，发展历史悠久，具有发展经济的良好基础和条件，历来是我国重要的经济区和农副产品生产及供应基地。经过改革开放40多年的发展，在实施长江经济带发展战略、"一带一路"倡议和中部地区崛起战略等过程中，湖北省以习近平新时代中国特色社会主义思想为指导，按照党中央的决策部署和新时代的要求，积极贯彻新发展理念，按照主体功能区的要求，着力谋划"一主引领，两翼驱动，全域协同"的区域发展布局，在国土空间布局优化和生态环境保护等方面认真作为，不仅经济社会得到了快速的发展，丰富的资源得到了有效的开发和利用，生态环境恶化的状况得到了有效的遏制，综合经济实力明显提高，经济社会发展进入了新的发展时期，而且随着高铁、高速公路、机场、港口等新一轮现代基础设施建设全面展开和信息化、数字化、智能化技术的快速发展，湖北省的现代综合交通枢纽、科教、经济和农业的中心地位和优势得到了进一步的夯实和凸显，现已成为我国重要的经济、交通、教育、科技、文化和金融中心，并成为支撑我国经济社会高质量发展的重要力量。

当前，在习近平新时代中国特色社会主义思想的指导下，湖北省各地正在按照党中央的部署和"十四五"规划的要求，全面、深入和有序地展开新一轮自然资源开发利用和空间布局，并在国土空间优化和生态环境保护等方面积极作为，但仍然存在人地矛盾、自然资源开发利用与生态环境不协调及国土空间布局失衡等突出问题，直接影响可持续发展进程。全面贯彻和落实党的十八大、十九大、二十大精神，积极参与构建双循环新发展格局，突出三大都市圈建设，全面推进区域发展战略，坚持山水林田湖草沙一体化保护和系统治理，统筹产业结构调整、污染治理、生态保护，应对气候变化，协同推进降碳、减污、扩绿、增长，推进生态优先、节约集约、绿色低碳发展，大力开展国土空间治理和生态环境修复及保护工作，着力解决国土空间失衡及与生态环境不协调等问题，提高自然资源开发利用效率，积极构建党的十八大报告中提出的"促进生产空间集约高效、生活空间宜居适度、生态空间山清水秀"，实现三生空间均衡，营造有利于高质量发展的生态环境和发展环境，全面建成区域国土空间治理体系，切实提高国土空间治理能力，深入推进区域国土空间治理体系和治理能力现代化建设进程就成为推进湖北省高质量发展的重要课题和必然选择。

本书共八章，主要以习近平新时代中国特色社会主义思想为指导，全面贯彻和落实党的十八大、十九大和二十大重要精神，以党的十九届四中全会《决定》为支撑，在对我国现有国土空间治理历程和湖北省国土空间开发利用实际调研的基础上，适应新时代发展的要求，结合湖北省国土空间开发利用的实际，突出体系性、时代性要求，发挥技术、生态环境和效率的独特作用，分别构建湖北省国土空间治理体系和治理能力现代化要件，着力探讨区域国土空间治理体系、治理模式、治理机制及国土空间治理方向和重点，形成时代特色鲜明、管理有序、运转高效、执行有力的区域国土空间治理体系和治理能力现代化建设框架，推动湖北省国土空间治理体系和治理能力现代化建设进程，为湖北省的绿色崛起提供支撑。

　　本书的出版得到了湖北省空间规划研究院项目"湖北省国土空间治理体系变革与发展趋势研究"（项目编号：2021086879）、中国地质大学（武汉）资源环境经济研究中心开放基金重点项目（项目编号：H2021001A）的资助。本书由汤尚颖教授负责组织、协调、设计、分工和审定工作，陈翠芳负责调研、资料收集等工作，参与资料收集与整理的还有刘亚君、石志宇、楼怡江、柯友清、袁紫璇、郭瑛洁、车佩娟、章钺。本书写作分工为：第一章，齐睿、陈徐州、赵春燕；第二章，陶荣、郭瑛洁、楼怡江、章钺；第三章，龚承柱、张康；第四章，张意翔、宋晶；第五章，陈翠芳、汤尚颖、刘亚君、袁紫璇；第六章，罗玛诗艺、徐翔、杨韵琪、陈佳琪；第七章，汤尚颖、邓惠芬；第八章，刘茜、何宗泽、车佩娟、柯友清、石志宇。

　　由于作者水平有限，疏漏之处在所难免，欢迎读者朋友批评指正。

作　者
2022 年 11 月

目 录 Contents

第一章

湖北省自然资源开发利用和空间布局现状

在广泛调研和资料收集的基础上,本章将通过对湖北省自然资源开发利用和空间布局历史演变及阶段性的分析,重点介绍并分析湖北省自然资源开发利用和空间布局情况和特点,探讨影响湖北省国土空间开发利用和空间布局的主要因素及存在的主要问题。

第一节 历史演变

根据对湖北省自然资源开发利用和空间布局历史脉络的分析，湖北省自然资源开发利用和空间布局历史脉络清晰、方向明确、重点突出，体现了发展的阶段性和时代要求。

一、历史脉络

湖北省作为我国重要的省，其自然资源开发利用和空间布局一定程度上可以反映我国自然资源开发利用和空间布局的进程和特点。

（一）历史沿革

湖北省地处我国的中部，南与湖南省、江西省接壤，东与安徽省相邻，北与河南省、陕西省相连，西与重庆市交界。大别山、秦岭、武陵山、幕阜山坐落于湖北省的四周，形成了天然的生态屏障和独特的自然地理景观，在中国区域协调发展中具有承东启西、承南接北的区位地理条件和优势。湖北省水、陆、空现代交通便捷、发达，有"九省通衢"之称，地理条件优越，自然资源丰富，人杰地灵，物产丰富，历史文化积淀丰厚，经济发展基础和产业配置条件好。

湖北省是我国自然资源开发利用比较早的地区之一，历来就是兵家必争之地。三国时期，湖北省大部分属于吴国。历经朝代更替和历史演变，湖北省在我国的发展中扮演了重要的角色。元代设湖广行省，清朝分湖广省为左右布政使司，后湖广左司改为湖北省，此为湖北之名之始，民国时期湖北省才基本定型。鸦片战争以后，随着汉口港的开埠，汉口货畅其流、人声鼎沸、车水马龙，一派繁华的景象。汉口港一跃成为我国的第二大外贸港口，也使以武汉为中心的湖北省及其周边地区进入了快速发展时期，湖北省的区位优势得到了充分发挥，并对我国区域经济发展产生了深刻的影响。因此，湖北省在我国的发展历史中虽历经了行政区划的调整，但其基本格局并未发生明显的变化，始终是我国自然资源开发利用最为活跃和产业布局的重点地区之一。

（二）自然资源状况

湖北省自然资源丰富，分布广泛。目前，湖北省总面积为 18.59 万 km²，占我国土地总面积的 1.94%，其中，林地和草地、耕地和园地、水域和湿地、建设用地、其他土地分别占省域面积的 50.39%、28.27%、10.64%、8.87% 和 1.83%。地形地貌多样，地质资源丰富、景观独特，有平原、丘陵、高山，也有河流、峡谷、溶洞。2019 年全省耕地面积 7 152.88 万亩（1 亩 = 666.67 m^2），主要分布在荆州、襄阳、荆门、黄冈和孝感等地，其中水田 3 819.88 万亩，水浇地 562.90 万亩，旱地 2 770.10 万亩。园地面积 730.50 万亩，主要分布在宜昌、黄冈、恩施等地。林地面积 13 920.2 万亩，十堰、恩施、宜昌、襄阳和黄冈林地面积占全省七成以上。草地面积 134.08 万亩，主要分布在咸宁、随州、黄冈、孝感、襄阳等地。湿地面积 91.86 万亩，作为内陆省份，湖北有极少量的森林沼泽、灌丛沼泽、沼泽草地，呈现"五分林地三分田，一分城乡一分水"的分布格局，是一个人多地少的地区。从地区来看，鄂东北和鄂东南由于分别有大别山和幕阜山的分布，地形主要以丘陵为主；鄂西北由于有秦岭、大巴山，地形主要以山地和岗地为主；鄂西南主要受武陵山和大巴山的影响，区内主要是山地。江汉平原以平原为主，河网密布、湖泊众多、地形平坦，是湖北省的主要粮食和淡水产品生产区；区内地形多样，气候条件优越，动植物资源种类繁多、分布广泛，盛产水稻、小麦、油菜、棉花等农产品和鱼、虾等淡水产品，是我国重要的"鱼米之乡"；区内有长江干流及清江、汉江等众多支流贯穿其中，长度超过 5 km 的河流就达到 4 229 条，河流总长度达到 6 万余千米；区内水网纵横、湖泊分布广泛，纳入全省湖泊保护名录的湖泊就达到 755 个，湖泊水面面积达到 2 706.851 km^2；该区域属于亚热带季风性气候区，雨热同季、四季分明、降水丰富，近 20 年平均水资源总量达到 994.5 亿 m^3，人均水资源量达到 1 713.7 m^3，其中，地表水资源量达到 964.6 亿 m^3，地下水资源量达到 277.9 亿 m^3，是我国水资源最为丰富的地区之一；区内成矿条件优越，矿产资源丰富、品种齐全。截至 2021 年底，湖北省已发现矿产 150 种，其中，已查明资源储量的矿产 91 种，分别占全国 173 种已发现矿产和 162 种已查明矿产的 86.7% 和 56.2%。同时，鄂西页岩气地质资源量达到 11.68 万亿 m^3，居全国前列，页岩气勘探开发综合示范区建设已获国家批准，具有年产能 100 亿 m^3 的开发潜力；全省森林覆盖率达到 42%、森林蓄积量为 4.2 亿 m^3，均居全国第 15 位和中部地区第 3 位。另外，湖北省的湿地资源也有广泛的分布。据全国第二次湿地资源调查结果显示，湖北省湿地面积占全国湿地总面积的 2.7%，位列全国的第 11 位、中部地区第 1 位。同时资料表明，湖北省近 42% 的土地面积为生态保护空间，约 21.06% 的土地面积为生态保护极重要区，具有"山体屏障四周环抱、江湖水网纵横交错、自然景观东西分布"的生态空间分布格局特征，维系着长江流域乃至全国的生态安全和生物多样性，在我国生态文明建设中发挥着重要的支撑作用。

　　总体来看，湖北省是我国自然资源禀赋较好、类型多样、开发历史悠久，水土配合条件良好，地理区位条件优越，生态环境资源丰富、保育良好，物产丰富，科技教育发达，经济发展水平较高的地区之一。其中，江汉平原历来就是我国重要的农副产品和淡水产品的生产和供应基地，有"湖广熟，天下足"的美称，同时，湖北省也是我国近、现代工业布局的重点地区之一，对我国的高质量发展和区域协调发展具有重要的支撑作用。

在实施长江经济带战略、中部地区崛起战略和长江中游城市群战略的过程中，湖北省积极整合资源，认真谋划，着力构建"一主引领，两翼驱动，全域协同"的区域发展布局，交通、产业、教育和科技等优势得到进一步凸显，国土空间布局全面展开，经济社会进入全新的发展时期，也是我国经济社会最具发展潜力和最具活力的地区之一。

二、体制机制演变及其影响

湖北省虽然是我国自然资源开发利用比较早和经济社会发展比较好的地区之一，但根据对湖北省自然资源开发利用的历史、管理体制机制改革和资源开发利用特点的分析，湖北省自然资源开发利用和空间布局也呈现不同的发展阶段。具体来看，湖北省的自然资源开发利用可划分为中华人民共和国成立至党的十一届三中全会前、党的十一届三中全会至党的十八大前、党的十八大以来3个大的发展阶段。

湖北省自然资源开发利用水平和空间布局的调整在国家治理体制的转换中呈现不同的特征，并对区域经济社会发展产生了重要的影响。

（一）中华人民共和国成立至党的十一届三中全会前

中华人民共和国成立以后，我国建立了计划经济体制，并对湖北省自然资源开发利用和空间布局产生了深远的影响。

1. 体制

在计划经济体制下，湖北省的自然资源进入了有序开发利用的阶段。

在土地开发利用方面，这一时期湖北省的利用模式与全国基本一致，处于曲折发展阶段。1952年底土地改革的完成，使湖北省实现了土地所有权与土地使用权的结合，农民土地所有制得以全面确立。农民真正成为土地的主人，土地生产力有所提高。1953年"一化三改"通过公有化解决了小农经济难以集中力量的问题，大大提高了土地利用效率。

在矿产资源开发利用方面，这一时期湖北省矿产资源开发利用处于调整准备阶段。中华人民共和国成立初期，矿山均受到不同程度的破坏，矿业生产基本处于停滞状态。该阶段湖北省矿业刚刚起步，发展缓慢，规模较小。湖北省积极开展矿产资源普查工作，初步了解了矿产资源分布情况，并根据国民经济和社会发展的需要开展了矿产资源的开发利用工作,初步建立了湖北省矿业开发利用体系。

在水资源开发利用方面,1955 年农业合作化运动迅速发展,农民集体组织的规模越来越大,又为整治山河、开展规模宏大的水利建设提供了良好条件。因而,从 1957 年冬季开始,人民群众迫切要求消除水害、兴修水利的愿望与社会主义建设总路线、人民公社化运动、"大跃进"的形势结合起来,使水利建设达到空前的规模。水利建设的重点开始转向以流域为单位的治本建设。这个阶段湖北水利建设以整险加固、成龙配套、充分发挥现有工程效益为主,有重点地兴建新的大中型工程。经过几年的续建、巩固和配套,已建工程逐步发挥了效益,巩固了前期水利建设的成果(湖北省水利厅,2008)。

2. 产业布局形式

新中国成立以后,湖北省的国民经济发展迅速走上了加速工业化的道路。随着第一个五年计划实施,产业结构政策向重工业倾斜,初步奠定了湖北现代工业基础及以重工业为主的工业结构体系,第二产业的增长显著快于第一产业、第三产业的增长。由于"一五"时期重点建设项目的成功实施,政策上盲目乐观,使得各产业比例严重失调,造成了第一产业急剧下降和第二产业的畸形发展。从 1961 年起,按照中央"调整、巩固、充实、提高"八字方针,湖北省经济工作和产业重点回到农业。产业结构失衡初步扭转,产业结构比例朝合理方向发展。20 世纪 70 年代末,湖北省已由新中国成立之初一个以农业产值为主的省份转变为以工业产值为主的省份,工业已成为内部行业比较齐全的主要经济部门,一些主要工业产品产量已居于全国前列。从三次产业发展序列的变化上看,湖北省第一产业增加值占地区生产总值的比重不断下降,第二、第三产业占比逐步上升。其中,第一产业增加值比重由 1952 年的 56.7%,降至 1978 年的 40.5%,第二产业增加值比重由 1952 年的 15.6%提高到 1978 年的 42.2%。随着湖北省工业的不断发展,该时期空气中的有害物质大量增加;过度开采及过度放牧导致水土流失面积不断增加;河流和湖泊产生了一定程度的污染;乡镇重工业企业肆意排放污染物;农村耕地化肥使用量越来越大;乱砍滥伐、毁林开荒致使森林资源消耗,自然环境受到了一定程度的破坏。

3. 计划

中华人民共和国成立至党的十一届三中全会时期,湖北工业有了突飞猛进的发展,形成了以重工业为主体、门类齐全的工业体系,奠定了湖北的工业基础,以武汉为中心的工业基地实力强劲。新中国成立伊始,国家实施重工业优先发展的战略,湖北得以成为中央人民政府重点投资的地区之一。首先,国家将苏联援建的 156 项重点工程项目中的武汉钢铁联合企业建厂工程一期工程等三大项目安排部署在湖北。然后，又根据三线建设的需要，在鄂西、鄂西北地区重点安排了电力、铁路和汽车制造业等项目。从"一五"到"六五"计划时期，国家在湖北总共实施了 219 个工业大中型项目，投资兴建了武汉钢铁联合企业、武汉锅炉厂、武汉重型机床厂、武昌造船厂、第二汽车制造厂、葛洲坝水利枢纽等一大批重点工业项目，工业投资额累计近 340 亿元，工业固定资产（原值）累计达 270 多亿元，其中，重工业固定资产为 226.9 亿元，居全国第四位，形成了以钢铁冶金、石油化工、建材、纺织等基础原料工业和机械与汽车、电力设备、通信等基础装备工业为支柱，门类齐全的工业体系。总体来说，这一阶段湖北经济总量在全国名列前茅，经济质量良好。针对消费品货源短缺，湖北着重进行了轻重工业结构调整，至 1983 年轻重工业比例已大体相当，实现了自然资源初步开发利用。

（二）党的十一届三中全会至党的十八大前

党的十一届三中全会召开以后，随着改革开放的不断深入，中国的经济不仅全面融入了世界经济体系之中，成为世界经济的重要组成部分和引领世界经济发展的重要力量，也逐步建立和完善了社会主义市场经济体制。

1. 体制转换

在土地开发利用方面，改革开放的战略决策为湖北省农村集体土地使用制度的变革提供了制度环境和政治氛围，同时也推进了城市国有土地的有偿使用，使土地所有权与土地使用权的两权分离成为可能。社会主义市场经济体制的建立，客观上要求完善土地产权保障，推进土地要素的市场化配置水平，使市场在土地资源配置中发挥基础性作用。产权明晰且能合理流转的土地制度是工业化和城市化能够快速发展的重要保障，在有效保障农民的土地资产权益的同时，大大提高了土地资源的利用效率。

在矿产资源开发利用方面，湖北省在强调矿产资源的合理开发与节约利用的同时，由计划经济逐步向市场经济过渡，矿业产值飞速增长，矿业进入较快的发展阶段。在该阶段，矿业经济所有制逐渐多元化，矿业企业进行了公司化改造，提高了矿业企业发展的积极性，加上勘查力度提高、开采技术进步，矿产资源产量增长迅速。但该阶段资源破坏与浪费现象较为严重，资源勘查工作跟不上开发需要，一些矿山面临资源枯竭的威胁。

在水资源开发利用方面，湖北省先后完成了水利部下达的荆江大堤、武汉市堤加固，下荆江河势控制等国家重点项目各年度的计划任务，对原有的江汉堤防继续进行整险加固，在原已建成的荆江分洪区、杜家台分洪区的基础上，继续完成了洪湖分洪区的主隔堤工程。同时，加强了水资源的综合开发，利用丰富的水力资源，加速农村水电建设。该阶段是湖北省水利事业的一个大发展时期（湖北省水利厅，2000）。

2. 发展方式

1995 年国家首次提出经济增长方式转变，我国经济增长方式逐步实现从粗放到集约的历史性转变。随着经济增长方式的转变，湖北逐步认识到资源环境对经济发展的约束作用，在发展过程中逐步加强对资源环境的重视。在资源消耗方面，湖北通过大力推进节能减排工作，促使单位地区生产总值电耗逐步下降，从 1995 年的 1967 kW·h/万元下降到 2020 年的 793 kW·h/万元。在环境污染与治理方面，湖北主要污染物的排放量大幅度减少，工业固体废弃物的综合利用率也逐年提高，从 1995 年的 56.1%提高到 2020 年的 90%以上。可以看出，湖北充分意识到了资源环境对经济发展的重要作用，并取得了一定的成绩。但由于湖北传统产业比重大、能源消耗高、资源综合利用率低，经济发展方式转变过程中资源消耗、环境污染和生态破坏的状况依然存在。

20 世纪 90 年代以后，湖北省就在推进工业发展，随着工业化程度从低级到高级的发展，由原先第一产业和第二产业带动经济增长的模式，逐渐转变为第二产业和第三产业带动经济增长的模式。1992 年第三产业增加值开始超过农业，到 1998 年，第三产业占地区生产总值的比重已达 32.5%。尽管该时期第三产业发展水平还较低，但已形成加速发展的势头。同时，第二产业在湖北省产业结构中的主导地位仍在不断提升，在此过程中生产要素向第二产业流动，在提高劳动生产率的同时，加剧了资源消耗和环境污染。

产业的发展，特别是第二产业、第三产业布局的进一步展开，不仅使湖北省的产业呈现了集聚发展、融合发展的态势，为区域协调发展创造了条件，也使湖北省的产业结构发生了明显的变化。资料表明，2000 年湖北省第一产业、第二产业、第三产业比重为 18.7:40.4:40.9，同期，全国整体第一产业、第二产业、第三产业比重为 14.7:45.5:39.8，湖北省第二产业比重低于全国整体水平。2000～2018 年湖北省第一产业比重下降，第三产业比重起伏上升，这与发展中国家和地区产业结构转型历程中农业规模缩减、服务业扩张的特点完全一致。从产业结构升级进程来看，湖北省产业结构变迁与全国相比，具有明显的个体性特征。2000 年湖北省第三产业比重首次超过第二产业比重；2000～2012 年全国第二产业比重总体变化不大，第三产业比重总体上升，而湖北省 2000～2012 年第二产业比重逐年稳步上升，第三产业比重总体下降，产业工业化特征明显（表 1-1）。

表 1-1　湖北省产业结构变动与全国的对比情况　　　（单位：%）

年份	全国			湖北省		
	第一产业比重	第二产业比重	第三产业比重	第一产业比重	第二产业比重	第三产业比重
2000	14.7	45.5	39.8	18.7	40.4	40.9
2001	14.0	44.8	41.2	17.8	40.5	41.7
2002	13.3	44.5	42.2	16.8	40.4	42.8
2003	12.3	45.6	42.0	16.8	41.0	42.2
2004	12.9	45.9	41.2	18.2	41.0	40.8
2005	11.6	47.0	41.3	16.5	42.7	40.8
2006	10.6	47.6	41.8	15.0	43.4	41.6
2007	10.2	46.9	42.9	14.1	43.7	42.2
2008	10.2	47.0	42.9	14.9	44.1	41.0
2009	9.6	46.0	44.4	13.0	45.8	41.2
2010	9.3	46.5	44.2	12.6	47.7	39.7
2011	9.2	46.5	44.3	12.4	49.0	38.6
2012	9.2	46.5	44.3	11.8	49.4	38.8

资料来源：《中国统计年鉴》（2000~2012 年）http://www.stats.gov.cn/sj/，《湖北省统计年鉴》（2000~2012 年）http://tjj.hubei.gov.cn/tjsj/

注：因统计四舍五入计算，第一产业、第二产业、第三产业比重加和有可能不等于100%

3. 发展特征

在这一时期，湖北工业发展徘徊不前，落后于东部地区的迹象已初见端倪。1986~1988 年，湖北工业增长势头不错，乡镇企业发展较快。1987 年湖北乡镇企业产值首次超过农业总产值，达到了 186.7 亿元；"三资"工业企业也从无到有，到 1990 年已达 242 家。但是与沿海省份的高速增长相比，湖北工业发展开始显现出落伍的迹象，因而，1987 年湖北省委正式提出"中部崛起"的口号。从工业规模和增长速度来看，这一时期湖北的工业发展基本上处于徘徊阶段，增速趋缓，甚至低于全国平均水平。1993 年，湖北工业总产值为 1983.20 亿元，位居全国第10 位，占全国工业总产值的 3.8%，在全国的位次和比重与 1983 年相比均有所下降。从结构来看，自 1985 年开始，湖北省一大批重化工项目相继投产，重工业增长加速，轻重工业比例由前几年的大体平衡再次偏向重工业，至 1993 年二者的比例为 38.7:61.3。工业体量的增加在提高自然资源利用效率的同时，也带来了生态环境的破坏、矿物资源的损失和环境污染的问题（张守忠，2003）。

（三）党的十八大以来

党的十八大以来，湖北省通过调结构、转方式，形成了有利于自然资源高效开发利用的体制机制，并对自然资源开发利用效率的提高和区域空间布局的进一步展开产生了积极的影响。

1. 体制机制

在土地资源开发利用方面，湖北省落实第二轮土地承包到期后再延长三十年的政策。建立土地征收公共利益用地认定机制，缩小土地征收范围，维护被征地农民和农民集体权益。完善农村承包地"三权"分置制度，建立健全农村土地承包权依法自愿有偿转让机制。健全土地流转规范管理制度，强化规模经营管理服务，允许土地经营权入股从事农业产业化经营。稳妥推进农村宅基地制度改革，探索宅基地所有权、资格权、使用权分置实现形式，落实"一户一宅"规定，探索农房抵押、有偿使用、宅基地有偿退出等实现形式。允许村集体经济组织通过村庄整治、宅基地整理，以出租、入股和联营等方式盘活闲置农房和宅基地，推进闲置宅基地复垦试点。

在矿产资源开发利用方面，湖北省坚持生态保护优先，建设绿色矿山。以生态环境承载力为矿产资源开发底线，在环境负面影响最小化的前提下，完善矿产资源规划制度，强化矿产生态开发准入管理，探索实行矿产开发利用社会效益、生态保护、安全生产等绩效综合评估制度，开展省级、市级绿色矿山创建工作，推动经济社会发展、城乡、土地利用、矿产资源勘查开发、生态环境保护等规划"多规合一"，统筹兼顾矿产资源开发效益、社会效益、生态效益。坚持绿色共享兼顾，建设和谐矿区（郭东才，2011）。

在水资源开发利用方面，湖北省践行"节水优先、空间均衡、系统治理、两手发力"的治水思路，加强水利防灾减灾能力建设，优化完善水资源配置格局，着力构建以自然河湖水系为基础、蓄引提调连通工程为框架的水利基础设施网络体系，着力解决"旱包子""水袋子"问题，全面提升水利支撑保障能力。同时，稳步推进长江、汉江河道治理，提升局部堤段防洪能力，维护河势稳定与防洪安全。系统构建水资源配置格局，因地制宜建设一批水源和引调水工程，逐步提升水资源空间调配能力。加强区域应急排涝设施建设，完善"自排、调蓄、提排"相结合的综合治涝体系。以粮食主产区、干旱易发区等为重点，因地制宜建设一批抗旱水源工程，加强集中式饮用水水源地保护，形成大中小微并举、丰枯多源互补的供水保障体系（湖北省人民代表大会，2021）。

2. 发展方式的转变

改革开放 40 多年来, 湖北省在经济发展取得巨大进展的同时, 也暴露了一些前所未有的问题, 新的发展理念向工业经济发展提出了新的要求。当前, 湖北经济面临稳增长和调结构的双重困境, 制度红利和人口红利等要素红利总体上逐步减少, 新的竞争优势尚未形成。只有追求绿色发展、高质量发展、区域协调发展所带来的良性循环, 才能保持经济平稳、健康、可持续发展。

在新时代, 湖北省在科学利用自然资源的同时, 也更加注重生态环境的保护。目前, 湖北省的长江大保护和绿色发展"双十工程"和"四个三重大生态工程"扎实推进, 污染防治攻坚战和"绿满荆楚"行动取得明显成效, 2021 年全省生态环境质量状况显示: 全省 10 个重点城市达到环境空气质量二级标准; 17 个重点城市 $PM_{2.5}$ 累计均值 34 μg/m³, 为 2015 年以来最高水平; 190 个"十四五"国控断面中, 优良比例为 93.7%, 创历史新高。实现河(湖)长制全覆盖, 神农架国家公园体制试点顺利推进, 丹江口库区一库清水持续北送, 都标志着湖北省的自然资源开发利用进入了新阶段(湖北省人民代表大会, 2021)。

3. 发展战略的调整

2012～2020 年湖北省第三产业比重缓慢提高, 产业服务业化特征开始凸显, 湖北转变进程总体上取得了一定的成效, 发展势头良好, 纵向上经济发展方式转变水平逐年提高, 横向上在全国处于中上位置。但在全国范围内仍相对滞后, 各领域发展不协调, 转变进程仍受多种因素的制约。2017 年、2021 年湖北地区生产总值相继迈过 3 万亿元、5 万亿元大关, 2019 年人均地区生产总值突破 1 万美元。产业结构实现了由"二三一"到"三二一"的历史性转变。创新能力持续提高, 数字经济蓬勃发展。但湖北省产业结构升级进程仍然比较曲折, 产业结构升级速度总体落后于全国整体水平。随着第三产业的逐步发展, 自然资源开发利用逐步脱离了过去的粗放发展模式, 向着新发展理念靠拢。

4. 规划

"十三五"规划实施后, 湖北省人民政府系统面对机构改革新职能、高质量发展新挑战、人民群众新期盼, 在科学处理保护与发展、当前与长远、继承与创新的关系的过程中, 推动深层次变革、系统性重构, 并取得了开拓性的进展, 而"十三五"规划对湖北省经济社会发展的影响也是深远的。

一是"多规合一"全面推进, 国土空间规划体系初步建立。"三位一体"整体保护格局不断巩固。农田整治向全域国土综合整治转型升级, 成为新型城镇化、生态修复和乡村振兴的重要平台。二是矿业权出让制度改革在全国率先完成，统一的竞争性市场全面建立。绿色开发机制更加成熟，2020 年底湖北省地均生产总值提升 34%，绿色矿山和绿色矿业示范区数量分别跃居全国第 6 位和第 1 位。资源保障更加有效，增量、存量、流量灵活配置，132 万亩农村闲置土地、城镇低效土地、工矿废弃土地和历史存量土地效益充分激活，1500 余个重大项目顺利落地，页岩气勘查取得重大突破。总体而言，湖北省自然资源开发利用更加高效了。

三、与生态环境保护关系的演变

湖北省在自然资源开发利用和空间布局的展开过程中，与生态环境保护的关系也发生了明显的变化。

（一）发展方式对湖北省自然资源开发利用和空间布局与生态环境　　保护的影响

1. 工业结构变化的阶段性

从 1949 年到 20 世纪 70 年代，通过高度集中计划体制，强化资源配置，开展以冶金、机械、电力、汽车等重工业为主的大规模经济建设，湖北省在人均地区生产总值较低水平的基础上较早地进入了重化工业化过程，奠定了湖北省工业发展的坚实基础。到 1978 年湖北完成了农业社会向半工业社会的转变。其间湖北工业生产的增长显著快于农业生产，占工农业总产值比重由 1952 年的 30.1% 变为 1978 年的 65.3%。在工业内部重工业的发展较快，轻重工业的比例也由 1952 年的 78.0∶22.0 变为 1978 年的 47.1∶52.9。

20 世纪 80 年代以来的工业化与产业结构转换是在体制改革过程中进行的。通过对国有企业的改革和促进非国有经济的发展，工业化不仅没有放慢速度，而且加快了进程。80 年代湖北省工业总产值同比增长了 3.5 倍，平均每年增长 13.3%。进入 90 年代，湖北省工业总产值同比增长了 3.8 倍，平均每年增长 21.5%。行业结构和产品结构变动加速（景思江 等，2012；赵继华 等，2000），湖北省实现了传统农业—重化工业加轻工业一次转换模式。这种模式既有其特定历史条件下的合理性（工业化进程的要求），也有其经济发展的客观局限性（突出了重化工业的发展，第三产业发展显得薄弱），为区域产业结构的再调整和产业结构的转换增加了难度。

2. 经济社会发展的阶段性

第一阶段（1978～1992 年），产业结构向"二一三"转变，经济处于稳定增长状态，并突破千亿元大关。这一阶段，湖北省大力推进改革开放进程，生产要素开始流动，经济发展活力和潜能得到充分释放，出现了百业兴盛、市场繁荣的局面，经济总量持续增长。资料表明，湖北省地区生产总值从 1978 年的 151 亿元增至 1992 年的 1 088.39 亿元，增长了 6.2 倍，突破了千亿元大关，人均地区生产总值由 1978 年的 332.03 元增至 1992 年的 1 962 元，其中，1984 年、1985 年均实现了 20%以上的经济增长率。经济社会快速发展的局面开始形成，但经济发展主要以要素的高投入和资源的高消耗为主，发展方式粗放，经济社会不协调的问题较为突出，并对经济社会的可持续发展产生了较为不利的影响。

第二阶段（1993～2015 年），生产总值增速加快，第三产业全面发展。这一阶段，湖北省经济发展迅速，经济规模急速扩展，发展提升频率加快。资料表明，湖北省地区生产总值从 1992 年突破千亿元门槛后，仅仅到 1995 年便实现了将近翻番，突破 2 000 亿元，达到 2 109.38 亿元，此后，该阶段基本保持 2～4 年突破一个 1 000 亿元，地区生产总值增速明显加快。2015 年湖北省地区生产总值到达 3 万亿元临界点，全面进入了工业化中期发展新阶段。另外，产业结构呈现了向"二三一"转变的发展态势。

第三阶段（2016 年至今），产业结构调整为"三二一"，支柱产业发展强劲，高质量发展要求成为主要目标。在这一阶段，传统的经济发展方式对经济社会发展的不利影响已经开始显现，资源环境约束问题日益突出，高质量发展和绿色发展作为可持续发展的重要支撑对湖北经济社会发展产生了重要的影响。资料表明，2016 年，湖北省地区生产总值已突破 3 万亿元大关，产业结构也变为"三二一"，而实践表明，转变经济发展方式，调整和优化产业结构，培育新的发展动能不仅是各级政府的主要工作任务，也成为新时代我国经济社会发展的主要特征。

3. 自然资源产业空间布局形态调整

近年来，湖北省的产业空间布局呈现了集群发展的态势，主要产业集群可以分为三个层次：一是以武汉城市圈为中心的跨区域产业集群；二是以国家高新技术开发区和地方各个省级开发区为核心的开发区产业集群；三是围绕各个县镇的产业优势而形成的县域特色产业集群（余荆圃 等，2007）。近年来，在国际大宗矿产品价格呈现剧烈波动的新形势下，湖北省依据自然资源禀赋状况，按照绿色发展和高质量发展的要求，以资源为导向，以产业为依托，以技术为支撑，以集约和节约利用资源、提高资源的利用效率为目标，通过调结构、转方式，加大科技投入，构建和延长产业链，改变企业组织形式，大力调整和优化资源型产业布局形态和空间分布形态，引导相关企业集中布局，通过规模化经营、集约化发展，着力打造以自然资源禀赋为主要特征的产业经济带和产业集群，资源型产业呈现了由分散向集中、由单一布局向区域集中布局的发展态势。

（二）湖北省自然资源开发利用和空间布局与生态环境保护的关系的阶段性变化

在计划经济时期，湖北通过高度集中的计划体制，强化资源配置，追求高速度和重工业优先发展，开展以冶金、机械、电力、汽车等重工业为主的大规模经济建设，快速实现了工业化，提高了生产力水平。这段时期以资源环境消耗为代价发展经济，生态环境遭到较大规模破坏。

党的十一届三中全会后，湖北省拉开了改革开放的序幕。随着改革开放不断深入，经济社会虽取得了长足的发展，但湖北省当时还是采用以资源消耗和环境消耗为主导的粗放型发展模式。该模式虽可以促进经济发展，但是以牺牲环境为代价来推动经济的发展，致使生态环境状况不断恶化，人与自然关系的矛盾日益凸显。

20世纪90年代以后，湖北省经济进入高速发展时期，但生态环境也遭到了极大的破坏。随着科学发展观的提出，湖北省开始将资源、能源节约放在突出位置，同时，完善了生态环境保护法律体系与工作机制，大力开展生态环境保护和修复工作，生态环境状况得到明显改善。

党的十八大以来，湖北省大力推进生态文明建设进程，并对如何在今后时期内进行生态文明建设提出了更高的要求，实施最严格的耕地保护制度、执行最严格的生态保护制度等为生态文明建设提供制度保障，促进湖北省自然环境的恢复，并构建经济发展新模式。

通过分析，湖北省环境保护政策和经济发展阶段之间有着高度的重合关系，在产业结构转变为"二三一"时环境保护政策开始提出，随着环境保护政策的逐步实施，产业结构也逐步向"三二一"发展和变化，二者呈现明显的相关性和阶段性特征。

第二节　阶段性分析

湖北省自然资源开发利用和空间布局呈现明显的发展阶段性特征，并对湖北省的经济社会发展产生了重要的影响。

一、发展阶段划分

湖北省自然资源开发利用和空间布局与我国发展的进程保持了同步，并成为我国自然资源开发利用和空间布局的重要组成部分。自然资源的开发利用是一个动态的过程，在其发展过程中的不同发展阶段会呈现不同的发展特点。合理划分和分析阶段，并充分认识阶段发展目标和特征，对制订科学正确的自然资源开发利用规划、采取合适的经济发展政策有重要的指导意义，也对湖北省区域经济持续、稳定、协调发展具有重要的作用。

（一）发展阶段的划分依据

判断和分析自然资源开发利用发展阶段按照科学、客观的标准，合理分析区域经济发展的复杂性，探寻影响经济发展的主要因素，一般须遵循 4 项原则。

1. 代表性原则

在分析各因素的基础上，选取判断和划分的指标应强调典型性、代表性，指标能够覆盖并代表地区自然资源开发利用状况，指标体系应简单实用，并且避免指标之间意义的重复。

2. 可得性原则

选取的判断指标应能通过现有的统计资料获得，判断依据口径应统一，容易量化和计算，具有规范性和权威性。

3. 相关性原则

选择的判断指标概念清晰，与研究对象有较高的相关性，能保证指标计量的内容对阶段性分析有重要的价值。

4. 动态性原则

数据资料应能反映较长时期的自然资源开发利用状况，能进行不同时期的比较研究，充分体现出可持续发展的科学性和动态性，同时根据经济环境变化、发展战略调整、政策变动情况和研究目标的转变，判断指标也应有适当的调整。

（二）发展阶段的划分结果

根据湖北省自然资源开发利用和空间布局实际及变化情况、社会发展阶段性特点，可将其划分为中华人民共和国成立至党的十一届三中全会前、党的十一届三中全会至党的十八大前、党的十八大以来三个大的发展阶段。

二、不同阶段主要特点

发展历史表明，湖北省自然资源开发利用和空间布局在不同的发展阶段呈现了不同的特点。

（一）中华人民共和国成立至党的十一届三中全会前

（1）此阶段管理体制在有序开发自然资源的同时，也对自然资源开发利用效率的提高产生了不利影响。在计划经济体制下，我国的自然资源进入了有序的开发利用阶段，但此发展阶段受体制的影响，在农业发展过程中，我国普遍使用的是以人民公社为主要表现形式、以大队为基本生产单位、以小队为依托的农业生产组织形式。受技术、发展水平和管理体制的限制，农业生产普遍"靠天吃饭"，生产方式传统，农业生产效率较低。工业主要集中在城市，并且所有制单一，仅有国有和集体两种形式。生产多少、如何生产都是由计划来安排，工厂普遍存在"吃大锅饭"的现象，生产效率普遍低下。同时，由于"一五"时期重点建设项目的成功实施，人们产生了一种急于求成和盲目乐观的情绪，忽视客观经济规律和综合平衡，土地、矿产资源等自然资源采取的是划拨和无偿使用的方式，对湖北省自然资源开发利用效率的提高产生了负面影响。

（2）产业布局的变动对自然资源开发利用重点、方向和领域产生重要的影响。在此发展阶段湖北省整体上工业规划围绕武汉市，这些安排决定了湖北省往后很长一段时间以工业发展为主。截至1978年末，武汉市的中心地位仍未改变。

（3）自然资源的开发利用进程受国内外形势变化的影响。从国内形势来看，虽然产业在湖北省开始得到布局，但是自然资源开发利用程度较低。

（二）党的十一届三中全会至党的十八大前

（1）体制的转变推动了湖北省自然资源开发利用和空间布局进程。随着社会主义市场经济体制的不断建立和完善，湖北省经济发展速度显著提高，产业结构开始向综合协调发展方向演进。这一时期第一产业占地区生产总值的比重加速下降，第三产业比重迅速提高，第二产业比重稳定上升。第一产业、第二产业、第三产业占地区生产总值的比重由1978年的40.5:42.2:17.3转变为1998年的20.2:47.3:32.5。在第一产业内部，由于市场供求发生变化，粮食总量趋于饱和，非农产业发展更快，特别是农业产业化政策的实施，农业内部结构更趋合理，土地利用效率有所上升。同时，随着科学发展观的提出，湖北省也初步意识到生态环境保护的重要性，开始关注对自然资源利用效率的提升。

（2）经济区成为区域经济社会发展的主导力量。在改革开放不断深入的过程中，武汉的经济社会得到了快速的发展，并成为我国中部地区最大的中心城市，同时，以武汉为龙头，与黄石、鄂州、黄冈、孝感、咸宁、仙桃、天门、潜江共同构成的"1+8"武汉城市圈得以形成和发展，并对湖北省经济社会的发展产生了重要的影响。这不仅表明湖北省区域经济社会发展进入了城市群发展的新阶段，使要素和产业呈现了集聚发展的态势，同时，也表明区域经济社会发展已经突破了行政区的界限，经济区的发展已成为湖北省区域经济社会发展的主体。

（3）国内外形势的变化加快自然资源开发利用进程。从国外形势来看，国际政治多极化趋势进一步增强，和平与发展已成为世界各国人民普遍关注的中心问题，科学技术日益成为新的社会生产力中最活跃和决定性的因素。对于湖北而言，这一时期是充分发挥比较优势、加快新型工业化步伐、培育发展新优势以实现跨越发展的战略机遇期，也是为建成中部崛起重要战略支点打基础、调结构、转方式的战略关键期。随着我国对外开放度的加深及领域和范围的扩大，国际资本、产业、技术等要素加快向我国内陆地区转移流动，为加快湖北要素聚集和产业发展壮大提供了绝佳机遇，是湖北建成中部崛起重要战略支点的发展契机。从国内形势来看，党的十一届三中全会以后，改革开放开始在全国范围迅速展开，社会生产力得到了极大促进，综合国力不断增强。党的十六大以后，党中央以科学发展观统筹区域发展和现代化建设的总体战略布局，做出"促进中部地区崛起"的重大决策（中华人民共和国商务部办公厅，2005），以发挥中部地区的综合优势，加快中部地区的发展。这些决策促进了湖北省这一时期的经济发展，加快了湖北省自然资源开发利用的进程。

（三）党的十八大以来

党的十八大以来，在习近平新时代中国特色社会主义思想的指引下，我国的经济社会进入了以结构调整和区域协调为主要内容的高质量发展新时代。因此，党的十八大以来，湖北省自然资源开发利用和空间布局呈现以下主要特点。

（1）自然资源开发利用效率稳步提高。党的十八大以来，湖北省自然资源开发利用效率在结构、空间和管理上都有着长足的进步。在结构上，湖北省优化土地利用和布局，合理分配城乡土地，提高土地利用效率；适度开发未利用土地，提高土地利用强度；改良矿产资源开发利用结构，提高矿山集约化水平。在空间上，保障耕地规模，确保粮食安全；建设矿产资源产业基地，提高资源利用能力；建设长江和汉江防洪工程，提升抗灾能力。在管理上，绿色发展初见成效，全省生态环境得到明显改善；健全矿产资源产权制度，形成了湖北省矿产开发利用体系，深化矿业权审批改革，建立矿业权制度（张雷，2002）；新建和管理水土保持监测系统，严格控制人为水土流失。总体而言，湖北省自然资源利用已经逐步适应新时代的要求，为全面建成小康社会提供有力支持。

（2）产业空间集聚效果明显。在构建现代产业体系的过程中，湖北省产业集聚和生产要素向城市群（带、圈）集聚的态势明显。从产业的城市群分布来看，湖北省第一产业主要分布在鄂西生态文化旅游圈内，第二产业和第三产业主要分布在经济较为发达的武汉城市圈内（表 1-2）。资料表明，2020 年，鄂西生态文化旅游圈第一产业总产值达 2 236.90 亿元，占湖北省比重为 54.20%，高于武汉城市圈第一产业总产值的比重；第二产业总产值达 7 000.36 亿元，比重为 41.11%，第三产业总产值达 7 847.05 亿元，比重为 35.21%，远远低于武汉城市圈两大产业的比重。

表 1-2　2020 年湖北省区域产业发展情况

地区	地区生产总值		第一产业		第二产业		第三产业	
	产值/亿元	占比/%	产值/亿元	占比/%	产值/亿元	占比/%	产值/亿元	占比/%
湖北	43 443.50	100.00	4 127.13	100.00	17 029.85	100.00	22 286.52	100.00
武汉城市圈	26 361.01	60.68	1 890.23	45.80	10 029.49	58.89	14 439.47	64.79
鄂西生态文化旅游圈	17 082.49	39.32	2 236.90	54.20	7 000.36	41.11	7 847.05	35.21

资料来源：《湖北省统计年鉴》（2020 年）http://tjj.hubei.gov.cn/tjsj/，《荆门统计年鉴》（2020 年）http://tjj.jingmen.gov.cn/index.html

从产业的城市分布来看，第一产业在全省的空间分布较为均匀，主要分布在地貌多样、土的种类繁多、水资源丰富、适合农作物种植和水产养殖的江汉平原及沿江地区。2020 年，襄阳、黄冈、荆州、宜昌、武汉、孝感和荆门等地第一产业产值之和为 2 517.67 亿元，占全省第一产业产值总和的 61%。第二产业主要分布在武汉、宜昌、襄阳这三个具有良好工业基础、产业配套较好、产业优势明显的地区。2020 年，武汉、宜昌、襄阳第二产业产值总和为 9 490.06 亿元，占全省第二产业产值总和的 55.73%，有力支撑了全省第二产业的发展。第三产业主要分布在经济基础雄厚、城市化进程快、市场空间较大的城市。2020 年在全省第三产业发展中，武汉市"一市独大"，第三产业产值达 9 656.41 亿元，占全省第三产业产值总和的 43.32%，紧随其后的是襄阳市和宜昌市，其第三产业产值占比分别为 8.91% 和 8.85%，其余的中小城市在第三产业发展方面则明显滞后，需要进一步加大发展力度。

（3）国内外形势的变化给湖北省的快速发展创造了良好的氛围。从国际上来看，国际形势总体稳定，国际力量对比朝着有利于维护世界和平方向发展（金鑫 等，2019），中国人民与世界各国人民"同声相应、同气相求"。国际力量对比发生深刻调整，我国国际影响力、感召力和塑造力明显增强，有利于湖北省加快"走出去"参与全球价值链和市场布局，同时，也面临对外贸易、跨境投资和国际合作等不确定性增加的挑战。随着新一轮科技革命和产业变革的深入发展，我国大力推进科技创新、催生新发展动能，这有利于湖北省充分发挥产业基础和创新资源优势，补齐具有战略性、全局性的核心产业链，打造湖北省产业竞争新优势。从国内来看，国家开放开发重心转移所带来的政策利好，叠加长江经济带新一轮开放开发所带来的重大发展机遇，对于地处长江中下游的湖北而言，是一个加快开放开发步伐和经济振兴崛起的绝佳机会。湖北势必会成为我国中部地区最具经济活力和发展潜力的重点建设区域。我国贯彻新发展理念，构建新发展格局，有利于湖北省发挥承东启西、连接南北的区位优势，在畅通产业循环、市场循环、经济社会循环中发挥更大作用，同时也面临国内区域板块竞争更加激烈的挑战。湖北省经济实力、科技实力不断增强，更有能力、更有条件应对各类风险挑战和解决突出问题。

第三节　与生态环境保护的关系变动情况

湖北省是一个自然资源分布广泛且类型多样的地区。在改革开放不断深入的进程中，湖北省丰富的自然资源得到了有效的开发，支撑了湖北省经济社会的快速发展，并使区域产业布局得以展开，但与生态环境保护的关系也发生了明显的变动。

一、开发利用基本情况

湖北省自然资源开发利用反映了经济社会形势的变化，过去，我国受到经济发展阶段及技术创造和应用的限制，经济发展总体上是依靠拼资源、拼投入、拼消耗，对生态环境造成了较大的破坏。随着湖北省社会经济由数量型增长向质量型增长转变，自然资源的利用效率逐步提升，在经济发展方式上，与过去高耗能、高污染、高排放、高投入的资源消耗型增长方式逐步脱钩。

（一）总体情况

根据自然资源分类，结合湖北省的实际，本节所指的自然资源主要包括土地资源、矿产资源和水资源等。

1. 土地资源

按照土地资源的分类，湖北省的土地资源主要包括农用地、建设用地和未利用地，其中：农用地包括耕地、园地、林地；建设用地包括城乡住宅和公共设施用地、工矿用地、交通和水利设施用地、旅游用地、军事设施用地；未利用地包括除农用地和建设用地以外的土地（表1-3）。

表 1-3 湖北省土地资源开发利用总体情况   （单位：km²）

年份	土地面积	农用地			建设用地	未利用地
		耕地	园地	林地		
2010	18 5900	33 239.2	5 388.0	8 498.5	1 969	—
2011	18 5900	33 618.6	5 724.0	8 498.5	2 043	—
2012	18 5900	33 900.6	5 760.4	8 498.5	2 127	—
2013	18 5900	34 099.1	5 921.8	8 498.5	2 062	—
2014	18 5900	34 205.1	6 051.8	8 760.9	2 423	—
2015	18 5900	34 362.4	5 997.8	8 760.9	2 046	255.74
2016	18 5900	34 443.1	6 063.7	8 760.9	2 112	—
2017	18 5900	52 359.5	6 291.3	8 760.9	2 499	—
2018	18 5900	52 353.9	6 876.7	8 760.9	2 610	—
2019	18 5900	47 686.0	4 870.0	92 801.0	—	—

资料来源：《湖北省统计年鉴》（2010～2019 年）http://tjj.hubei.gov.cn/tjsj/，《湖北省第三次国土调查主要数据公报》http://zrzyt.hubei.gov.cn/fbjd/xxgkml/sjfb/tdzytjsj/202112/ t20211217_3919353.shtml

注："—"为数据缺失

（1）农用地。2019 年全省农用地面积为 145 357 km²，占土地总面积的 78.19%。湖北省农用地呈现分布数量少且集中的特点，主要集中在江汉平原和鄂东沿江地区。其他地区受地形、地貌的影响，农用地面积占比不高，分布零散且质量不高。

（2）建设用地。在城市化和工业化的影响下，湖北省的建设用地主要集中在城镇，并呈现了快速增长的态势。

（3）未利用地。资料表明，2015 年湖北省未利用地面积为 255.74 km²，扣除河流、湖泊水面、沼泽地、苇地和部分滩涂等具有生态环境保护功能的湿地，宜耕后备土地面积十分有限。

从土地利用效率来看，湖北省耕地面积在 2010～2018 年总体呈上升趋势，从 2010 年的 33 239.2 km² 上升到 2018 年的 52 353.9 km²，涨幅达 57.5%。这是因为近些年来湖北省重视农业对经济增长和国家发展的重要性，积极实施乡村振兴战略、关注"三农"问题。湖北林地面积从 2010 年的 8 498.5 km² 上升到 2018 年的 8 760.9 km²，总体上也呈现了上升的趋势。在农业土地利用系统中，农作物总播种面积和造林面积这两种土地要素的不断增加，使得农业土地利用的面积不断增加，对土地利用效率的提高产生了积极的影响。

2. 矿产资源

湖北省的矿产资源具有种类多样的特点，使得资源经济在湖北省社会经济发展中起着至关重要的支撑作用。目前，湖北省矿产资源开发利用呈现以节约和集约利用为主要特征的新格局，推动了可持续发展战略的深入实施。资料表明，2010～2019 年湖北省矿山企业数量总体呈减少趋势，从 2010 年的 3 862 个减少到 2018 年的 2 071 个，占全国矿山企业的 3.5%，同时，从业人员也由 2010 年的 148 674 人减少到 2019 年的 51 060 人。但工业总产值不降反升，由 2010 年的 1 743 997.99 万元上升到 2019 年的 3 078 893.26 万元，上升幅度高达 76.5%。与此同时，利润总额虽有波动，但总体呈上升趋势，体现了湖北省从过去的粗放式发展转向高质量发展的杰出成果（表 1-4）。

表 1-4　湖北省矿产资源开发利用情况

年份	矿山企业/个	从业人员/人	工业总产值/万元	销售总收入/万元	利润总额/万元
2010	3 862	148 674	1 743 997.99	1 639 609.98	271 810.01
2011	3 857	148 401	1 929 027.26	1 831 811.31	339 638.54
2012	3 850	143 048	2 279 409.32	2 021 893.28	368 821.60
2013	3 641	128 498	2 676 767.93	1 780 332.39	274 682.56
2014	3 315	117 989	2 689 656.54	2 188 725.62	255 879.36
2015	2 985	87 671	2 143 217.25	1 481 446.73	190 657.94
2016	2 690	74 484	2 164 656.94	1 451 772.51	144 861.28
2017	2 381	67 475	2 514 294.88	1 680 282.35	328 714.05
2018	2 071	55 241	2 443 520.23	2 195 629.90	394 146.96
2019	—	51 060	3 078 893.26	2 503 414.40	—

资料来源：《湖北省统计年鉴》（2010～2019 年）http://tjj.hubei.gov.cn/tjsj/，《湖北省矿产资源公报》（2010～2019 年）http://zrzyt.hubei.gov.cn/dataopen/

注："—"为数据缺失

3. 水资源

湖北省是一个水资源丰富的地区，千湖之省名声在外，实有湖沼 1 300 余个，3 km² 以上湖沼 300 个。湖北省年降水量 2020 年偏丰，2019 年偏枯。水资源总量最高为 2020 年的 1 754.7 亿 m³，最低为 2019 年的 613.7 亿 m³，呈波动趋势。2020年湖北省人均综合用水量大于全国人均综合用水量（431 m³），水资源未得到充分利用，主要原因是：湖北省农业用地多且多为水田，耗水量大；气温高，蒸发量大。人均综合用水量连年处于高水平，也说明居民节水意识较为薄弱（表 1-5）。

表 1-5　湖北省水资源开发利用情况

年份	年降水量/亿 m³	水资源总量/亿 m³	总供水量/亿 m³	总用水量/亿 m³	人均综合用水量/（m³/人）
2010	2 378.25	1 268.7	288.0	288.0	503.1
2011	1 836.98	757.5	296.7	296.7	516.7
2012	1 942.93	813.9	299.3	299.3	518.9
2013	1 926.97	790.1	291.8	291.8	504.1
2014	2 102.02	914.3	288.3	288.3	496.5
2015	2 188.10	1 015.6	301.3	301.3	516.5
2016	2 646.03	1 498.0	282.0	282.0	480.5
2017	2 434.42	1 248.8	290.3	290.3	492.6
2018	1 993.16	857.0	296.9	296.9	502.4
2019	1 660.98	613.7	303.2	303.2	512.0
2020	3 053.54	1 754.7	278.9	278.9	482.9

资料来源：《湖北省水资源公报》（2010～2020 年）http://slt.hubei.gov.cn/sjfb/

（二）分区情况

湖北省自然资源开发利用分区可从经济区和行政区两个角度来考虑。从经济区来看，经过改革开放 40 多年的发展，武汉市、襄阳市、宜昌市的区位优势地位在国家现代基础设施建设进一步展开的进程中得到了逐步的提升和凸显，已经成为湖北省产业布局的重点和经济发展的重心，并呈现了向城市群发展的态势。它们不仅成为带动湖北省区域经济社会发展的重要力量，也成为区域发展中心，即"一主两副"。但从实际来看，只有武汉城市圈的发展条件比较成熟，而襄阳城市群、宜昌城市群则仍然处于构建和发展之中，因此，从城市群或经济区的角度来分析湖北省的区域发展情况条件仍然不成熟。

按照行政区划和自然资源分布及开发利用的特点，湖北省大致可划分为鄂东南、江汉平原、鄂西北和鄂西南四大区域（表 1-6）。但由于受地理区位、地形、经济发展水平和技术水平等因素的影响，区域间自然资源分布和开发利用呈现了明显的差异和特点。

表 1-6 湖北省区域划分情况

区域	地级城市或地区
鄂东南	武汉市、黄冈市、黄石市、鄂州市、咸宁市和孝感市
江汉平原	荆州市、荆门市、仙桃市、潜江市和天门市
鄂西北	襄阳市、神农架林区、十堰市和随州市
鄂西南	宜昌市、恩施土家族苗族自治州

1. 鄂东南

根据地理位置，鄂东南地区主要包括武汉市、黄冈市、黄石市、鄂州市、咸宁市和孝感市。该地区东、南部有大别山和幕阜山环绕，西部与江汉平原接壤，是湖北省经济社会比较发达和自然资源开发利用比较活跃的地区。

1）土地资源

鄂东南地区总面积为 51 047.9 km^2。据资料显示，农用地面积呈现不断上升的趋势，其中：耕地面积占比最大，上升趋势最快；园地面积、林地面积占比不高，这与鄂东南的地形地貌分布有关。建设用地面积也不断扩大。未利用地面积逐渐减少。

从该区域土地资源开发利用在三次产业中的分布情况来看，武汉市表现为突出的"三二一"产业结构模式。2019 年，三次产业比重为 2.4:43.0:54.6，一个比较完整的市场体系已形成，新兴技术与新兴产业迅猛发展，武汉市新兴服务业迅速发展，推动产业结构向中高端转变，第三产业比重突破 50%，对经济的贡献率达到 59%。武汉市的产业结构呈现由传统产业向现代产业的替代升级趋势，同时，也表明武汉的城市发展进入工业化后期阶段。其他地区在土地开发利用模式等方面也开展了有效的探索，并取得了积极的进展。

2）矿产资源

鄂东南地区矿产资源开发利用在全省占有重要地位，是全省主要的黑色金属、有色金属、冶金辅助原料和水泥原料矿产开采地，是我国长江中下游的铁、铜、钨等有色金属生产基地。截至 2019 年，鄂东南地区已有矿山 258 个，从业人员达到 19 918 人，矿石产量为 10 033.97 万 t，工业总产值达到 1 206 477.8 万元，占湖北省工业总产值的 39.19%，这表明鄂东南地区的矿产资源开发利用情况在湖北省具有至关重要的作用。鄂东南地区的地理区位具有明显的优势，是沿海开发向内陆延伸的主要通道。该地区为长江水运，武九、京广铁路，武黄、黄黄、京珠高速公路等交通大动脉的枢纽，且区位上与武汉融为一体，在交通、产品、技术、资金等方面，直接受到武汉的辐射效应，对矿产品后续加工业规模化发展具有重要的影响。目前，以冶钢集团有限公司、太钢集团东方钢铁有限公司为代表的钢铁工业，以大冶有色金属集团控股有限公司为主体的有色金属冶炼加工业，以华新水泥股份有限公司为龙头的水泥工业在全省占据重要地位。

3）水资源

鄂东南地区是一个水网密布、江河湖泊众多、降水量大、水资源总量丰富的地区，可开发利用的水资源量大，对其国民经济和社会可持续发展起着重要的支撑作用。2010～2019 年，该地区年降水量在 520.2 亿～939.26 亿 m^3 变化，属于半湿润区；水资源总量在 211.1 亿～607.76 亿 m^3 变化，连年呈波动下降的趋势；总供水量（总用水量）在 127.94 亿～143.58 亿 m^3 波动。截至 2019 年底，该地区年降水量、水资源总量、总供水量（总用水量）分别为 720.16 亿 m^3、221.87 亿 m^3、143.58 亿 m^3，分别占全省的 43.36%、36.15%、47.35%，说明鄂东南地区水资源较为丰富。人均综合用水量在 2010～2019 年基本低于湖北省人均综合用水量，水资源综合利用情况相对较好。

2. 江汉平原

江汉平原地处湖北省的中部，主要包括荆州市、荆门市、仙桃市、潜江市和天门市。该地区地形以平原和湖泊为主，经济发展条件好，土地肥沃，雨热同季，农业比较发达，是我国的鱼米之乡，也是我国重要的农副产品和水产品供应基地之一。同时，江汉平原是长江流域比较富饶和湖北省经济社会活动比较活跃的地区。

1）土地资源

江汉平原总面积为 33 635 km^2。农用地面积不断增加，其中：耕地面积 2010 年为 9 896.6 km^2，到 2019 年为 15 934.8 km^2，占全省耕地面积的 33.4%；园地和林地面积 2018 年为 5 144.7 km^2，所占比重不断上升。建设用地面积不断增加。未利用地面积逐渐减少。

从江汉平原土地资源开发利用在三次产业中的分布情况来看，第一产业增加值比重较高，不过从趋势上出现下降的优化现象；第二产业增加值占全省的比重明显过低，出现上升趋势；第三产业增加值比重明显偏低，并且呈持续下降趋势。江汉平原核心区多是国家粮食主产区，国家和湖北省都将其划为最高级别的限制开发区域，腾出土地发展第二产业、第三产业很难，又没有丘陵和山地等未利用土地可开发利用，其发展受到限制。近年来提出的江汉平原振兴发展区战略在一定程度上对江汉平原三次产业结构的优化有着积极的调整作用。

2）矿产资源

江汉平原埋藏了大量的岩盐、石膏、芒硝、天然卤水及石油、天然气等矿产资源，主要发展石油化工产业，这些矿产的开发利用促进了湖北省工业发展。截至 2019 年，该地区开发利用的矿山达到 180 个，相关的从业人员有 8 076 人，其工业总产值占湖北省的 20.44%，位居湖北省第 2 位。目前，区内矿产资源开发利用、后续加工已形成一定规模，各类矿山企业数量不断增加，年工业总产值在全省矿业总产值中也占有较大比重，形成以中国石油化工股份有限公司荆门分公司为主体的石油化工业，以湖北荆襄化工（集团）有限责任公司为主体的磷化工业，以湖北双环科技股份有限公司、中盐宏博（集团）有限公司等为代表的盐化工业，以中国能建葛洲坝集团水泥公司为代表的水泥建材工业和以湖北省应城市石膏矿石膏制品有限公司为代表的石膏建材工业，在全省工业经济发展中发挥着重要的作用。

3）水资源

江汉平原位于两湖盆地西部和中部，河流纵横交错，湖泊星罗棋布，是长江中游平原的重要组成部分。江汉平原河网稠密，湖泊众多，水域面积广大。整个江汉平原平均年径流深 320～750 mm，水资源极为丰富。2010～2019 年，江汉平原年降水量在 157.88 亿～796.38 亿 m^3 变化，呈半干旱和半湿润交替状态；水资源总量在 96.00 亿～432.85 亿 m^3 变化，连年呈波动下降的趋势。总供水量（总用水量）在 77.82 亿～87.01 亿 m^3 波动。截至 2019 年底，该地区年降水量、水资源总量、总供水量（总用水量）分别为 157.88 亿 m^3、96 亿 m^3、65.09 亿 m^3，分别占全省的 9.51%、15.64%、21.47%，说明江汉平原水资源同全省相比，年降水量相对偏少，水资源总量偏低，总供水量（总用水量）偏高。2019 年江汉平原人均综合用水量超过湖北省人均综合用水量，水资源综合利用率较低。

3. 鄂西北

鄂西北地处湖北省的西北部，秦巴山脉和秦岭纵贯其中，地形以山地为主，与河南省、陕西省、重庆市接壤，主要包括襄阳市、神农架林区、十堰市和随州市，是湖北省和长江经济带的生态屏障，也是国家级生态功能区。该地区大部分为山区，东南部是湖北省著名的岗地，南水北调中线水源区——丹江口水库就坐落其中。独特的地形和地貌及交通地理位置决定了该地区的自然资源开发利用并不十分活跃。

1）土地资源

从土地资源开发利用情况来看，鄂西北土地面积为 56 361.4 km^2，其中，耕地由 2010 年的 7579.5 km^2 增至 2018 年的 12 036.4 km^2。在保护耕地政策的引导下，农业产出增加，随之形成耕地面积增加的良性循环。

从鄂西北土地资源开发利用在三次产业中的分布情况来看，土地面积变化与产业产值密切相关，它们之间存在长期均衡关系。土地面积对产业产值的贡献率会影响生产建设过程中所消耗的土地资源是否得到充分有效的利用。不同的经济发展阶段，该区域的产业结构具有不同的阶段性发展特点，需要处理好土地保护与经济发展的关系，提高土地利用效率，使得土地利用的过程对整个社会经济产业结构的升级产生积极作用，也有利于节约土地资源甚至开发整理出更多的土地资源，形成良性循环，推动社会经济的可持续发展。

2）矿产资源

鄂西北的南秦岭及神农架地区，主要分布着银、金红石、稀土、累托石黏土等矿产资源，其中累托石黏土和大型金红石矿产是湖北省特色矿产。该区域目前开发利用的矿产资源中，砖瓦用黏土、水泥用灰岩、磷矿、煤、银矿、盐矿、制灰用灰岩、建筑用砂、石煤、饰面用大理岩等矿产为主要开发利用矿种，因此该区域的主要矿业经济包括磷矿、银矿的开采、加工。同时绿松石、板石是鄂西北特有的矿产资源，该区域在发展其他产业的同时，也大力开发利用自己的特色矿产。截至 2019 年，鄂西北的矿山达到了 189 个，从业人员有 5462 人，矿石产量达到 4396.12 万 t，工业总产值占湖北省的 14.95%。虽然与其他地区相比矿产资源较少，但是仍占有重要的地位。

3）水资源

从鄂西北水资源开发利用情况来看，2010～2019 年，鄂西北地区年降水量在 412.22 亿～645.62 亿 m^3 变化，常年属于半湿润区；水资源总量在 97.38 亿～297.74 亿 m^3 变化，连年呈波动下降的趋势。总供水量（总用水量）在 51.16 亿～54.58 亿 m^3 波动。截至 2019 年底，该地区年降水量、水资源总量、总供水量（总用水量）分别为 384.62 亿 m^3、97.38 亿 m^3、51.23 亿 m^3，分别占全省的 23.16%、15.87%、16.90%，说明鄂西北地区水资源同全省相比，年降水量相对丰沛，水资源总量偏低，总供水量（总用水量）偏低。2019 年鄂西北地区人均综合用水量低于湖北省水平，水资源综合利用率高于全省平均水平。

4. 鄂西南

鄂西南地处湖北省的西南部，与重庆市和湖南省相邻，主要包括宜昌市、恩施土家族苗族自治州（以下简称"恩施州"）。该地区地处武陵山区，喀斯特地形比较突出，地形以山地为主，可用耕地数量少，人地矛盾突出。

1）土地资源

从土地资源开发利用情况来看，鄂西南土地面积为 45 145.3 km²，其中，耕地由 2010 年的 4 860.3 km² 增至 2013 年的 7 290 km²。这是因为该区域在这一时期种植业的发展呈上升趋势，耕地面积的增加对农民的收入具有正向促进作用。但在 2014～2016 年，耕地面积保持在 5 300 km²，受各种环境的影响，耕地面积比 2013 年减少了 27%。2018 年耕地面积恢复到 7 990 km²，而 2019 年耕地面积急剧下滑到 4 860 km²，同比下降了 39%。耕地面积呈现发展不稳定的状况，亟须制定正确的引导策略保护耕地。

从该区域土地资源开发利用在三次产业中的分布情况来看，产业结构的不断调整必然对土地资源的配置提出新的要求，合理的土地资源利用方式就是要与产业结构的不同发展阶段相适应。要实现将有限的土地资源持续地在产业间进行合理分配，就必须把土地资源作为生产要素，与其他要素一起共同形成优化的结构和布局，必须准确地把握产业发展与土地资源利用的内在作用机制。

2）矿产资源

鄂西南地区分布着磷、铁、硫、银、矾及花岗岩石材等矿产资源，是全国著名的硫化工矿产资源基地之一。目前，已开采的矿种中，煤、砖瓦用黏土、磷矿、水泥用灰岩、建筑用花岗岩、天然气等 11 种矿产为该区域主要开发利用矿产，形成了以磷矿业和磷化工为主的矿业经济，对湖北省经济发展和产业结构调整起到巨大的推动作用。截至 2019 年，鄂西南地区开发利用的矿山是湖北省内数量最多的，达到了 671 个，但是矿山产量才达到 5 745.51 万 t，工业产值也才占到湖北省工业总产值的 19.11%，产值与其丰富的矿产资源不成正比。但由于该地区具有宜昌港、巴东港、宜万铁路、焦柳铁路、宜黄高速公路、318 国道、209 国道、三峡机场、许家坪机场等水陆空立体交通网络，在一定程度上给矿产资源传送运输提供了便捷高效的服务。

3）水资源

从该区域水资源开发利用情况来看，2010～2019 年，鄂西南地区年降水量在 253.97 亿～713.85 亿 m³ 变化，除 2014 年和 2015 年外，常年属于半湿润区；水资源总量在 107.31 亿～434.89 亿 m³ 变化，连年呈波动下降的趋势。总供水量（总用水量）在 20.07 亿～22.84 亿 m³ 波动。截至 2019 年底，该地区年降水量、水资源总量、总供水量（总用水量）分别为 398.32 亿 m³、190.89 亿 m³、21.33 亿 m³，分别占全省的 23.98%、31.10%、7.03%，说明鄂西南地区水资源同全省相比，年降水量相对丰沛，水资源总量较高，但总供水量（总用水量）偏低。

二、空间布局基本情况

丰富的自然资源为湖北省的产业发展提供了重要的物质支撑，也为其空间布局进一步展开创造了条件。

（一）总体情况

从产业发展情况来看，湖北省第三产业比重缓慢提高，产业服务业化特征开始凸显，转变进程总体上取得了一定的成效，发展势头良好。

资料表明，2010 年湖北省生产总值为 16 226.94 亿元，其中，第一产业生产总值为 2 043.20 亿元，第二产业生产总值为 7 748.26 亿元，第三产业生产总值为 6 435.48 亿元。2019 年湖北省生产总值为 45 828.31 亿元，其中，第一产业生产总值为 3 809.09 亿元，第二产业生产总值为 19 098.62 亿元，第三产业生产总值为 22 920.60 亿元，经济发展较快，各产业呈现逐年递增的趋势。资料表明，湖北省产业结构由 2010 年的 12.6：47.7：39.7，到 2019 年调整为 8.3：41.7：50.0，产业结构升级态势明显。产业比例呈现第一产业、第二产业逐年减少，第三产业逐年增加的状况，随着经济全球化的深入，产业逐渐呈现规模化，围绕政策优势、产业优势、地域优势、科教优势等一系列有利发展因素，立足新发展阶段，贯彻新发展理念，构建新发展格局，深化供给侧结构性改革，破除当下发展不利局面，更好地发挥各产业对国民经济的引领性作用。

从资源利用效率来看，土地产出率由 2010 年的 856.3 万元/km² 到 2019 年的 2 418.4 万元/km²，土地产出率呈现逐年递增的趋势，由此表明不同的经济发展阶段，湖北省的产业结构具有不同的阶段性发展特点，高效利用土地资源，合理规划耕地和建设用地，是发展节约型社会的必然要求，也使土地利用的过程对整个社会经济产业结构产生积极的作用。实现土地资源的节约利用可以促进经济社会的可持续发展。

（二）分区情况

本小节对鄂东南、江汉平原、鄂西北和鄂西南的自然资源空间布局总体情况进行分析，并且分别从区域产业发展情况和资源利用效率两方面进行阐述。

1. 鄂东南

从产业发展情况来看，鄂东南地区经济领先，科技实力强，第三产业增长速度极为突出，区域内经济协调性好。资料表明，2010 年鄂东南地区生产总值为 8 835.3 亿元，其中，第一产业生产总值为 794.2 亿元，第二产业生产总值为 4 086.6 亿元，第三产业生产总值为 3 954.5 亿元。2019 年鄂东南地区生产总值为 25 349.6 亿元，其中，第一产业生产总值为 1 496.7 亿元，第二产业生产总值为 10 004.3 亿元，第三产业生产总值为 13 848.6 亿元，该区域产业结构由 2010 年的 9.0:46.2:44.8 调整为 2019 年的 5.9:39.5:54.6，产业结构升级态势明显。

从自然资源利用效率来看，鄂东南地区自然资源利用效率最高，土地产出率最高，基本实现了绿色发展、人与自然和谐共生。资料表明，鄂东南地区的土地利用结构变化明显，且土地利用变化速度较快，土地利用程度较高。鄂东南土地产出率由 2010 年的 1 730.7 万元/km^2 变动为 2019 年的 4 965.7 万元/km^2，历经 10 年实现了土地产出率增长近两倍；而相应的生产总值也从 2010 年的 8 834.7 亿元增长至 2019 年的 25 349.6 亿元，增长了近两倍。

2. 江汉平原

从产业发展情况来看，江汉平原第一产业在经济总量中占比较高，依托地域优势第一产业仍是发展重点。资料表明，2010 年江汉平原地区生产总值为 2 368.2 亿元，其中，第一产业生产总值为 534.1 亿元，第二产业生产总值为 1 069.7 亿元，第三产业生产总值为 764.4 亿元。2019 年江汉平原地区生产总值为 6 882.2 亿元，其中，第一产业生产总值为 936.0 亿元，第二产业生产总值为 3 011.1 亿元，第三产业生产总值为 2 935.1 亿元，经济发展较快，该区域产业结构由 2010 年的 22.6:45.2:32.3 调整为 2019 年的 13.6:43.8:42.6。

从资源利用效率来看，江汉平原的自然资源利用效率较低，土地产出率低。江汉平原作为我国著名的商品粮基地之一，农业资源丰富，在开发利用自然资源时要注重实现人地和谐。资料表明，江汉平原各县的农业发展水平较为落后，机械化水平偏低且农田水利设施落后，主要作物产出与其拥有的耕地不匹配。江汉平原土地产出率由 2010 年的 704.1 万元/km^2 变为 2019 年的 2 046.1 万元/km^2，历经 10 年实现了土地产出率增长近两倍；而相应的生产总值也从 2010 年的 2 368.2 亿元增长至 2019 年的 6 881.9 亿元，增长了近两倍。

3. 鄂西北

从产业发展情况来看，鄂西北工业基础好，第二产业有着显著优势。资料表明，2010 年鄂西北地区生产总值为 2 689.0 亿元，其中，第一产业生产总值为 400.5 亿元，第二产业生产总值为 1 386.8 亿元，第三产业生产总值为 901.7 亿元。2019 年鄂西北地区生产总值为 8 020.5 亿元，其中，第一产业生产总值为 779.3 亿元，第二产业生产总值为 3 767.3 亿元，第三产业生产总值为 3 473.9 亿元，该区域产业结构由 2010 年的 14.9∶51.6∶33.5 调整为 2019 年的 9.7∶47.0∶43.3。

从资源利用效率来看，鄂西北的自然资源利用效率较低，土地产出率低。山地丘陵区土地类型复杂，生态系统脆弱。资料表明，襄阳市是我国重要的粮食主产区和商品粮基地，也面临着城镇用地迅速扩张、耕地日益减少、土壤污染、人地矛盾加剧、土地利用结构及布局不合理等问题，区域土地生态安全状况有恶化趋势。鄂西北土地产出率由 2010 年的 477.1 万元/km² 变为 2019 年的 1 423.1 万元/km²，历经 10 年土地产出率增长了近两倍。生产总值从 2010 的 2 689.0 亿元增长至 2019 年的 8 020.5 亿元，增长了近两倍。

4. 鄂西南

从产业发展情况来看，鄂西南虽然经济总量较低，但经过发展和调整，区域产业结构已经从"二三一"转化为"三二一"，产业结构升级态势明显，并使区域间产业分工与合作关系进一步深化和发展。资料表明，2010 年鄂西南地区生产总值为 1 898.5 亿元，其中，第一产业生产总值为 284.2 亿元，第二产业生产总值为 991.0 亿元，第三产业生产总值为 623.3 亿元。2019 年地区生产总值为 5 620.2 亿元，其中，第一产业生产总值为 596.9 亿元，第二产业生产总值为 2 353.3 亿元，第三产业生产总值为 2 670.0 亿元，该区域产业结构由 2010 年的 15.0∶52.2∶32.8 调整为 2019 年的 10.6∶41.9∶47.5。

从资源利用效率来看，鄂西南的自然资源利用效率最低，土地产出率低。鄂西南的土地细碎化程度较高，受到生态制约，难以实现规模化流转和生产，机械化应用程度低。资料表明，地处湖北省西南部的鄂西南山地是以恩施州为主体的区域，而恩施州森林覆盖率高达 62%。鄂西南的土地利用类型主要以耕地、林地和草地为主，三者面积占区域总面积的 95% 以上。2000～2015 年，建设用地从 394.81 km² 增至 751.33 km²，耕地、林地、草地和未利用土地面积分别减少 314.60 km²、157.69 km²、60.17 km² 和 0.22 km²。鄂西南土地产出率由 2010 年的 420.5 万元/km²，变动为 2019 年的 1 245.0 万元/km²，总体上增长了近两倍。鄂西南的地区生产总值从 2010 年的 1 898.5 亿元增长至 2019 年的 5 620.4 亿元，增长了近两倍。

从产业空间布局来看，湖北省产业集聚的态势非常明显。目前，湖北省已形成了武汉—随州—襄阳—十堰汽车工业走廊、武汉—鄂州—黄石建材工业走廊、黄石—鄂州—武汉钢铁冶炼冶金工业走廊、宜昌—荆门—荆州化工工业廊道、光谷科创走廊等，也使区域产业空间布局得到进一步的展开。

在城市群发展过程中，在自然资源等生产要素向城市集聚的同时，区域产业分工与合作的关系进一步深化，并呈现城城融合、城乡融合、产业融合和区域融合的发展态势，为产业布局和发展提供了更大的空间和舞台。

三、开发利用、空间布局与生态环境保护关系的变动情况

在改革开放不断深入的进程中，湖北省自然资源开发利用和空间布局与生态环境保护的关系也发生了明显的变动。

（一）总体变动情况

作为一个自然资源和生态环境资源丰富的地区，在自然资源开发利用深度和强度不断加大的过程中，生态环境的压力也逐渐加大。党的十八大以来湖北省更加注重生态环境，在经济发展的同时也不断修复自然环境，目前湖北省已经探索出一条相对成熟的人与自然和谐共生的道路，生态环境的恶化已经逐步得到抑制。

（1）生态环境恶化的状况得到遏制，但环境压力依然严峻。湖北省生态环境厅发布的《2020年度生态环境质量状况》表明，2020年湖北省主要河流总体水质达优，近九成天数空气质量优良，生态环境状况指数稳定在良好级别，区域环境噪声状况总体良好，城市未出现酸雨。17个市（州）生态环境状况指数为55.84～81.06，其中神农架林区、恩施州、宜昌市、十堰市生态环境状况等级为"优"，其余13个市（州）生态环境状况等级为"良"。总体上看湖北省生态环境恶化的趋势已经得到了显著的遏制，但目前生态文明建设仍处于压力叠加、负重前行的关键期，保护与发展长期矛盾和短期问题交织，生态环境保护结构性、根源性、趋势性压力总体上尚未根本缓解，生态环境质量与民众的期待、美丽中国建设目标要求还有不小差距，生态环保任重道远。

（2）产业结构不合理及第三产业占比普遍偏低。在整个湖北地区，城市之间多数会有相同的产业发展路径，而且产业发展中所面临的问题也大致相同，基本上都是以现代服务业为代表的第三产业比例较低，文化产业生产和文化服务的供应能力仍然落后，传统的交通运输业和餐饮服务业依然占据主导地位。在第一产业中，有地理环境的限制因素，农业的非规模化间接影响了产业化发展程度，科技水平在农业发展中的成果转化能力不突出，导致目前湖北省致力建设的现代化农业生产体系不完善。此外，省际内部区域也存在行政壁垒，经济发展的合作措施通常是通过行政和法律政策手段强制实行，可以说自主合作能力较为缺乏，但是仅凭一省之力出台的措施也会存在不科学、不全面、不丰富的问题。在湖北省

13个市（州）的产业结构中，传统的二次产业依然稳固在第一位，而第三产业依然居其后。各个城市的第一产业虽然说在三次产业中的排名靠后，但是，各市（州）第一产业增加值比重平均值相比湖北省第一产业增加值平均比重高出不少。资料显示，湖北省各城市在2018年第一产业增加值比重平均值为11.69%，高出湖北省平均占比 2.69 个百分点，第三产业平均占比与湖北省整体相比低了7.42个百分点。不合理的产业结构和布局及产业结构调整和优化升级不能在短时间内完成，追求经济数量的思想没有完全转变过来，造成的后果是一城独大的现实和区域发展不协调，而且处于主导地位的第二产业对湖北省生态环境造成很大的负面影响。在整个湖北地区，一部分城市在不合理的产业结构影响下，成为长期拖累湖北省经济发展整体水平的因素。

（3）绿色第三产业附加值低和环保形势压力。湖北省在各个旅游省份中的地位很突出，在旅游创收方面，湖北省近年来都是以支柱产业的地位来发展旅游业。湖北省作为旅游资源大省，既有丰富的人文地理资源，也有丰富的历史文化背景资源，但由于生态环境压力，湖北省的文化旅游创收与人文环境旅游资源丰富并不协调：一方面，由于湖北省绿色发展起步晚且对能源依赖性太强，短时间内湖北地区高耗能增长型国有企业难以实现转型；另一方面，丰富的科教资源与科研创新能力不成正比，在丰富绿色市场方面魄力不够，中小企业创新能力有限。

（二）分区变动情况

湖北省各区域在自然资源、生态环境资源禀赋方面差异巨大，因此将湖北省分区域讨论十分必要，本小节将以鄂东南、江汉平原、鄂西北和鄂西南 4 个区域讨论湖北省自然资源开发利用和空间布局与生态环境保护的关系。

1. 鄂东南

以武汉为中心的鄂东南经济区域，在武汉城市圈发展战略的推动下，在改革开放不断深入的进程中，区域经济社会得到了快速的发展，鄂东南地区经济总量占湖北地区生产总值的 50%以上，成为引领湖北经济社会发展的"领头羊"。除武汉市外，区域内其余5个地级市的经济总量也占到了近20%，超过其他经济区域，拥有经济发展的绝对优势。在经济高速发展的同时，鄂东南的环境也受到了较为严重的破坏，武汉、黄石、鄂州的空气质量综合指数均处于全省倒数。

2. 江汉平原

江汉平原是长江中下游平原的重要组成部分，跨长江和汉江，土壤肥沃，地势平坦，水土光热配合良好，具有良好的农业生态环境和发展优势，农业发展历史悠久，发展基础良好，是湖北省农业发展的重要基地，也是我国重要的粮、棉、油和鱼肉蛋生产和供应基地之一。江汉平原面积虽然在湖北省四大经济区域中相对较小，但第一产业在该地区经济总量中占比较高，尤其农业在第一产业中占比最大。江汉平原自然资源开发利用模式受到地理环境的影响，农业占据重要地位，生态环境保护较好。

3. 鄂西北

鄂西北面积在湖北省四大经济区域中是最大的，占全省总面积的 30%。在改革开放不断深入的进程中，区域经济社会得到了较快的发展。鄂西北以襄阳为中心城市，4 个地市州经济总量层次分明，经济发展态势明显。2019 年襄阳市地区生产总值达到 4813 亿元，仅次于武汉市。神农架林区地区生产总值仅 32.8 亿元，但人均地区生产总值处于湖北省中游，地区经济发展潜力得到了释放。

鄂西北各地区区域优势差异较大，生态环境保护水平也有着很大差异。湖北省生态环境厅发布的《2020 年度生态环境质量状况》显示，2020 年以旅游业为主的神农架林区空气质量综合指数达到 2.08，位居全省第一，以工业为主的襄阳市空气质量综合指数则只有 4.53。总体来说，鄂西北生态环境保护水平与地区工业发展的经济水平密切相关。

4. 鄂西南

鄂西南地区由土地面积居全省第二和第三位的宜昌市、恩施州两个地市州共同构成，占全省总面积的 24.3%。该地区以山区地形为主，宜昌市地形较复杂，近 70% 的土地面积仍然是由山区构成，而恩施州则基本都是山区。自然资源和地理条件严重影响了鄂西南的经济快速发展。宜昌市和恩施州经济社会发展各具优势，经济互补性好。恩施州充分发挥生态优势，大力改善交通基础设施条件，第一产业依托林业、第三产业以旅游业为支柱，形成了"三二一"产业结构模式，空气质量综合指数为 2.87，位居全省第二位。宜昌市长期处于湖北省前三位的经济发展水平，人均地区生产总值保持全省第三位，显著高于全省平均水平，工业基础条件好，是湖北重要的化工工业基地。宜昌市和恩施州作为长江经济带湖北段的主要城市，共建航运、航空、铁路和公路等现代交通基础设施，有利于产业转移和生产要素流动，充分利用鄂西南区域的自然资源优势，同时，以生态保护和绿色发展为前提，推进物流基地发展，加大制造业转型升级，基本实现了生态环境保护与经济增长和谐共生。

第四节　存在的主要问题

湖北省虽然是我国一个自然资源开发利用比较活跃的地区，并推动了产业布局的进一步展开，但与时代要求比较，其自然资源开发利用和空间布局中仍然存在许多不可忽视的问题，需要引起各级政府的高度重视。

一、粗放的自然资源开发利用模式

粗放的自然资源开发利用模式是指在资源耗费和占用偏大条件下的一种自然资源开发利用方式。它在党的十八大以前几十年的社会主义经济建设中广泛存在，对湖北省的可持续发展产生了较为不利的影响，至今仍未得到根本的解决。

（1）自然资源利用效率低下。湖北省工业化初期和中期有着显著的资本积累特征与城镇化进程加速特征，社会发展的历史阶段决定了该时期经济发展具有高投资率的特征，投资对经济增长的拉动作用举足轻重。经济增长的路径锁定与社会发展的历史阶段共同决定了湖北省经济增长方式表现出典型的粗放型特征。经济增长建立在自然资源大量消耗的基础上，以破坏环境为代价来发展经济，形成了"高投入、高消耗、高污染、低效益"（简称"三高一低"）的粗放式自然资源开发利用模式，导致资源环境问题日益加剧。

以农业为例，传统农业的特征仍然非常明显，在家庭联产承包责任制不断实施的过程中，由于农业生产主要依靠化肥和农药，农业生产率呈现了逐年下降的态势，传统的农业方式使农村出现了大量土地撂荒、土壤板结的现象，而在城镇化过程中农业的面源污染问题也日益突出，农业不可持续的问题逐渐显现。"三农"问题在改革开放不断深入的过程中日益突出，也成为各级政府重点治理的问题。

从矿产资源开发利用来看，湖北省规模以上的矿业企业数量占企业总数比例与全国水平相比并不突出，湖北省的矿产资源开发利用对国民经济和社会发展的贡献不足，同时，矿产资源开发利用的"三率"（开采回采率、选矿回收率、综合利用率）也低于全国平均水平。随着新型工业化和城镇化的开展，矿产资源开发利用效率和生态环境保护问题也开始受到重视，并在矿产资源开发利用中得到了体现。

从水资源开发利用来看，湖北省虽然是一个水资源相对丰富的地区，但也存在水质性缺水和季节性缺水的问题，同时，农业用水占总用水量的48.8%，传统产业占有相当的比重。目前，湖北省在从工程管理向资源管理过渡的过程中，非常注重水资源的开发利用效率问题，并取得了积极的进展，如湖北省单位地区生产总值用水量为62 t/万元，也低于全国平均水平，更低于世界水平（湖北省水利厅，2020）。

传统的发展方式已不适应经济社会发展的要求，调结构、转方式，实施可持续发展战略已成为湖北省经济社会发展的必然要求。

（2）矿产资源开发对环境破坏严重。在党的十八大召开以前，湖北省在矿产资源开发方面主要采用的是露天开采矿山模式。它对植被等生态环境和土地破坏较大，需要进行边坡开挖和矿体地表覆盖层大面积剥离。同时，开采产生的废石、废渣和选矿产生的尾矿也会压占土地。这些均可能造成地表植被破坏和水土流失。地下开采以疏干地下水的方式保障开采安全，使地下潜水面下降，部分地区泉水断流，可能出现干旱现象。冶金矿山选矿和磷化工、盐化工等有害污水未经处理随意排放，造成地表水系污染，环境承载压力日趋加大。水环境的破坏，除了直接影响生态平衡，还可能给当地群众生产生活造成一定的困难。矿山开采有可能造成地质灾害隐患：一是形成地面塌陷，如煤矿、石膏矿、盐矿地下开采形成的地表塌陷比较多见；二是形成滑坡和泥石流，地下采空区破坏地表边坡稳定性，岩崩和滑坡时有发生。堆放的废石和尾矿，在雨季时常成为滑坡和泥石流的主要物源。矿山开采造成的地质灾害隐患，威胁人民生命财产安全，还可能造成遗留问题，环境恢复治理责任难以确定，政府治理资金筹措困难、压力较大（李国政，2018）。

目前，随着绿色矿山，循环经济和绿色发展的不断深入，湖北省的生态环境状况已有了明显的改善，但生态环境保护和修复的压力依然存在。

二、突出的空间失衡问题

城镇发展空间不集聚、城乡空间不协调、城镇建设和生态保护空间高度重合的区域发展问题凸显。

（一）产业配置空间失衡

从产业结构来看，湖北省的产业结构整体高于全国水平，结构升级态势明显。2000 年湖北省第三产业比重首次超过第二产业比重；2000～2018 年全国第二产业比重总体下降，第三产业比重总体上升，而湖北省 2000～2012 年第二产业比重逐年稳步上升，第三产业比重总体下降，产业再工业化特征明显；2012～2018 年湖北省第三产业比重缓慢提高，产业服务业化特征开始凸显，这说明湖北省产业结构升级进程比较曲折，产业结构升级速度总体落后于全国整体水平。

从区域产业布局来看，湖北省的产业主要分布在武汉等城市，并且沿江、沿线分布，产业分布严重不均衡，可能对区域经济社会的协调发展产生不利的影响。

（二）区域配置空间失衡

区域空间格局仍需调整，资源配置有待优化。

（1）新增建设用地年度计划指标趋紧。资料表明，湖北省新增建设用地年度计划指标从 2011 年的 26 216 hm² 减少到 2019 年的 6 875 hm²，共减少 19 341 hm²，年均减少 2 418 hm²，而湖北省仍然处于城镇化和工业化发展的增长期，对新增建设用地有广泛的需求，城镇建设的增量空间受到限制，一定程度上抑制了城镇的发展。

（2）城镇规模扩张较快。资料表明，2010～2018 年，湖北省城镇建设用地年均增长 29.6 万亩，人均城镇用地由 2010 年 103 m² 上升至 2018 年 126 m²，城镇空间扩张的需求强烈。

（3）新增建设用地占耕比重较高。资料表明，2012～2019 年，湖北省新增建设用地占耕比重达 57.56%，严格保护耕地的压力将进一步限制城镇发展空间。

（4）湖北的区域发展由于历史原因并不平衡。湖北的快速发展在很大程度上依靠"一主两副"的带动和支撑，全省除"一主两副"这三极外，其他增长极发挥的作用过弱。在"一主两副"中也存在明显的不平衡，"主"强而"副"弱。资料表明，2020 年武汉地区生产总值达 15 616 亿元，襄阳、宜昌地区生产总值分别达到 4601 亿元和 4261 亿元。"一主两副"在全省经济总量中合计占比近 60%。由此观之，全省各地市在经济发展上存在较大跨度，经济总量的平衡衔接性较弱。

（三）资源开发利用和生态环境空间失衡

湖北省资源利用曾过度强调对经济繁荣和社会发展的保障作用，忽视了对生态环境的保护和修复。当资源开发与生态环境保护产生冲突时，资源开发带来的经济效益又凌驾于生态环境之上，三生空间严重失衡，使生态环境破坏、污染等问题日益突出。

湖北省生态空间整体占比高，但生态资源在全省的分布极不均匀，整体呈现由中部向西部、东部延伸，生态空间密度逐渐升高的趋势，表现为鄂西地区＞鄂东地区＞鄂中地区。同时大量农业生产空间在城镇建设过程中被侵占，导致农用地数量下降明显。从空间分布上看，湖北省城镇建设区域与优质耕地区域高度重合，建设用地的占用导致农用地分布向农业生产条件较差的区域转移。此外，矿产资源在开发利用的同时也带来了水土污染、地面沉降、植被破坏及山体滑坡等生态环境问题。湖北省生活空间的主要问题是存在大量城镇低效用地且人居环境有待改善（魏超，2019）。它充分表明，湖北省在区域开发过程中资源开发利用和生态环境空间失衡仍然突出，需要在资源开发利用过程中充分注重生态环境空间的保护和开发利用适度的问题，形成人与自然和谐发展的关系。

三、突出的资源环境问题对经济社会可持续发展的压力

从传统的发展方式向高质量发展的转变过程中，资源环境问题虽然有所缓解，但国民经济和社会可持续发展仍然存在巨大的压力。

（1）人地矛盾在部分地区仍然突出。湖北省是一个人多地少的地区，特别是大别山、鄂西地区耕地不足的问题非常突出，人均耕地面积不足 1.06 亩，人地矛盾比较集中。2019 年湖北省人均耕地面积仅为 1.21 亩，低于全国平均水平（1.46 亩）。其中，武汉市、黄石市、鄂州市人均耕地面积不到 0.8 亩，低于国际人均耕地警戒线。耕地后备资源较少。湖北省城镇开发空间与农业适宜空间高度重叠，不可避免地占用大量耕地。全省集中连片耕地后备资源约 77 万亩，远低于未来被占用的耕地面积，落实耕地占补平衡任务压力较大（武汉国家粮食交易中心，2020）。同时，违法占用耕地加剧耕地"非农化"的现象也非常突出。加大区域耕地动态平衡调控力度，建立人随地走制度，并科学管控土地用途，才能有效地减轻人地矛盾。

（2）生态环境保护问题依然是发展的障碍。近年来，在调结构、转方式、走可持续发展道路的过程中，湖北省积极开展生态环境保护和修复工作，特别是在"共抓大保护，不搞大开发"的过程中，湖北省积极开展长江岸线保护、水生态和水环境治理，大力推进主体功能区建设，生态环境恶化的状况得到了有效遏止，但湖北省是一个自然资源总量丰富、人均占有率较低、区域分布差异性大的地区。从国土空间开发利用方式来看，当前阶段湖北省仍存在低效且无序的资源利用现象，这不仅可能造成宝贵资源的浪费，还可能造成部分地区生态系统恶化、环境质量下降。从国土空间开发格局的角度来看，湖北省存在生态空间和农业空间被挤占、经济和人口布局与资源分布不协调、国土空间开发强度指数与资源环境承载力不匹配等现象。

上述问题是制约湖北省国土空间高质量利用的主要瓶颈。如何构建山水林田湖草沙生态系统，形成人与自然和谐的发展环境依然是湖北省今后相当长时间内艰巨的任务。

第二章

湖北省国土空间治理现状

在系统梳理我国自然资源现有空间治理发展历程的基础上,本章将对湖北省国土空间治理发展历程、国土空间治理情况等方面进行系统的分析,着力探讨湖北省国土空间治理在建设中取得的主要成绩和存在的主要问题。

第一节 发 展 历 程

湖北省国土空间治理进程与我国的经济体制改革、发展的阶段性有着密切的关系，也与我国国土空间治理进程呈现一致性。中华人民共和国成立以后，我国就进入了有计划、有目的的国土空间开发利用和治理的过程，并在新的时期得到了进一步的强化和提升，形成了与社会主义市场经济体制相适应的国土空间治理体系，国土空间治理进入了新的建设阶段。

一、发展阶段划分依据

根据我国国土空间治理发展历程，结合湖北省的实际，确立湖北省国土空间治理发展阶段划分的依据。

（一）治理体制机制的差异性

自中华人民共和国成立以来，我国已经经历了计划经济体制和社会主义市场经济体制两个重大的经济体制的转换，而不同的经济管理体制在国土空间治理体制机制上则存在明显的差异性。总体来看，它们在国土空间治理方面的差异性主要体现在以下三个方面。

1. 治理方式

计划经济体制在国土空间治理方面主要是以管理为主，虽然强调投入产出比，但由于受当时经济发展水平、技术水平和管理水平的影响，在国土开发利用方面虽然也注重区域、产业、国土类型和开发时序，并以计划或者规划的形式来体现，但总体来看，治理方式主要是以面上为主，特别是数量管理特征比较明显，缺乏市场在要素配置中的基础性作用，同时，以行政区为单元，区域之间缺乏衔接和沟通，形成了长期存在的区域之间投资和产业结构雷同的不利局面，影响了区域分工与合作关系的建立。

社会主义市场经济体制在国土空间治理方面主要是以治理为主，同时，也强调了自然资源在产业空间上的配置和区域之间空间配置及其关系问题，因此，它突出了空间治理的内容，并形成了国土空间治理体系。另外，它实现了生产要素在空间上的流动。这在一定程度上打破了行政区划的界限，并聚焦在提高自然资源开发利用和配置的质量、效率、结构等方面。

在社会主义市场经济体制不断建立和完善的过程中，我国的国土空间治理方式实现了从管理到治理、从无序向有序的根本转变。它不仅仅是市场经济体制的要求，也是时代的需要，更是我国经济社会发展趋势的要求。

总体来看，两种体制在国土空间治理方面的方式不同不仅取决于技术水平的差异、管理方式的转变，更是由体制的差异性和时代的要求决定的。

2. 治理内容

由于计划经济体制的特殊性，它在国土空间治理方面的内容主要包括计划或规划，内容单一，其效果也就是体现在公平上，忽视了效率。同时，受技术水平、开发利用程度和管理水平的影响，国土空间管理概念并没有形成，而管理的重点也仅仅体现在数量的变化上，并以计划或者规划的形式出现，并不反映结构、效率等问题，使我国的国土空间治理仅仅停留在管理层面，但它也在一定程度上推动了我国国土空间治理的进程。

社会主义市场经济体制在我国国土空间治理方面的内容主要包括国土空间发展战略、法律与规划和区域政策体系。它是我国在国土空间治理过程中形成的，也是我国对国土空间治理体系长期探索的结果，符合市场经济体制的要求。它不仅在治理的内容上更加完整，而且技术水平、开发利用程度和管理水平都有明显的提高，使国土空间治理工作能够得以顺利开展。随着国土空间治理工作的进一步深入，我国的国土空间治理体系将进一步完善，治理能力现代化进程将进一步加快。

3. 治理手段

计划经济体制在国土空间治理手段上主要是以行政管理的方式来体现，管理手段比较单一，而且管理机制不灵活，容易导致资源配置效率低下、资源浪费问题突出。因此，它对国民经济和社会发展的调节作用有限。

与计划经济体制不同，社会主义市场经济体制在国土空间治理上主要是充分发挥了市场在资源配置中的基础性作用，政府管理和市场调节在国土空间治理上同时发挥作用，其手段主要包括法律、宏观调控和行政等。在信息化的推动下，其治理工具和手段也更加多样化。它的结果不仅兼顾了公平，也更加注重效率，提高了资源的配置效率，并在空间结构、产业结构和治理结构等方面得到了充分的体现。

总体来看，由于体制和机制的差异性，我国的国土空间治理在不同的发展阶段存在许多差异，体制机制的不同应该成为国土空间治理发展阶段划分的重要依据之一。

（二）经济社会发展的阶段性

根据我国经济社会发展历程分析，我国的经济社会发展经历了从新中国成立时的农业社会阶段、改革开放以来的工业化快速发展阶段、党的十八大以来以生态文明建设为主要特征的新时代。发展阶段的变化一定程度上能够体现一个国家和地区经济结构、技术结构和水平提升的过程，但由于不同发展阶段经济社会发展的重点和技术水平等存在差异，国土空间治理的重点有所不同。

1. 发展重点

从新中国成立时的农业社会阶段来看，新中国成立初期，以传统农业为主导，工业基础薄弱，第三产业发展层次较低。经济基础差、产业发展严重不足、技术落后，因此我国在该发展阶段自然资源无论是开发利用程度、需求都处于比较低的层面。因此，在该阶段大力开发和利用自然资源，发展经济，建立和完善产业体系，形成对国民经济和社会发展的重要支撑是经济建设工作的重点，也是自然资源管理的重点。

从改革开放以来的工业化快速发展阶段来看，我国在改革开放不断深入的进程中，市场经济体制的不断建立和完善，市场在资源配置中的基础性作用得到了逐步的发挥，资源配置效率明显提高，推动了经济社会的快速发展。适应工业化快速发展的需要，我国自然资源开发利用的强度、深度明显提高，供给压力明显增加，如何有效地满足国民经济发展对自然资源的需求已成为自然资源管理工作的重要任务，也是该时期我国自然资源管理改革的重点和发展的主要方向。它表明我国的自然资源管理进入了一个全新的时期。资料表明，在该时期，为满足国民经济和社会发展对自然资源日益增长的需要，围绕国家战略需求，我国在加强规划引领作用的同时，在国土空间治理的制度建设、法律建设、体制机制建设等方面进行了有效的改革和探索，并取得了明显的成效，一定程度上满足了国民经济和社会发展的需要，也在国土空间治理建设方面取得了重要的进展，为我国国土空间治理体系的形成创造了条件。

从党的十八大以来以生态文明建设为主要特征的新时代来看，随着我国改革开放的不断深入，经济发展质量不高、结构失衡、区域不协调不充分、资源环境约束加剧等问题日益突出，对我国的可持续发展产生了不利影响，传统的发展方式已经不能适应形势发展的需要。

为了消除我国经济发展中的资源环境约束，实现可持续发展，近年来，在党中央的统一部署下，各地通过转变经济发展方式，调整产业结构和经济结构，实施可持续发展战略，大力开展生态文明建设，突出绿色发展、循环发展，经济社会发展的质量明显提高，生产、生活和生态空间关系得到明显改善，经济社会进入了以结构优化、区域协调和高质量发展为主要特征的新时代。目前，在信息化的推动下，国土空间治理的条件、技术水平已经成熟，如何加快国土空间治理体系和治理能力建设，提高治理能力现代化水平是当前各级政府职能管理部门的工作重点和中心工作。

2. 国土空间治理的内容

从新中国成立时的农业社会阶段来看，我国按照计划经济体制的要求，通过"一五""二五""三五""四五"等规划的实施，使我国进入了有序发展的时期，并在国民经济体系和产业体系的建设方面取得了明显的成就，而自然资源的管理也进入了有序管理的阶段，但国土管理主要是数量问题，并不涉及区域之间、产业之间等空间管理问题，更不涉及空间治理问题。因此，该时期在自然资源管理方面的内容比较单一，不存在不能满足国民经济和社会发展需要的问题。

从改革开放以来的新型工业化快速发展阶段来看，在我国改革开放不断深入的进程中，随着要素的流动，各类市场得以建立，市场在资源配置中的基础性作用得到了充分的体现和发挥，经济进入了快速发展的阶段，对自然资源的需求也日益迫切，自然资源管理工作已经不能适应国民经济和社会发展的需要，改革自然资源管理方式、组织方式、经营方式，提高资源开发利用效率和水平，形成有利于资源效率提高的体制机制就成为该时期政府管理体制改革的重要内容之一。因此，自然资源管理也开始从管理向治理、从数量管理向质量、效率和结构方向转变，从单一的数量管理向由计划或者规划、法律等内容共同构成的国土空间治理体系方向转变，国土空间治理体系开始得到建设。

党的十八大以来，由于传统的发展方式带来的资源环境约束问题已经对我国的经济社会发展产生了不利的影响，调整结构、转变发展方式、走可持续发展道路已成为我国的必然选择。为此，党的十八届五中全会明确提出了创新、协调、绿色、开放、共享的新发展理念，在党的十九大报告中，"坚持新发展理念"被列入新时代坚持和发展中国特色社会主义的十四条基本方略中，而在党的二十大报告中提出了"完整、准确、全面贯彻新发展理念，着力推动高质量发展，主动构建新发展格局"，使我国的经济社会进入了以结构优化、区域协调和高质量发展为主要特征的新时代。它不仅要求提高自然资源开发利用的效率，调整产业、区域和城乡配置结构，引导国民经济和社会发展，而且要调整和优化区域空间、产业空间和城乡空间，特别是生产、生活和生态空间，实现三生空间的均衡，因此，国土空间治理及其体系建设就成为时代的要求。目前，国土空间治理作为国家治理的重要组成部分已落实到各级政府的管理工作之中。它不仅使我国的国土空间治理体系进一步完善，内容更加完整，而且在信息化、数字化和智能化的带动下，治理能力也得到进一步提高，为推动我国国土空间治理体系和治理能力现代化进程提供了重要的支撑。

3. 发展方式

从新中国成立时的农业社会阶段来看，由于产业结构较低下，第二产业、第三产业发展严重不足，技术落后，我国的传统农业社会特征非常明显，其发展方式粗放，对自然资源的数量、品种、结构要求都不高，因此，自然资源管理比较简单。

从改革开放以来的新型工业化快速发展阶段来看，1978 年以来，在市场经济体制建设不断加快的过程中，在以经济建设为中心的推动下，我国经济呈现了快速增长的态势，在人民生活水平不断提高的同时，国家的综合经济实力也得到了显著的提高，"高投入、高消耗、高污染、低效益"的经济增长方式成为该时期经济发展的特征，但发展的质量、效率和结构问题日益突出，特别是资源环境约束问题较为突出，成为制约我国经济社会快速发展的障碍。

从党的十八大以来以生态文明建设为主要特征的新时代来看，随着改革开放的不断深入，资源环境约束问题进一步显现，调整和优化经济结构、产业结构和国土空间结构，着力处理好人与自然、人与社会的关系，提高经济发展的质量、效率已成为形势发展的需要。为此，要牢固树立新发展理念，通过调结构、转方式、大力实施可持续发展战略、大力开展生态文明建设。我国的经济社会发展形势发生了明显的变化，经济社会进入了以结构优化、区域协调和高质量发展的新时期。经济社会发展形势的变化也对自然资源开发利用提出了更高的要求，它不仅要求对自然资源开发利用进行综合和全面的管理，还要求对国土空间进行系统的治理，形成对国民经济和社会发展的引导作用，提高自然资源开发利用效率。

（三）时代的要求

经过改革开放 40 多年的发展，我国在深度融入世界经济体系的同时，也进入了以结构优化、区域协调和高质量发展为主要特征的新时代。这不仅要求我国转变发展方式，提高发展的质量、效率，调整经济结构和产业结构，加快区域协调发展的进程，形成对高质量发展的重要支撑，而且要进一步发展绿色经济、循环经济，着力处理好经济社会发展与生态环境保护的关系，形成有利于高质量发展的环境。

新的时代赋予了自然资源管理部门新的任务，也对我国国土空间治理提出了更高的要求。这种要求主要体现在以下 4 个方面。

1. 高质量发展

高质量发展不仅要求正确处理好经济社会发展与生态环境保护的关系，实现人与自然、人与社会的和谐发展，形成有利于经济社会可持续发展的生产、生活和生态空间，而且要求调整区域产业结构和经济结构，转变发展方式，切实提高资源开发利用和配置的效率。目前，高质量发展已经贯彻到各级政府的工作之中，并在"十四五"规划中得到了充分的体现和全面的落实，其效果也将逐步显现。

2. 产业空间集聚

产业空间集聚作为区域创新发展的重要形式之一，它不仅有利于减少企业的交易成本，提高产品的竞争力，而且有利于区域产业分工与合作关系的进一步深化，同时，也是提高自然资源利用效率的具体途径。适应产业空间集聚发展的要求，就要求自然资源向产业空间集聚方向拓展，以切实提高自然资源的开发利用效率。目前，开发区和专业产业园区等已在湖北省得到了快速的发展，并成为高新技术产业布局和发展比较集中的地区。它在带动地区经济社会发展的同时，还通过技术、管理和人才溢出效应，促进传统产业向现代产业发展和产业结构升级。

3. 城市群

城市群作为 21 世纪区域竞争力和区域创新发展的重要形式，在我国的经济社会发展中发挥主导的作用，也是区域协调的重要力量。目前，我国的城市群得到了快速的发展，珠三角、长三角、环渤海湾、武汉城市圈等区域创新形态在全国各地都得到了培育和发展，并已成为推动我国区域经济快速发展的重要力量，同时，城市群也是自然资源节约和集约利用的重要区域和具体途径。城市群的快速发展表明我国已经进入了以城市群为主导的区域经济社会发展新格局。适应城市群快速发展的需要，就必须要求自然资源投放重点向城市群倾斜，为其产业布局空间的进一步展开提供支撑。目前，以武汉城市圈为代表的城市群也得到了快速的发展，并在带动地区经济社会发展方面显示出独特的作用，并且成为湖北省国土空间布局的主要方向。

4. 结构优化

结构优化包括产业结构和经济结构的优化和升级两个方面。它既包括经济体系自身的结构优化，也包括部门、地区等方面的结构优化，涉及需求、产业、要素、城乡和区域等多个领域，也是近年来我国各级政府工作的重点之一。

结构优化是经济合理化和高度化的重要途径。它不仅要求在政府治理、统一市场、财税体制、金融体制、社会保障和土地制度等领域进一步深化改革，优化资源配置，破除影响发展的瓶颈和障碍，推动改革开放进程，形成有利于经济发展的制度环境和发展环境，而且也要求充分发挥科技创新对产业结构优化升级的驱动作用，提升产业的核心竞争力，推动三次产业在更高水平上的协同发展，加快产业结构升级的步伐。同时，要求鼓励和引导区域间生产要素合理流动和产业有序转移，构建各具特色、协调联动的区域发展格局，实现区域在更高层面上的协调发展。另外，要求积极稳妥地推进新型城镇化。通过推进农业转移人口市民化、优化城镇化布局和形态来提高城市的可持续发展能力，完善城镇化体制机制，推动城乡一体化。

目前，通过调结构、转方式，大力发展绿色经济、循环经济，走可持续发展和高质量发展的道路，湖北省在经济结构、产业结构、区域国土空间结构优化升级等方面已经取得了显著的成效，特别是高新技术产业得到了快速的发展，并成为传统产业向现代产业转变的重要支撑，但由于国内外发展环境已发生了重大变化，在新的发展桥局下，经济结构、产业结构和区域国土空间结构调整优化更加迫切，而任务也十分艰巨，因此需要全社会的共同努力和长期坚持。

二、发展阶段划分结果

湖北省的发展有自身的特点和规律，总体来看，与我国的发展历程和国土空间治理发展阶段保持了一致性和协同性。

湖北省的国土空间治理经历了一个循序渐进的过程，并具有明显的阶段性发展特征。为此，将湖北省国土空间治理进程大致划分为中华人民共和国成立至党的十一届三中全会前的国土空间治理有序管理时期、党的十一届三中全会至党的十八大前的国土空间治理体系探索时期和党的十八大以来的国土空间治理体系形成期三个大的发展阶段。

（一）中华人民共和国成立至党的十一届三中全会前

中华人民共和国成立至党的十一届三中全会前，湖北省通过计划或规划的形式开始对本地区进行有效的建设，成为我国产业布局的重点地区。它不仅逐步改变了落后的面貌，人民群众开始当家作主，并且产业得到了较快的发展，国土开发利用工作逐步进入了有序的状态，成为国民经济和社会发展的重要支撑，但仅仅是对自然资源数量的管理，缺乏相关的管理制度和机制。

（二）党的一一届三中全会至党的十八大前

在计划经济体制开始向社会主义市场经济体制转换的过程之中，湖北省充分发挥市场在资源配置中的基础性作用，大力实施产业布局，积极参与国际经济合作，自然资源得到了有效的开发和利用，国民经济和社会发展进入了快速发展的时期，成为支撑中国经济社会快速发展的重要力量。

（三）党的十八大以来

随着社会主义市场经济体制的全面建立，湖北省经济社会发展中不协调、不充分的问题日益突出，而资源环境的约束也越来越明显，改变发展方式，调整产业结构和经济结构，走可持续发展道路就成为该时期的工作重点。为此，党的十八大以来，按照党中央的要求和部署，在实施长江经济带发展战略、中部崛起战略、长江中游城市群战略和"一带一路"倡议等国家战略的过程中，湖北省通过构建"一主引领，两翼驱动，全域协同"的区域发展布局，积极转变发展方式，调整经济结构和产业结构，大力发展绿色、低碳、循环经济，着力提高自然资源开发利用的效率和水平，全面开展生态环境修复和保护工作，形成人与自然和谐共生的生态环境和发展环境；围绕战略需求，发挥自然资源在国民经济和社会发展中的引领作用，引导要素向重点区域、产业和地区集聚，优化区域空间结构，经济社会进入了结构优化、区域协调和高质量发展的新时代，而湖北的经济社会发展也进入了一个全新的发展时期。

三、不同发展阶段特点

对历史资料和发展进程进行分析，湖北省在不同发展阶段的国土空间治理呈现明显不同的特点。

（一）中华人民共和国成立至党的十一届三中全会前

新中国成立以后，在计划经济体制下，湖北省按照国家的要求，对自然资源进行了有序的开发利用和管理，并开始了国土空间治理进程，自然资源实现了从无序管理向有序管理的转变，并呈现如下特点。

（1）自然资源产权关系单一。通过土地改革，湖北省的土地根据所有权分为集体土地和国有土地两种。农村土地实行的是集体所有，并以人民公社为主要表现形式，以大队为依托，以小队为生产单元来开展农业生产。城市土地实行的是国家所有，而矿产属于国家，水资源、林业也分为集体所有和国有两种性质。自然资源相应的使用、占有、收益、处分等权益也分为集体所有和国家所有，因此产权关系单一，对自然资源进行开发利用，政府管理部门主要是采取无偿划拨等形式来实现，不存在产权等经济、法律纠纷问题。

（2）自然资源管理职能分散。在该时期，湖北的自然资源管理分属土地、矿产、林业、农业和水利等部门，管理直接、具体，但职能分散，而各个部门之间又缺乏有效的沟通和协调，时常出现政出多门的情况，形成了"九龙治水"的不利局面，对提高自然资源开发利用和管理效率、促进经济社会发展产生了不利的影响。

（3）自然资源开发利用被动适应国民经济和社会发展的需要。自然资源作为国民经济和社会发展重要的物质支撑，在计划或者规划中其供给主要是围绕国民经济和社会发展的需要来展开的，因此，自然资源开发利用水平和力度基本能够满足需要。

（二）党的十一届三中全会至党的十八大前

改革开放以来，在市场经济体制建立的过程中，由于经济社会发展对自然资源的需求呈现了快速增长的态势，自然资源开发利用的规模和强度明显提高，加强对自然资源的管理，形成了对国民经济和社会发展的有效支撑。

湖北省在改革开放不断深入的进程中，自然资源的供给已经不能完全满足国民经济和社会发展的需要，加强自然资源的管理，提高资源开发利用和管理效率已成为自然资源管理改革的重点。为此，湖北省通过对自然资源管理体制、运行机制的改革和探索，进一步满足了国民经济和社会发展对自然资源日益增长的需要，也在国土空间治理体系建设方面取得了一定的进展，并呈现出自身的特点。

（1）市场在自然资源配置中的作用得到发挥。在市场经济体制建立和完善的过程中，市场在资源配置中的基础性作用得到了充分的体现和发挥，生产要素得到了充分的流动。同时，在管理上也建立了市场机制，通过引入市场的手段，如排污权交易、污水治理、自然资源出让的招拍挂制度等，使资源开发利用和管理的效率日益提升。

（2）自然资源管理从被动向主动适应国民经济和社会发展需要方向转变。在该发展阶段，国民经济的快速发展对自然资源的需求明显增加，供给不足的问题突出，调整供给结构、时序，提高利用效率成为该时期自然资源管理的重点，也使自然资源管理从被动向主动适应国民经济和社会发展需要方向转变。

（3）自然资源开发利用从无序向有序转变。在该发展阶段，由于自然资源的开发利用强度和广度明显提升，湖北省积极开展自然资源管理体制和机制改革，通过资源有偿使用、资源勘探市场、资源税、经营机制、自然资源开发利用的招拍挂制度、环境恢复和自然资源资产分类管理等系列改革，基本建立了与市场经济体制要求相一致的自然资源管理体制和运行机制。通过改革，适应国民经济和社会发展战略的需要，自然资源的有效供给能力明显提高，而湖北省的自然资源开发利用和管理也开始向有序方向转变，并为国民经济和社会可持续发展提供了重要的物质支撑。

（三）党的十八大以来

在该发展阶段，随着高速公路、高铁、港口和航空港等现代基础设施建设的进一步展开，湖北省区域之间的联系更加紧密，产业集聚态势明显，并呈现出城城融合、城乡融合、区域融合和产业融合的发展态势，区域之间的分工与合作关系得到进一步的深化。这不仅进一步加快了湖北省自然资源开发的力度和强度，而且使湖北省的国土空间管理工作实现了从被动向主动、从管理向治理方向的重大转变，并开始形成区域国土空间治理体系，基本适应了区域国民经济和社会发展的需要，为推进区域国土空间治理体系和治理能力现代化创造了有利的条件。

（1）自然资源产权关系更加明晰。在该发展阶段，通过探索自然资源资产所有权与使用权分离，加快构建分类科学的自然资源资产产权体系，处理好所有权和使用权的关系，创新自然资源资产全民所有权和集体所有权的实现形式，自然资源产权登记管理制度得到了建立和完善。这不仅有利于加强对自然资源的管理，完善自然资源产权市场，加快自然资源的流动，而且切实提高了自然资源开发利用的效率。目前，我国的自然资源产权管理制度已逐步完善，已成为我国高质量发展的重要物质支撑条件。

（2）管理功能更加完善。在该发展阶段，在大部制改革中，湖北省自然资源部门统一行使区域内全民所有自然资源资产所有者职责，统一行使区域内所有国土空间用途管制和生态保护职责，实施自然资源一体化、全链条、数字化治理。自然资源管理开始从单一管理走向综合管理，功能更完善，职责更明确。

（3）从管理向治理转变。在该发展阶段，随着自然资源开发利用力度和强度的不断加大，特别是自然资源部门成立以后，湖北省在加强制度建设的同时，自然资源开发利用和管理在服务发展战略的过程中，通过数量、结构、时序等的调整，健全国家自然资源资产管理体制，主动适应和引导国民经济和社会发展需要的能力明显提高，而通过放、管、服改革，政府公共服务能力的提升也使营商环境得到了进一步的优化；在自然资源开发利用上实行国土空间用途管控制度，严格土地的使用和投向，同时，通过发挥规划、法律和制度，以及区域发展战略和区域发展政策等的引导作用，加强国土空间治理体系和治理能力建设，逐步形成了全域、全链条、全过程一体化的国土空间治理体系，基本实现了从管理向治理的重大转变。

总体来看，湖北省的自然资源开发利用经历了从无序向有序、从被动管理向主动管理、从盲目向计划的发展历程，而自然资源管理也从分散到统一、从单一到综合、从资源到资产、从增量向存量、从审批到服务、从管理向治理等重大转变。这不仅仅体现的是经济社会发展阶段的变化，形成了自然资源全过程、全生命周期、全链条和一体化的治理机制，自然资源部门的治理能效得到显著提升，也是发展观念的重大转变，更是时代发展的要求和必然选择。

第二节　基　本　情　况

近年来，在湖北省委、省政府的统一领导下，按照党中央的要求，湖北省各级自然资源管理部门积极行动，着力谋划，全面推进国土空间治理工作，区域国土空间治理工作取得了重要进展，并对区域治理体系的形成产生了积极的影响，也为湖北省经济社会高质量发展提供了重要保障。

一、治理体系分类

湖北省国土空间治理体系经过不断的改革发展，现主要由国土空间发展战略、法律、管理制度、规划及区域政策体系5个方面的内容组成。其中：国土空间发展战略主要包括武汉城市圈、"一主两副"、"两圈一带"、"两圈两带"、"两圈两带一群"、"一主两副多极"战略等；法律主要包括自然资源保护与开发利用法律、生态环境保护法律、水资源开发利用与保护法律和空间治理法律等；管理制度主要包括领导干部管理制度、地区发展绩效考核制度、自然资源管理制度和国土空间治理制度四大类；规划主要包括国土空间规划、国民经济和社会发展规划、行业发展规划、专项规划和专题规划等；区域政策体系主要包括区域协调发展政策、区域高质量发展政策、区域市场体系政策、区域产业发展政策和区域生态环境保护政策等系列宏观政策的组合（表2-1）。

表2-1　湖北省国土空间治理体系类型及其主要内容

类型	主要内容
国土空间发展战略	武汉城市圈、"一主两副"、"两圈一带"、"两圈两带"、"两圈两带一群"、"一主两副多极"战略
法律	自然资源保护与开发利用法律、生态环境保护法律、水资源开发利用与保护法律、空间治理法律
管理制度	领导干部管理制度、地区发展绩效考核制度、自然资源管理制度、国土空间治理制度
规划	国土空间规划、国民经济和社会发展规划、行业发展规划、专项规划、专题规划
区域政策体系	区域协调发展政策、区域高质量发展政策、区域市场体系政策、区域产业发展政策、区域生态环境保护政策

二、治理体系的主要内容

根据目前学术界对国土空间治理的研究，湖北省国土空间治理体系的建设内容主要包括区域发展战略、法律、管理制度、规划及区域政策体系等几个方面。

（一）区域发展战略

区域发展总体战略强调要发挥不同地区的比较优势，促进生产要素的合理流动和区域合作互动良性发展，以缩小区域之间的发展差距（司建楠，2011）。

1. 制定依据

湖北省在制定区域发展战略的过程中，主要依据或者考虑了以下几个方面的情况或因素。

一是国家对湖北省在全国经济社会发展中的战略定位。习近平总书记在视察湖北省指导工作过程中，提出"努力把湖北建设成为中部地区崛起重要战略支点，争取在转变经济发展方式上走在全国前列"的重要指示，为湖北省发展道路指明了方向（楚言，2019）。如今我国已步入"十四五"规划时期，在新的发展阶段，湖北省牢记党中央赋予的"建成支点、走在前列、谱写新篇"历史使命，主动融入长江经济带发展、中部崛起等国家战略，把武汉建设成国家中心城市、全国科创中心城市和国际化大都市，带动周围城市群协同发展，形成优势互补的高质量发展区域经济布局。

二是湖北省自身的优势。湖北省的优势首先表现在区位优势明显，湖北省在我国的区域经济社会发展中具有承东启西与连南接北的交通、地理和区位优势，是我国区域经济社会协调发展的重要战略大支点；其次，湖北省水、森林、湿地等生态资源富集，生态空间格局特征明显，山体屏障四周环绕、江湖水网纵横交错，并且耕地资源优越，为国家粮食安全做出了积极的贡献；最后，湖北省的工业发展也在全国具有重要的地位，素有"工业摇篮"之称。在"一五"时期，湖北省充分利用长江两岸的资源优势、江汉平原的农业优势、长江航运的交通优势，基于交通便利、生产地接近原材料产地等生产力布局条件的原则，对工业整体进行了布局调整，通过几十年的发展，积累了雄厚的产业基础，形成了完整的工业体系（陈丽媛，2007）。

三是经济社会发展的趋势。区域协调、结构优化和高质量发展已成为我国经济社会发展的重要特征。党的十九大报告明确指出，我国经济已由高速增长阶段转向高质量发展阶段。党的二十大报告明确指出"完整、准确、全面贯彻新发展理念，着力推动高质量发展，主动构建新发展格局"。推动高质量发展必须优化经济结构、协调区域间经济发展，这就要求改变以往粗放型经济发展方式，借助国家区域发展战略，优先保护生态环境，有效整合地区间的多种资源，结合地区的自身优势加强分工、提高效率、促进经济的协调发展。这是党的二十大的重要精神之一，也在湖北省第十二次党代会报告中得到了强化。

四是湖北省发展的实际。湖北省国土空间规划在改革开放不断深入的进程中不断进行调整，但在制定相关战略时仍要结合自身实际，以保障经济高质量的发展、国土空间的高效利用。如今，在湖北省是我国中部地区的中坚力量，也是带动长江经济带发展的核心区域，在与国家总体战略保持一致的前提下，区域发展战略始终要贯彻落实党中央决策部署，精准把握国家宏观区域政策和发展特点，紧紧抓住全国经济大局变化的各种机遇。在经历了多次调整后，湖北省的区域发展战略已经从中部崛起发展到目前"一主引领，两翼驱动，全域协同"区域发展战略。它既反映了湖北省发展的实际和发展方向，也反映了新时代发展的要求和国家对湖北的区域定位。

2. 主要内容

进入 21 世纪，特别是党的十八大以来，湖北省在"一带一路"倡议、长江经济带发展、中部崛起、长江中游城市群发展和汉江生态经济带开放开发等战略的支撑下，结合湖北省发展的实际、优势和国家战略需求，确立了"一主引领，两翼驱动，全域协同"的区域发展战略，并在主体功能区战略下，构建了城市化地区、农业地区和生态地区"三大格局"和优化开发、重点开发、限制开发和禁止开发 4 类国土空间开发利用模式（孙国庆，2013）。它强调了在生态环境保护优先，绿色发展和高质量发展的进程中，不同地区要根据本地区资源环境承载能力的情况来确定地区的功能定位和开发模式，据此来控制国土空间开发的强度，完善区域开发的政策，规范国土空间开发的次序，并统筹协调城镇、农业、生态三个空间的关系，推动区域经济社会的高质量发展。

湖北省区域发展战略的内容主要包括：一是通过武汉城市圈的建设，带动周边地区城市群的发展，促进人口流动和资源分配，弥补不足，发挥优势，带动区域经济发展和人口集聚；二是不断加强襄阳、宜昌两个省域副中心城市的建设，以此提升城市综合竞争力，并充分发挥其辐射和带动作用，在国家战略支持的情况下结合自身实际发展，确立湖北在全国经济格局中新的战略定位；三是完善圈层发展战略，在武汉城市圈、鄂西生态文化旅游圈建设推动的同时，对长江经济带湖北段进行进一步开发，实施"两圈一带"战略；加快实施"两圈两带"战略，将汉江流域城市纳入其中，与武汉城市圈、鄂西生态文化旅游圈、长江经济带齐头并进，促进长江经济带与汉江生态经济带协同发展（李雪松 等，2015）；四是形成"一芯两带三区"的区域产业发展布局。为解决湖北省发展不平衡问题，依托长江经济带、汉江生态经济带，连接沿线城镇，优化产业格局，创新驱动绿色经济发展；依据区域统筹兼顾、产业集聚效应，带动鄂西绿色发展示范区、江汉平原振兴发展示范区、鄂东转型发展示范区共同发展，进一步完善全省重大生产力布局和区域协调发展战略规划，彰显新时代区域发展理念。

3. 对湖北省国土空间治理的影响

区域发展战略是国土空间规划制订和实施的基本依据。一个明确发展方向的区域，可以预测城市发展的规模，确定空间布局和主导产业，以及交通体系和区域合作模式（李桃 等，2016）。区域发展战略的实施，对湖北省国土空间和自然资源进行了合理的分配，使其得以高效利用，在保障了基本农田的情况下，也维护了生态环境的均衡。首先，区域发展战略是基于地区内部优势、外部环境的分析而做出的重大的、关乎地区整体发展的谋划，因此在一定程度上指明了区域国土空间治理的方向，对未来发展提出建议。其次，区域发展战略的实施降低了开发风险。在大多数情况下，空间系统是处于无序状态的，而区域发展战略是基于空间开发利用安全性的考察，大大降低空间开发的风险。最后，国土空间规划的重要任务之一就是要根据当地利益最大化的目标，选择出具有战略性价值的空间区位，最大限度减少区域要素优化的交易成本，而区域发展战略可以将资源进行合理分工，降低成本提高效率，从而提高湖北省的综合竞争力。

（二）法律

完善的法律体系是市场经济体制运行的基石和根本要求，也是有效开展国土空间治理的重要内容和基本支撑条件。根据我国的实际情况，湖北省的法律主要包括国家层面的法律和地方层面相关的法律法规。

从区域国土空间治理所涉及的内容来看，湖北省国土空间治理的法律主要包括自然资源保护与开发利用法律、生态环境保护法律、水资源开发利用与保护法律和空间治理法律等内容。

1. 自然资源保护与开发利用法律

自然资源保护与开发利用法律是保护所有者、使用者等在自然资源开发利用方面的权益，提高自然资源开发利用效率的重要法律。它同时也是开展国土空间治理工作的重要法律支撑。

目前，我国自然资源保护与开发利用的法律、条例主要包括《中华人民共和国土地管理法》《中华人民共和国矿产资源法》《中华人民共和国土地管理法实施条例》《农田水利条例》等。湖北省地方的自然资源保护与开发利用的条例主要包括《湖北省地质矿产勘查管理条例》《湖北省资源综合利用条例》《湖北省土壤污染防治条例》等。它们基本涵盖了国土空间和自然资源保护与开发利用的各个环节，并共同构成了湖北省自然资源保护与开发利用法律体系（表 2-2）。

表 2-2　湖北省自然资源保护与开发利用法律体系建设情况

层面	法律法规	涉及领域	发布单位	最新修订后的实施时间
国家	《中华人民共和国土地管理法》	对土地财产制度和土地资源合理利用所进行的管理活动	全国人民代表大会常务委员会	1999 年 1 月 1 日
	《中华人民共和国土地管理法实施条例》	对国土空间规划予以解释，规范在耕地保护和建设用地方面的活动	国务院	2021 年 9 月 1 日
	《基本农田保护条例》	合理划定基本农田并加强保护，建立监督检查制度，对违反者追究其法律责任	国务院	1999 年 1 月 1 日
	《中华人民共和国矿产资源法》	矿产资源的勘查、开发利用和保护工作	全国人民代表大会常务委员会	1986 年 10 月 1 日
	《中华人民共和国草原法》	从事草原规划、保护、建设、利用和管理活动	全国人民代表大会常务委员会	1985 年 10 月 1 日
	《中华人民共和国森林法》	从事森林、林木的保护、培育、利用和森林、林木、林地的经营管理活动	全国人民代表大会常务委员会	2020 年 7 月 1 日
	《农田水利条例》	农田水利规划的编制实施、农田水利工程建设和运行维护、农田灌溉和排水等活动	国务院	2016 年 7 月 1 日
地方	《湖北省地质矿产勘查管理条例》	省内从事矿产资源勘查、区域地质调查等工作	湖北省人民代表大会常务委员会	1998 年 4 月 2 日
	《湖北省矿产资源开采管理条例》	省内从事矿产资源开采活动的单位和个人	湖北省人民代表大会常务委员会	1997 年 12 月 3 日
	《湖北省资源综合利用条例》	对共生矿、伴生矿及废渣、废水、废气、社会废旧物资等进行综合开发和合理利用	湖北省人民代表大会常务委员会	1998 年 7 月 31 日
	《湖北省土壤污染防治条例》	本省行政区域内的土壤污染防治及其相关活动	湖北省人民代表大会	2016 年 10 月 1 日
	《湖北省土地管理实施办法》	本省行政区域内各类土地的保护、整治、开发、利用和管理	湖北省人民代表大会常务委员会	1987 年 8 月 3 日
	《湖北省耕地质量保护条例》	在本省行政区域内从事耕地质量保护及其相关活动	湖北省人民代表大会常务委员会	2014 年 2 月 1 日

资料来源：国家法律法规数据库 https://flk.npc.gov.cn/

2. 生态环境保护法律

生态环境保护作为我国的基本国策之一，已经得到了法律的保护，也是我国生态文明建设的重要成果。法律建设在维护市场秩序、促进我国可持续发展不断深入的进程中得到了进一步的加强和完善。

目前，我国的生态环境保护法律、条例主要包括《中华人民共和国环境保护法》《中华人民共和国水土保持法》《中华人民共和国长江保护法》《中华人民共和国自然保护区条例》等。湖北省的地方生态环境保护条例主要包括《湖北省天然林保护条例》《湖北省大气污染防治条例》《湖北省地质环境管理条例》《湖北省农业生态环境保护条例》等。它们基本涉及了生态环境保护、修复和补偿等各个方面，为生态环境保护工作的深入开展提供了法律支撑，并共同构成了湖北省生态环境保护法律体系（表 2-3）。

表 2-3　湖北省生态环境保护法律体系建设情况

层面	法律法规	涉及领域	发布单位	最新修订后的实施时间
国家	《中华人民共和国水土保持法》	预防和治理水土流失，保护和合理利用水土资源	全国人民代表大会常务委员会	2011 年 3 月 1 日
	《中华人民共和国环境保护法》	影响人类生存和发展的各种天然和经过人工改造的自然因素的总体，包括大气、水、海洋、土地、森林、草原、湿地等	全国人民代表大会常务委员会	2015 年 1 月 1 日
	《中华人民共和国固体废物污染环境防治法》	产生、收集、贮存、运输、利用、处置固体废物的单位和个人，应当采取措施，防止或减少固体废物对环境的污染，对所造成的环境污染依法承担责任	全国人民代表大会常务委员会	2020 年 9 月 1 日
	《中华人民共和国长江保护法》	在长江流域开展生态环境保护和修复，以及长江流域各类生产生活、开发建设活动	全国人民代表大会常务委员会	2021 年 3 月 1 日
	《中华人民共和国海洋环境保护法》	在中华人民共和国管辖海域内从事航行、勘探、开发、生产、旅游、科学研究及其他活动，或者在沿海陆域内从事影响海洋环境活动的任何单位或个人；在中华人民共和国管辖海域以外，造成中华人民共和国管辖海域污染的	全国人民代表大会常务委员会	2000 年 4 月 1 日
	《中华人民共和国自然保护区条例》	凡在中华人民共和国领域和中华人民共和国管辖的其他海域内建设和管理自然保护区	国务院	1994 年 12 月 1 日

续表

层面	法律法规	涉及领域	发布单位	最新修订后的实施时间
地方	《湖北省天然林保护条例》	本省行政区域内天然林保护和管理	湖北省人民代表大会常务委员会	2018年12月1日
	《湖北省气候资源保护和利用条例》	在本省行政区域内从事气候资源保护和利用活动	湖北省人民代表大会常务委员会	2018年8月1日
	《湖北省大气污染防治条例》	在本省行政区域内大气污染防治及其监督管理	湖北省人民代表大会常务委员会	2019年6月1日
	《湖北省农业生态环境保护条例》	在本省行政区域内从事与农业生态环境保护有关的生产、生活、经营、科研等活动	湖北省人民代表大会常务委员会	2006年12月1日
	《湖北省农村可再生能源条例》	在本省行政区域内从事农村可再生能源开发利用及建设管理等活动	湖北省人民代表大会常务委员会	2010年10月1日
	《湖北省地质环境管理条例》	在本省行政区域内从事地质环境、地质遗迹的保护和利用，以及地质灾害的防治等活动	湖北省人民代表大会常务委员会	2001年8月1日

资料来源：国家法律法规数据库 https://flk.npc.gov.cn/

3. 水资源开发利用与保护法律

目前，我国的水资源开发利用与保护法律、条例主要包括《中华人民共和国水法》《中华人民共和国水污染防治法》《城镇排水与污水处理条例》《城市供水条例》等。湖北省的地方水资源开发利用与保护条例主要包括《湖北省汉江流域水环境保护条例》《湖北省水污染防治条例》《湖北省湖泊保护条例》《湖北省河道采砂管理条例》等。它们对合理使用水资源，保护水环境、水生态，提高水资源开发利用与保护效率，切实改善水质，促进节水型社会的形成发挥了积极的作用。它们共同构成了湖北省的水资源开发利用与保护法律体系（表2-4）。

表2-4　湖北省水资源开发利用与保护法律建设情况

层面	法律法规	涉及领域	发布单位	最新修订后的实施时间
国家	《中华人民共和国水法》	中华人民共和国领域内开发、利用、节约、保护、管理水资源，防治水害	全国人民代表大会常务委员会	2002年10月1日
	《中华人民共和国水污染防治法》	中华人民共和国领域内的江河、湖泊、运河、渠道、水库等地表水体，以及地下水体的污染防治	全国人民代表大会常务委员会	2008年6月1日

层面	法律法规	涉及领域	发布单位	最新修订后的实施时间
国家	《城镇排水与污水处理条例》	城镇排水与污水处理的规划，城镇排水与污水处理设施的建设、维护与保护，向城镇排水设施排水与污水处理，以及城镇内涝防治	国务院	2014年1月1日
	《城市供水条例》	从事城市供水工作和使用城市供水	国务院	1994年10月1日
	《中华人民共和国水文条例》	从事水文站网规划与建设，水文监测与预报，水资源调查评价，水文监测资料汇交、保管与使用，水文设施与水文监测环境的保护等活动	国务院	2017年3月1日
	《中华人民共和国河道管理条例》	中华人民共和国领域内的河道（包括湖泊、人工水道、行洪区、蓄洪区、滞洪区）的管理	国务院	2018年3月19日
	《水功能区监督管理办法》	中华人民共和国领域内的江河、湖泊、运河、渠道、水库等地表水体（以下统称江河湖泊）水功能区的保护和监督管理	水利部	2017年4月1日
地方	《湖北省汉江流域水环境保护条例》	本省行政区域内汉江流域水污染防治、水生态修复和水资源保护等活动	湖北省人民代表大会常务委员会	2021年9月29日
	《湖北省清江流域水生态环境保护条例》	本省行政区域内清江流域水生态环境的保护活动	湖北省人民代表大会常务委员会	2022年11月25日
	《湖北省实施〈中华人民共和国水法〉办法》	本省行政区域内开发、利用、节约、保护和管理水资源，防治水害	湖北省人民代表大会常务委员会	2021年9月29日
	《湖北省水污染防治条例》	本省行政区域内的江河、湖泊、运河、渠道、塘堰、水井等地表水体和地下水体的污染防治	湖北省人民代表大会常务委员会	2022年3月31日
	《湖北省湖泊保护条例》	本省行政区域内的湖泊保护、利用和管理活动	湖北省人民代表大会常务委员会	2022年11月25日
	《湖北省河道采砂管理条例》	在河道（包括湖泊、水库、人工水道等）管理范围内开采砂石、取土和淘金等行为	湖北省人民代表大会常务委员会	2022年11月25日

资料来源：国家法律法规数据库 https://flk.npc.gov.cn/

4. 空间治理法律

空间治理法律作为国土空间治理体系的重要内容，是科学开展国土空间治理工作、维护市场主体合法权益、促进要素有序流动和区域产业结构优化、提高国土空间开发利用效率的重要法律保障。

在国家治理不断深入、国土空间治理体系逐步完善的过程中，湖北省的国土空间治理法律建设工作也取得了积极的进展，并对国土空间治理工作的深入开展提供了重要的法律保障。目前，我国的国土空间治理法律、条例主要包括《中华人民共和国城乡规划法》《中华人民共和国测绘法》《行政区域界线管理条例》《村庄和集镇规划建设管理条例》等。湖北省地方空间治理条例主要包括《湖北省城乡规划条例》《湖北省测绘管理条例》《湖北省开发区条例》等（表 2-5）。它们在推进湖北省国土空间治理进程方面发挥了重要的作用，并将得到进一步的建设和完善，向国土空间治理法律体系方向发展。

表 2-5　湖北省空间治理法律建设情况

层面	法律法规	涉及领域	发布单位	最新修订后的实施时间
国家	《中华人民共和国城乡规划法》	制定和实施城乡规划,在规划区内进行建设活动	全国人民代表大会常务委员会	2019 年 4 月 23 日
	《中华人民共和国测绘法》	对自然地理要素或者地表人工设施的形状、大小、空间位置及其属性等进行测定、采集	全国人民代表大会常务委员会	2017 年 7 月 1 日
	《行政区域界线管理条例》	巩固行政区域界线勘定成果,加强行政区域界线管理,维护行政区域界线附近地区稳定	国务院	2002 年 7 月 1 日
	《村庄和集镇规划建设管理条例》	制定和实施村庄、集镇规划,在村庄、集镇规划区内进行居民住宅、乡镇企业、乡村公共设施和公益事业等的建设	国务院	1993 年 11 月 1 日
	《城市规划编制办法》	按国家行政建制设立的市,组织编制城市规划	建设部	2006 年 4 月 1 日
地方	《湖北省城乡规划条例》	在本行政区域内制定和实施城乡规划,在规划区内进行建设活动	湖北省人民代表大会常务委员会	2015 年 9 月 23 日
	《湖北省测绘管理条例》	在本行政区域内从事测绘活动,应当使用国家规定的测绘基准和测绘系统,执行国家规定的测绘技术规范和标准	湖北省人民代表大会常务委员会	2016 年 12 月 1 日
	《湖北省开发区条例》	规范本行政区域内开发区的规划建设、管理服务及相关活动	湖北省人民代表大会常务委员会	2020 年 3 月 1 日
	《湖北省农村公路条例》	加强本行政区域内农村公路的规划、建设、养护和管理	湖北省人民代表大会常务委员会	2007 年 6 月 1 日

资料来源：国家法律法规数据库 https://flk.npc.gov.cn/

当前，在国家治理体系建设的推动下，湖北省的空间治理法律体系正在得到建设，并将进一步支撑区域国土空间治理体系的形成和发展，为湖北省国土空间治理体系和治理能力现代化提供法律支撑，但国土空间治理和国土空间保护法律等方面的法律建设仍显不足，亟待进一步加强。

（三）管理制度

结合以上分类，湖北省国土空间治理的管理制度主要包括领导干部管理制度、地区发展绩效考核制度和自然资源管理制度三大类。

1. 领导干部管理制度

党的十八届三中全会通过的《中共中央关于全面深化改革若干重大问题的决定》，明确部署了领导干部自然资源资产离任审计。2015 年中共中央、国务院印发的《生态文明体制改革总体方案》，提出"到 2020 年，构建起由自然资源资产产权制度、国土空间开发保护制度、空间规划体系、资源总量管理和全面节约制度、资源有偿使用和生态补偿制度、环境治理体系、环境治理和生态保护市场体系、生态文明绩效评价考核和责任追究制度等八项制度构成的产权清晰、多元参与、激励约束并重、系统完整的生态文明制度体系，推进生态文明领域国家治理体系和治理能力现代化，努力走向社会主义生态文明新时代"，将领导干部自然资源资产离任审计纳入完善生态文明绩效评价考核和责任追究制度之中，并明确要求 2017 年出台规定（孙安军，2018）。

按照党中央的部署和要求，《领导干部自然资源资产离任审计规定（试行）》已于 2017 年 9 月 19 日发布并施行。它是贯彻落实党中央关于加快推进生态文明建设要求的具体体现，是党中央关于生态文明建设战略部署的又一重大成果，是对领导干部牢固树立和践行新发展理念，坚持节约资源和保护环境的基本国策，推动形成绿色发展方式和生活方式，促进自然资源资产节约、集约利用和生态环境安全，完善生态文明绩效评价考核和责任追究制度，推动领导干部切实履行自然资源资产管理和生态环境保护责任具有十分重要的意义，也是推进国土空间治理进程的干部管理制度。

近年来，围绕《领导干部自然资源资产离任审计规定（试行）》，各级审计、监察和纪委等机关依据党中央的部署和要求，加强与自然资源资产管理和生态环境保护相关主管业务部门的沟通与协调，推进建立自然资源资产数据交流共享平台，加大审计结果运用，形成监督合力，进一步推动生态文明建设和绿色发展，也在一定程度上有效监督和约束领导干部的执政行为。

目前，领导干部自然资源资产离任审计制度已在全国各级政府得到高度的重视和广泛的应用，并在湖北省各级政府机关和地方政府中得到了有效的落实，已成为考核领导干部政绩、履行自然资源资产管理和生态环境保护责任的重要制度。总体来看，《领导干部自然资源资产离任审计规定（试行）》在湖北省的执行情况良好，也成为湖北省转变经济发展方式、推进国土空间治理进程的一项重要干部管理制度。

2. 地区发展绩效考核制度

地区发展绩效考核作为湖北省全面考核政府和职能部门绩效的一项重要制度，在湖北省各地都得到了全面和有效的落实。它已经成为约束地方政府行为的一项重要管理制度，也是推进国土空间治理进程的重要制度。

与全国其他地区一样，在高质量发展战略的推动下，按照主体功能区区划的要求和地区的差异性，在绿色发展和高质量发展的过程中，湖北省的地区发展绩效考核制度也经过了多次的考核指标和权重的调整，基本实现了从以经济建设为中心向以生态环境保护为中心的方向转变，反映了时代的要求和区域的特点。

目前，湖北省已按照国家的相关要求在全省范围内进行了落实，并配合巡视、约谈和奖惩等手段的使用，地区发展绩效考核制度的执行情况和效果良好。

3. 自然资源管理制度

在自然资源管理体制和运行机制改革过程中，在国家层面《自然资源标准化管理办法》《自然资源规范性文件管理规定》的基础上，湖北省自然资源管理部门适应经济社会发展的需要，已经出台了《湖北省补充耕地指标省级统筹管理办法》《湖北省自然资源厅立案查处自然资源违法行为工作规范》等序列文件和管理制度，同时，自然资源资产产权制度改革也取得了显著的成效，所有自然资源资产管理和保护体系也得到了不断完善。目前，湖北省重点区域自然资源统一确权登记工作基本完成；地质灾害防治工作全流程管控全面落实，地质灾害风险防控能力稳步提升；自然资源督察和监管制度体系基本建成，自然资源保护和开发目标任务执行效率更高；自然资源领域营商环境更加优化，科技创新能力稳步提升；自然资源营商环境全面提升，审批事项应减尽减，审批时限进一步压缩，审批效率大幅提升，服务能力明显提高，自然资源管理制度基本得到了建立和完善（表2-6）。这一切都为进一步完善和形成有利于国土空间治理的制度体系提供了重要的支撑。

表 2-6 湖北省自然资源管理制度建设情况

层面	管理制度	涉及领域	发布单位	最新修订后的实施时间
国家	《自然资源标准化管理办法》	自然资源调查、监测、评价评估、确权登记、保护、资产管理和合理开发利用,国土空间规划、用途管制、生态修复,海洋和地质防灾减灾等业务,以及土地、地产矿产、海洋、测绘地理信息等领域的标准化工作	自然资源部	2020 年 6 月 24 日
	《取水许可和水资源费征收管理条例》	利用取水工程或者设施直接从江河、湖泊或者地下取用水资源	国务院	2006 年 4 月 15 日
	《规划环境影响评价条例》	国务院有关部门、设区的市级以上地方人民政府及其有关部门,对其组织编制的土地利用的有关规划和区域、流域、海域的建设、开发利用规划,以及工业、农业、畜牧业、林业、能源、水利、交通、城市建设、旅游、自然资源开发的有关专项规划,应当进行环境影响评价	国务院	2009 年 10 月 1 日
	《自然资源规范性文件管理规定》	县级以上自然资源主管部门为执行法律、法规、规章和国家政策规定,依照法定权限和程序制定并公开发布,涉及公民、法人和其他组织的权利义务,具有普遍约束力,在一定期限内反复适用的文件	自然资源部	2019 年 1 月 1 日
地方	《湖北省补充耕地指标省级统筹管理办法》	实施国家和省级重大建设项目造成补充耕地缺口,经市(州)、县(市、区)人民政府申请,由省自然资源厅在全省范围内统筹落实补充耕地任务的行为	湖北省自然资源厅、湖北省财政厅、湖北省农业农村厅	2020 年 9 月 29 日
	《湖北省自然资源资产产权制度改革实施方案》	明晰自然资源资产产权,明确自然资源资产产权主体,推动自然资源资产产权确认,保护自然资源资产产权主体权益,健全自然资源资产产权权益实现途径,强化自然资源整体保护和节约集约利用,健全自然资源资产监管体系,完善自然资源资产产权地方性法规体系	湖北省人民政府	2020 年 8 月 18 日

层面	管理制度	涉及领域	发布单位	最新修订后的实施时间
地方	《湖北省自然资源厅立案查处自然资源违法行为工作规范》	立案查处自然资源、国土空间规划及测绘重大违法行为	湖北省自然资源厅	2020年7月29日
	《湖北省自然资源厅关于优化用地管理方式保障重点项目落地的通知》	改进城乡建设用地增减挂钩管理方式，改进增存挂钩管理方式，改进违建挂钩管理方式	湖北省自然资源厅	2019年5月10日

资料来源：国家法律法规数据库 https://flk.npc.gov.cn/、自然资源部 http://www.mnr.gov.cn/、湖北省人民政府 http://www.hubei.gov.cn/xxgk/ 和湖北省自然资源厅 http://zrzyt.hubei.gov.cn/fbjd/xxgkml/jgzn/dwzz/201910/t20191024_211952.shtml#test

目前，在国土空间治理工作不断深入的进程中，湖北省自然资源管理制度基本覆盖自然资源管理的全过程和全链条，但国土空间治理的制度建设方面距离国土空间治理的要求还有一定的差距，特别是国土空间治理制度、高质量发展制度和绿色发展制度等方面仍然存在不足，需要进一步加强。

（四）规划

规划是指个人或组织制订的比较全面、长远的发展计划，是对未来整体性、长期性、基本性问题的思考和考量所设计的整套行动方案。

计划或规划在我国的经济社会发展中发挥着重要的引领作用，除了有国家、地方层面的规划，行业、企业、区域也都有计划或者规划，还有空间规划、总体规划、专题规划等，另外，按照时间的长短，它还分为年度计划、五年规划和中长期规划三个时间层面的规划。总体来说，我国五年规划编制是一项系统性工作，规划由"三级四类"构成。"三级"即国家、省、市（县），"四类"即发展规划、专项规划、区域规划及空间规划。因此，我国的经济社会发展都是在计划或规划下进行的。它在服从和服务于发展战略的过程中，通过对生产要素数量、质量、分布、时间等的安排来引导国民经济和社会发展、区域发展、产业发展的时序、节奏。它通过对内外发展环境和技术发展水平的分析，按照发展战略的要求来组织生产要素进行时序和节奏的安排，以达到计划或者规划期的发展目标。因此，计划或者规划的制订科学与否不仅直接影响决策行为，也对其实施和成效产生直接的影响。

1. 规划的作用

在计划经济条件下，湖北省国民经济和社会发展都是依据规划来执行的。规划的执行情况和效果,受其制订的质量、时限等影响,同时受国内外发展环境变化的影响。

由于规划具有引导性作用,自然资源如何开发利用和空间布局问题都受规划的影响。但规划主要是围绕发展战略的需要来展开的。目前,在信息化、数字化、智能化的带动下,湖北省的规划已开始向"一张图"方向发展,并逐步形成了以空间规划为主,国民经济和社会发展规划为主要内容,专项规划和其他规划为支撑的规划体系。它不仅提高了规划的质量,也促进了地区国民经济和社会的发展及产业空间的协调布局,并有效约束了自然资源开发利用数量、质量、品种、结构、投向和时序。

2. 规划作用的差异性

在计划经济条件下,规划是被动适应国民经济和社会发展的需要,而在市场经济条件下,规划是主动适应国民经济和社会发展对自然资源的需要,通过对生产要素数量、质量、分布、时间等的变动和安排来引导国民经济社会、区域、产业发展的时序、节奏,具有很强的宏观调控功能。

目前,湖北省已处于"十四五"规划的执行期。它将进一步引领湖北省经济社会的健康发展,并为中华民族的振兴和"两个一百年"发展目标的实现贡献出自己的力量。

总体来看,湖北省正在构建以国土空间规划、国民经济和社会发展规划、行业发展规划、专项规划和专题规划为主要内容的规划体系。它们将共同对湖北省经济社会发展产生重要的影响。

(五)区域政策体系

区域经济政策是指政府制定和实施的旨在协调促进区域经济发展的各种法令、条例和措施(张雷,2002)。它是政府干预区域经济、规范区域经济主体的经济行为,诱导和保证区域经济按既定目标发展的重要手段。

我国的区域经济政策主要是为了实现国家经济发展计划而制定的,所以,其基本功能就是对全国区域经济发展进行统筹和协调,指导各个区域的经济发展,把每个区域都纳入全国经济发展之中,充分发挥地区间的优势和潜力,为全国经济发展做贡献;根据局部利益服从全局利益、短期利益服从长远利益的原则,协调各个区域的经济发展与全国经济发展的关系,以及重点发展区域与其他区域发展的关系;根据平等互利、分工合作、共同发展的原则,协调区域之间经济发展关系,推动区域之间分工与合作;根据加强民族团结、增强国家凝聚力、经济发展和社会进步协调的原则，协调经济发达区域与经济欠发达区域之间的关系，促进欠发达区域的经济发展。

与国家的经济计划和宏观管理体系相对应，我国的区域经济政策主要是由国家计划部门和有关的经济管理部门执行。有关的经济管理部门则根据计划部门的方案负责具体的实施。同时，各个区域政府的计划和经济管理部门将按照国家计划和经济管理部门的要求，负责在该区域内完成区域经济政策的有关具体内容。实践证明，这样一种执行体系对区域经济政策的实施是比较有效的。

由于区域经济政策具有明显的差异性、综合性、协调性和阶段性等特点，科学、合理的区域发展政策应该是由一系列相互联系、综合协调的单项政策共同组成的发展政策体系，是由中央政府和地方政府制定、旨在规划各区域的产业重点及方向、协调区际关系的政策总和。

在战略指导下，湖北省区域发展政策体系已逐步形成（表 2-7）。

表 2-7　湖北省区域发展政策体系

层面	区域发展政策	涉及领域	发布单位	最新修订后的实施时间
国家	《中华人民共和国乡村振兴促进法》	区域协调发展政策	全国人民代表大会常务委员会	2021 年 6 月 1 日
	《关于推动都市圈市域（郊）铁路加快发展的意见》		国家发展和改革委员会、交通运输部、国家铁路局、中国国家铁路集团有限公司	2020 年 12 月 7 日
	《中共中央 国务院关于新时代推动中部地区高质量发展的意见》	区域高质量发展政策	中共中央、国务院	2021 年 4 月 23 日
	《重大区域发展战略建设（长江经济带绿色发展方向）中央预算内投资专项管理办法》		国家发展和改革委员会	2021 年 4 月 9 日
	《国务院办公厅关于规范发展区域性股权市场的通知》	区域市场体系政策	国务院办公厅	2017 年 1 月 20 日
	《中华人民共和国税收征收管理法》		全国人民代表大会常务委员会	2001 年 5 月 1 日
	《国家环保总局关于推进循环经济发展的指导意见》	区域产业发展政策	国家环保总局	2005 年 10 月 10 日
	《淘汰落后产能中央财政奖励资金管理办法》		财政部、工业和信息化部、能源局	2011 年 4 月 20 日

续表

层面	区域发展政策	涉及领域	发布单位	最新修订后的实施时间
国家	《中华人民共和国循环经济促进法》	区域生态环境保护政策	全国人民代表大会常务委员会	2018 年 10 月 26 日
	《环境保护部 商务部 科技部关于加强国家生态工业示范园区建设的指导意见》		环境保护部、商务部、科技部	2011 年 12 月 5 日
地方	《湖北省乡村振兴促进条例》	区域协调发展政策	湖北省人民代表大会	2020 年 5 月 1 日
	《湖北省构建促进中部地区崛起重要战略支点条例》		湖北省人民代表大会常务委员会	2012 年 12 月 1 日
	《省委农办 省自然资源厅 省农业农村厅 省发展改革委 省财政厅关于加快编制村庄规划 促进乡村振兴的通知》	区域高质量发展政策	湖北省委农办、湖北省自然资源厅、湖北省农业农村厅、湖北省发展和改革委员会、湖北省财政厅	2019 年 4 月 24 日
	《促进湖北高新技术产业开发区高质量发展若干措施》		湖北省人民政府	2020 年 12 月 31 日
	《湖北省人民代表大会常务委员会关于契税具体适用税率及免征减征办法的决定》	区域市场体系政策	湖北省人民代表大会常务委员会	2021 年 9 月 1 日
	《湖北省企业减负降本政策（2019 年）》		湖北省人民政府办公厅	2019 年 6 月 9 日
	《湖北省关于促进省级承接产业转移示范区发展的意见》	区域产业发展政策	湖北省发展和改革委员会	2020 年 12 月 20 日
	《湖北省科技厅关于深入推进创新型产业集群发展若干措施的通知》		湖北省科学技术厅	2020 年 12 月 4 日
	《武汉城市圈资源节约型和环境友好型社会建设综合配套改革试验促进条例》	区域生态环境保护政策	湖北省人民代表大会常务委员会	2009 年 10 月 1 日
	《汉江生态经济带发展规划湖北省实施方案（2019—2021 年）》		湖北省发展和改革委员会	2019 年 8 月 27 日

资料来源：国家法律法规数据库 https://flk.npc.gov.cn/、湖北省人民政府 http://www.hubei.gov.cn/xxgk/和湖北省发展和改革委员会 http://fgw.hubei.gov.cn/

三、治理的主要特点

在推进国土空间治理进程的过程中，湖北省国土空间治理的特征也非常明显。

（一）国土空间治理体系性建设

建立科学高效的国土空间治理体系的目的是解决国土空间规划缺乏综合性、

规划类型过多等问题，通过分级分类的国土空间治理体系，实现国家战略部署的分级传递和各类开发保护活动的空间实施，从而形成空间规划的有机联系和高效运行机制。因此，为适应经济社会发展环境的变化，湖北省不断总结当前国家土地空间规划的经验，进一步完善国家土地空间规划体系。

（1）管理过程和环节成为国土空间治理的重点。过去往往重视国土空间治理的成效，而忽略了管理过程中存在的细节问题。近年来在自然资源管理改革的过程中，湖北省不断强调管理过程和环节的重要性，并且加强建设项目全过程监督。通过检查和监督施工图审查的完成情况、各项评估措施的落实情况、工程建设是否符合规划及土地出让合同的履行情况，提高了管理效率。

（2）服务能力得到了有效的建设。完善国土空间规划主要是为了有效整合有限资源，促进地区经济发展建设及解决人民生活的实际问题。党和国家始终坚持为人民服务的宗旨，这就要求规划提高服务能力的建设，为人民生活谋求幸福。在此背景下，湖北省在国土空间规划的具体编制中，通过走入基层，了解形势，认真听取和征求群众的意见，基于群众的需要合理将三生空间进行分配，并结合国家战略与人民对美好生活的向往，使国土空间规划更加科学、更加合理、更加高效，也使人民生活幸福感得到进一步的加强。

（3）体系化繁为简，强调"多规合一"。国土空间规划体系的提出，将原本的城市形态规划范围扩充到了经济、自然、人文、社会、环境等多种要素的融合，在制度体系调整的过程中，规划体系相应地化繁为简，不断做到精细化。针对原有的各项各类规划进行进一步的整合，将涉及国土空间要素的各项法规进行反复对比、整合，提炼出与现阶段国家要求相一致、理念相符合、政策相和谐的法律体系，出台对现阶段存在的问题具有切实且有针对性的法律条文及技术标准等。

（二）时代性要求

在国土空间规划治理过程中，与治理体系相关的政策要紧密结合时代要求。在大数据时代和绿色生活背景下，以生态环境保护为核心，将高新技术融入政策法规中，能更好地提高治理能力与效率，促进人与自然的和谐共处，使国土资源得到有效保护。

（1）数字化、体系化特征逐步显现。在大数据时代发展背景下，新一轮信息技术引领各行各业不断前进，党的十九大也正式提出了"数字中国""智慧社会"，而"加快发展数字经济，促进数字经济和实体经济深度融合"等内容在党的二十大报告中也得到了充分的体现。这就要求国土空间规划紧跟时代的步伐，以生态文明为核心，落实好国家治理体系现代化，优化理论、方法和实践等方面，增强国土空间规划的前瞻性、科学性和可操作性，形成对国土空间治理体系和治理能力现代化的重要技术支撑。为此，湖北省不断完善资源统一调查监测、现代测绘服务、基础地理信息资源体系，建立健全自然资源数字化管理模式，构建数字自然资源，实现自然资源全生命周期、数字化治理，服务数字政府和数字社会应用模式。

（2）生态环境保护优先。生态优先已经成为国土空间规划编制的基本理念和要求，无论是横向的重大专项设计，还是纵向的规划工作内容，都与生态环境密切相关（王新红，2011）。如今湖北省明确了全域国土综合整治的目标，以优化国土空间格局、修复生态环境为重点优先，并结合山水林田湖草系统的治理理念，对湖北省全域进行规划设计、综合治理，解决耕地碎片化、空间布局无序化、资源利用低效化、生态质量退化等问题，打造集约高效的生产空间、宜居适度的生活空间、山清水秀的生态空间，为湖北省生态建设提供有力支撑。

（3）高质量发展。党的十九大报告首次提出了高质量发展理念。这既是发展观念的转变，也是发展模式的转型，更是对生活水平和品质的关注。为此，湖北省积极推进新型城镇化、推进乡村振兴、增强发展新动能、构建现代产业体系、以健全现代化基础设施体系为重点方向完善资源要素配置和国土空间配置机制，有效统筹"增量、存量、流量"用地指标，增强矿产资源保障能力，合理安排水资源供给，稳步推进森林资源培育，全面提升自然资源营商环境，全力保障高质量发展资源需求。

第三节　存在的主要问题

近年来，湖北省在国土空间治理方面取得的成绩是有目共睹的，但由于其经济社会条件的变化，湖北省在国土空间治理方面仍然存在许多不可忽视的问题，需要在今后的工作中加以重视和切实解决，为大力推进区域国土空间治理工作提供支撑。

一、区域空间治理模式

湖北省是一个自然资源类型多样、分布广泛和开发利用历史悠久的地区，地方特色明显，积极探索符合湖北特色的空间治理模式，才能更加有效地加快湖北省国土空间治理的进程。

（一）区域特色空间治理模式

湖北省区域空间多样，要想打造一整套完善的、与当地情况相适应的区域特色空间治理模式，还需要更多的探索。

（1）成效不显著。从实践来看，"十三五"期间湖北省虽然非常重视并积极探索区域空间治理模式，并在该区域开展了30多项自然资源改革试点工作，但总体来看，大部分都是学习和借鉴国家经验，地方原创不够，品牌效应不足，改革创新成效仍不显著，特别是具有湖北省地方特色的区域国土空间治理模式并没有完全形成。资源环境问题依然显著，如重要能源合理利用和有效配置的压力巨大、水资源供需矛盾突出、空气质量有待提高等。区域发展差异问题还比较突出，城乡收入差距仍然很大，武汉市在地区经济中的龙头地位明显，但与周边城市的协调互动发展明显不足，辐射带动作用还不够显著。

（2）机制不完善。湖北省相关主管部门虽然在自然资源开发利用管理方面发挥了重要的作用，但对自然资源的管理、分配机制仍然需要继续完善。政府在自然资源配置中的角色，是保证自然资源高效配置和可持续发展，保障公共自然资源公平合理的配置，弥补市场失灵带来的弊端。但由于其他性质的市场主体与政府间信息不对称，政府对市场经济主体的经营活动的限制和干预会形成行政性市场进入壁垒，加大经济主体的活动成本并扭曲资源价格，从而使与政府有更好联系的企业获得更多的资源和支持，优胜劣汰的机制难以运行（李国政，2018）。信息共享机制也存在优化空间。随着信息化和互联网技术的发展，自然资源管理部门应发挥已有和在建信息管理平台的作用，提高信息收集和共享能力。此外，监管与奖惩机制也在日趋完善，应尽量避免"九龙治水"的局面；自然资源交易市场机制同样需要完善，主要体现在产权主体构成单一，市场准入、竞争和交易等规范性的制度构建上（刘贵利 等，2019）。

（3）内容不完整。按照对区域国土空间治理体系的理解，湖北省国土空间治理体系贯穿于自然资源开发利用的全过程，其内容应该包括国土空间发展战略、规划、法律和管理制度、区域政策体系等。目前，湖北省在这几个方面都有建设，但内容和过程并不完整，如"十四五"规划体系中的"湖北省'十四五'空间发展规划"还在制订和讨论之中，且与之相适应的专项规划、重点规划也没有全面形成，而湖北省已经进入了"十四五"规划的执行时期，同时，规划之间的衔接问题仍然存在不足，与"多规合一"要求的"一张图"仍然存在一定的差距，反映规划的技术性、操作性存在明显的不足，另外，在制度和法律建设方面仍然存在国土空间治理制度和法律的盲区，与全过程、全域、全链条的国土空间治理制度体系和法律体系相比仍然存在监督、控制、保护和治理等许多空缺和不足，而区域发展政策体系也没有完全形成，因此，国土空间治理体系的建设工作仍需要进一步加强。

（二）区域特色体现

湖北省作为我国重要的省，其发展有独特性，如何在国土空间治理体系中体现区域的特色，形成有利于该区域国土空间治理工作顺利开展的局面，是一个重要的课题和需要长期探索的工作。

（1）优势体现不明显。相对于其他省份，湖北省具有明显的区位、产业、教育、科技和交通等优势和特色，但总体来看，这些优势主要集中在武汉市，优势分布不平衡，而这种"一城独大"的趋势将在未来相当长时期内很难得到根本的改变，因此，在湖北省内，如何充分展现区域的特色和优势，从而为区域分工与合作关系的进一步深化创造条件是目前亟待解决的问题。总体来看，武汉应积极发挥湖北省龙头的引领作用，深化建设武汉"1+8"城市圈，辐射带动周边城市，使各区域彰显自身优势，逐步带动城市圈中各区域发展，进而带动全省走向均衡发展的良性循环，并进一步加强襄阳和宜昌等地区的发展力度，形成共同发展的国土空间格局。现阶段武汉正积极建设完善交通网、通信网，以联结周边城市，使物流、人流、信息流、资金流更加通畅，目前已取得显著成果，但是还需要持续发力以解决区域发展不均衡的问题（王娜，2019）。

（2）区域发展的差异性没有得到体现。由于经济发展基础、地理条件、技术和产业发展水平不同，湖北省在经济社会发展过程中存在明显的区域发展差异性。目前，湖北省按照区域的差异性，可分为以武汉市为中心，由鄂州市、黄冈市、黄石市、咸宁市、孝感市共同组成的鄂东南地区；由荆州市、荆门市、仙桃市、潜江市和天门市共同组成的江汉平原地区；由襄阳市、神农架林区、十堰市和随州市共同组成的鄂西北地区；由宜昌市、恩施州共同组成的鄂西南地区。同时，在大力发展城市群的过程中，以武汉为中心，由黄石、鄂州、黄冈、孝感、咸宁、仙桃、天门、潜江8个城市共同组成的武汉"1+8"城市圈；以襄阳市为中心，由神农架林区、十堰市和随州市共同组成的"襄十随神"城市群；以宜昌市为中心，由恩施州、荆州市和荆门市共同组成的"宜荆荆恩"城市群都进入了湖北省"十四五"发展规划之中，未来将得到全面的建设和发展。这些变化都在一定程度上体现了湖北省的区域特色和优势，也是湖北省区域发展的方向和未来区域发展的重点。

二、治理体系性

近年来，在国家的推动下，湖北省在国土空间治理建设方面虽然取得了一定的成效，但由于国土空间治理建设工作起步较晚，在治理体系性方面仍然存在许多不足，需要进一步加强。

（一）治理过程

国土空间治理过程包括资源调查、规划、开发利用、监督和管理等环节，涉及自然资源管理的过程和环节。自然资源管理部门通过健全自然资源资产管理体制，统一行使全民所有自然资源资产所有权，积极探索全域、一体化、全链条和数字化的国土空间治理体系，并使用用途管控等手段调节自然资源投放数量、结构、用途、时序等来引导国民经济和社会发展。目前，湖北省虽然在国土空间治理建设方面已经取得了明显的进展，但在自然资源统一调查监测、统一确权登记、资源资产权益维护、国土空间规划编制实施、国土空间用途管制、资源要素保障与节约集约利用、生态保护修复、自然资源督察执法等环节仍然存在不健全等问题，治理体系建设任务仍需进一步加强。

（二）治理制度

从管理向治理转变不仅仅是观念的转变，也需要相应的制度安排进行配套，形成对治理的重要支撑。

（1）全域、一体化、全生命周期、全链条的数字化国土空间治理制度体系建设不足。党的十九届五中全会提出"要构建国土空间开发保护新格局"，在党的二十大报告中提出"构建优势互补、高质量发展的区域经济布局和国土空间体系"。各级国土空间规划编制实践对全域、一体化、全生命周期、全链条的数字化国土空间治理制度体系建设提出了新的要求。与新时代国土空间治理的实践需求和发展趋势相比，相关数字化国土空间治理制度体系建设相对不足，前瞻性战略明显滞后，现有治理制度体系与实际国土空间治理情况匹配度低的情况还比较突出。全域、一体化、全链条的数字化国土空间治理制度体系建设，需要以坚实的科学基础和准确的科学数据为基础，突破国土空间系统基础理论，涵盖人-地全要素，做到符合国土空间演变科学规律，为国土空间集约高效的开发、国土空间的监管和综合保驾护航（汤尚颖，2020）。

（2）现有制度中管理成分大于治理成分。管理是指一定组织中的管理者，通过实施计划、组织、领导、协调、控制等职能来协调他人的活动，使别人同自己一起实现既定目标的活动过程，是人类各种组织活动中最普遍和最重要的一种活动，是指应用科学的手段安排组织社会活动，使其有序进行。詹姆斯·N.罗西瑙（2001）指出："治理是政府的治理工具，是指政府的行为方式，以及通过某些途径用以调节政府行为的机制，是通行于规制空隙之间的那些制度安排，或许更重要的是当两个或更多规制出现重叠、冲突时，或者在相互竞争的利益之间需要调解时才发挥作用的原则、规范、规则和决策程序。"格里·斯托克（1999）指出：

"治理的本质在于，它所偏重的统治机制并不依靠政府的权威和制裁。'治理的概念是，它所要创造的结构和秩序不能从外部强加；它是依靠行为者的互动来发挥作用'。"管理具有被动性，而治理则具有主动性的特点。从管理向治理的转变，核心是在完善的管理制度基础上，通过利用相关手段，如用途管控等，来调节区域自然资源的供给数量、质量、时序和用途等，着力调节生产空间、生活空间和生态空间的关系，以保持区域国土空间、产业向结构优化和效率提高方向转化，达到区域国土空间治理的目标。

目前，湖北省的国土空间正呈现从管理向治理转变的态势，与国土空间治理要求相一致的国土空间发展战略、规划、制度和区域政策等也都在建设和完善之中，国土空间优化工作也取得了明显的成效，并对湖北省高质量发展起到了积极的支撑作用，湖北省的国土空间和自然资源开发利用虽然已经建立了与市场经济体制相适应的管理体制、运行机制和相应的管理制度规范，但重点仍然是在管理上，其体制机制仍然不能满足国土空间治理的需要，因此，突出国土空间的概念，加强国土空间治理体系的建设，形成与时代要求一致的治理体系仍是湖北省各级政府和自然资源管理部门今后相当长时间内的一项重要建设任务和工作。

三、治理能力建设

经过多年的建设，湖北省在国土空间治理能力现代化建设方面虽然已经取得了一定的成效，但仍然存在许多的短板和不足，影响湖北省国土空间治理能力现代化的进程，需要进一步加强。

（一）治理能力的体系性建设

经过多年的建设，湖北省的自然资源管理的技术支撑和管理效能得到了明显的建设和加强，但在信息化、智能化和数字化快速发展的新形势下，湖北省在制度执行能力、执法监管能力、风险防控能力和改革创新能力等方面距离国土空间治理能力现代化的要求尚有较大差距，已成为湖北省国土空间治理能力现代化的短板，直接影响湖北省国土空间治理能力现代化的进程，因此，适应从管理向治理、从单一向综合、从局部向空间转变的需要，湖北省必须进一步补短板、强体系，完善制度，全面加强制度执行能力、执法监管能力、风险防控能力、社会动员能力和改革创新能力等方面的能力建设，切实推动国土空间治理能力现代化的进程。

（二）信息化程度及治理手段

近年来，随着互联网、数字化和人工智能等技术的快速发展和相互融合，我国的经济社会呈现了信息化、数字化和智能化的发展态势，但是在国土空间治理方面的信息化、数字化和智能化应用水平还不够高。

（1）信息化、智能化和数字化没有有效地转化为生产力。互联网、人工智能、大数据和数字技术的不断发展及其在经济社会广泛领域的应用，直接转化为生产力，成为推动经济社会快速发展的重要力量。信息化、智能化和数字化已成为时代的重要特征，也是提高国土空间治理体系和治理能力的重要途径。但是互联网、人工智能和数字化等技术并不完全成熟，并没有完全与产业进行融合，其应用有一个过程和时间，因此，成为生产力需要一个过程。部分行业和领域的互联网、人工智能和数字化等技术的应用不仅加快了其信息化、智能化和数字化进程，也展示了其在降低管理成本，提高管理效率等方面的优势。目前，湖北省自然资源管理部门的互联网、人工智能、数字化等技术已在部分领域得到了一定的应用，但与信息化、智能化和数字化的要求比较仍然存在巨大的差距，需要进一步加强。

（2）信息化、智能化和数字化成果的应用还不到位。信息化、智能化和数字化虽然是经济社会发展的趋势，但它更多的是体现在如何将管理软件纳入管理之中，形成对管理的重要技术支撑，并成为提高国土空间治理能力和自然资源开发利用效率的重要途径。在信息化、智能化和数字化的过程中会产生相当多且分散的数据，随着数据的增加，相关部门信息管理中的财力、物力、人力的耗费不断加大，而数据权限有时局限于相关管理部门之内，不能做到信息共享并发挥其价值。所以，随着信息化和互联网技术的发展，要发挥相关信息管理平台的作用，整合数据资源，提高国土空间信息的收集能力，实现信息共享，将信息化、智能化、数字化成果充分应用（张衍毓 等，2021）。

四、空间治理战略对区域发展的影响

空间治理战略是支撑区域经济社会发展的重要纲领性文件。在区域经济社会发展和国土空间治理中占有重要的地位。在国家治理的推动下，湖北省的空间治理战略正在制订和完善之中，其影响将在"十四五"期间得到反映，并对湖北省国土空间治理和发展走向产生积极的作用。

（一）以城市群为主导的区域发展新格局

以城市群为主导的区域发展新格局是区域经济社会发展的主要趋势和高质量发展的重要形式，也是我国区域经济社会发展的重点，更是湖北区域经济社会发展的主要方向。目前，通过多年的建设和发展，特别是互联互通工作的深入开展，湖北在区域发展过程中已基本形成了以武汉城市圈为中心，由大中小城市体系共同支撑的区域发展新态势，区域间、城乡间、城城间和产业间开始向融合方向发展，但仅靠武汉城市圈来带动湖北省的发展仍然是不够的，主要表现在以下三个方面。

（1）城市群间的协同发展不够。在长江经济带等国家战略的实施过程中，湖北省正在积极打造"一主引领，两翼驱动，全域协同"的区域发展布局，在重点发展"武汉城市圈"的过程中，襄阳、宜昌作为湖北的两翼在国家新一轮交通基础设施建设进一步展开的过程中区域地位得到了进一步的加强。在积极构建"襄十随神"城市群、"宜荆荆恩"城市群的实施过程中，湖北省进入了以城市群发展为主导的区域经济社会发展新格局，但城市群之间由于产业分工与合作的关系还没有完全建立，更谈不上城市群间的协同发展问题，深化区域之间的分工与合作关系应成为湖北省在城市群发展中必须注意的问题。

（2）城市群的发展对区域的带动作用不足。目前，湖北的三大城市群已成为引领湖北省经济社会发展的重要力量，也是湖北省国土开发利用集中的区域，但城市群之间的分工与合作关系建设还没有取得新的进展。主要原因是国土空间布局仍然是以行政区划为主，没有满足城市群、城市带等区域发展形态变化对自然资源的需要，使城市群的发展严重不足，也使城市群对区域发展的带动作用受到影响。同时，湖北的三大城市群都处于建设阶段，除"武汉城市圈"的影响在逐步体现之外，其他两个城市群仍然处于构建之中，其吸引和辐射功能仍然有待形成，特别是地区之间的分工与合作关系没有完全形成，产业的同质化问题严重，对区域经济社会发展的带动作用有限。

（3）城市体系不足对区域经济协调发展产生了不利的影响。武汉作为我国有影响力的特大中心城市之一，在新的时代将重点打造全国经济中心、国家科技创新中心、国家商贸物流中心、国际交往中心和区域金融中心"五个中心"，努力建设现代化的大武汉。这是武汉的城市定位和发展方向。它与武汉的发展基础、优势等密切相关，也将对区域经济发展产生更加深刻的影响，但从城市体系来看，武汉周边缺乏大城市支撑，城市体系不完整，武汉的辐射功能难以发挥，其对区域发展的带动作用也将弱化，因此，必须通过建立区域空间治理战略，制订空间规划，大力发展大城市，完善城市体系以带动湖北省区域经济社会的协调发展。

因此，在新的时期，湖北省必须加强城市群的建设和发展，并通过城市群的发展来深化区域国土空间治理战略，为国土空间治理战略的实施提供支撑。

（二）国土空间治理战略

国土空间治理战略是国土空间治理体系的重要支撑。它在区域经济社会发展中具有引导作用。近年来，随着信息化、数字化和智能化技术的不断发展和融合，在国家的大力推动下，湖北省的国土空间治理战略开始形成，并对区域经济社会发展产生影响。但目前，湖北省的国土空间治理战略还没有完全形成。它对国土空间治理工作的开展产生的不利影响主要表现在以下三个方面。

（1）国土空间治理战略对空间治理的引导作用有待进一步体现。从实践来看，湖北省的空间规划作为国土空间治理体系的重要内容仍然在制订之中，它将在湖北省"十四五"规划实施过程中发挥作用，因此，其对区域经济社会发展的引领作用还没有得到体现，需要经过努力才能实现。

（2）国土空间治理战略的内容还需要进一步细化。国土空间治理战略应与当前新形势下湖北省国土空间现状紧密结合，依托本地优势，扬长避短，走好创新之路，激发国土整治内生动力。新时代背景下区域协调发展仍然是湖北省国土空间治理的重点，要加强对长江经济带相关区域的生态环境保护，提高资源利用效率，使国土空间治理战略符合国家"十四五"规划总体战略布局要求；要提高对国土空间治理的宏观调控作用，引导地方进行国土空间治理；要转变国土空间治理监管方式，提高执法监察能力。在宏观调控和监管过程中，要充分结合先进科技手段，如卫星遥感、云平台和大数据等，提高相关国土空间治理执行的效率，并取得更多的成果。除监管和调控措施外，还需要继续推进完善相关交易市场的建设，包括相关交易平台建设和交易流转制度、市场建设等，以切实提高自然资源流转质量和效率，实现国土空间的进一步优化和开发利用效率的显著提高。

（3）国土空间治理应用工具需要更多探索。2019 年湖北省人民政府印发的《省人民政府批转省自然资源厅关于推进全域国土综合整治和加快推进新增工业用地"标准地"出让两个意见的通知》（鄂政发〔2019〕25 号）中，推出了 7 种全域国土综合整治工具：推进乡村国土空间治理、农用地综合整治、闲置低效建设用地整治、矿山地质环境整治、乡村国土绿化美化、农村环境整治和生态保护修复、探索农村自然资源资产评价和生态补偿机制。湖北省是一个自然资源禀赋和经济社会发展水平差异巨大的地区，各区域发展不充分不协调的问题一直是湖北省区域经济发展、结构、产业布局亟待解决的突出问题，且在新形势下又呈现了很多新的特点，国土空间治理工具的应用应该更加灵活适当。在互联网技术、大数据技术高速发展的今天，面对国土空间管理的新形势、新特点，需要探索国土空间治理工具与高新技术之间的结合点。为实现这一目标，需要进一步挖掘国土空间数据潜力，按照"用数据说话、用数据决策、用数据管理、用数据创新"的管理新机制，建立覆盖全域、全要素的国土空间基础信息平台，以及覆盖全过程的国土空间规划监测评估预警管理系统，科学运用用途管控等国土管理工具，形成全域、全要素、全过程、全链条和全生命周期的数字化国土空间治理体系，从而实现国土空间和自然资源开发利用与保护的科学规划、有效监管。

第三章

湖北省自然资源开发利用
和空间布局绩效评价

为了探究湖北省域的自然资源开发利用效率和自然资源发挥效用的情况,本章将重点开展湖北省自然资源开发利用和空间布局绩效评价,并探讨影响湖北省自然资源开发利用和空间布局绩效的因素,为提高湖北省自然资源开发利用和空间布局绩效、实现地区协调全面发展及深入开展国土空间优化政策的制定提供理论依据。

第一节　绩效评价研究进展

随着人类社会的发展，自然资源对经济社会等各方面起到了基础性的支撑作用，人类逐渐意识到资源环境的约束会影响地区的可持续发展。随着自然资源开发利用工作的深入开展和国土空间布局的全面展开，自然资源、生态环境和国土空间相关绩效评价的研究也越来越多，并对提高区域自然资源开发利用和空间布局绩效产生了积极的影响。本节主要围绕自然资源开发利用的绩效评价展开文献综述。

目前，关于自然资源开发利用和空间布局绩效评价的研究成果非常丰富，总体来看主要从以下几个方面展开。

（1）关于国土空间治理与国土空间格局规划的研究。许多学者对国土空间进行分区研究。念沛豪等（2014）综合前人研究，从资源环境承载力、现有开发强度和开发潜力的角度，以及自然生态和社会经济的主题角度，共同对功能区进行分析。方创琳（2013）构建了中国城市发展格局优化的科学基础与框架体系，从等级规模格局、职能结构格局、空间组织格局等角度构建科学合理的中国城市发展格局。樊杰等（2013）基于经济—生态—社会综合效益和生产—分配—消费立体系统的区域发展均衡模型，对全国地域功能进行了适宜性综合评价，开展综合地理区划并优化国土空间开发格局。此外，学者对国土空间规划做了相关研究。陈研新等（2020）总结了近期国内城市开展的发展战略规划的实践经验，提出可对空间资源优化配置产生影响的绩效型发展战略规划。

（2）关注自然资源的可持续利用能力，构建指标体系进行自然资源的综合评价。周炳中等（2000）着眼于苏北环境污染与生态问题，从资源利用、环境利用及其变化、经济效益与社会经济发展三个维度对资源环境利用与社会经济发展的协调程度进行了评价。杨上广（2007）从理论层面上，对自然资源绿色评价模型的构成、合理运用前提进行了分析，将成本分为生产成本、环境成本和资源成本，将效益分为直接效益与间接效益。董积生（2013）在综合考虑了资源的存量基础、利用过程中的经济效益、生态环境、资源循环利用等问题之后，从总量与供给、经济贡献、环境影响、循环利用4个方面建立指标体系评价甘肃省资源可持续利用能力。郑德凤等（2016）基于可持续能力和协调状态对水资源系统评价方法进行探讨，从资源子系统、生态环境子系统、开发利用子系统和经济社会子系统4个方面建立指标体系。梁星等（2019）从相关性和重要性两项原则出发，指出生态绩效评价的主要关联因素是资源投入、污染情况和各项产出的相对关系。

（3）从多角度构建指标体系对资源环境和国土空间效率进行评估。张浩哲等（2021）将土地、资本、劳动力作为投入指标，在经济产出外加入社会效益、环境效益，评价近年来我国收缩城市土地利用效率。李晶等（2020）对富平城乡空间绩效进行计算及特征分析，从城乡经济空间效率、城乡社会空间效率与城乡生态空间效率三个方面进行了产出测度。选用数据包络分析-基于松弛模型（data envelopment analysis-slack based model，DEA-SBM）得出综合效率、技术效率和规模效率的结果。赵继敏等（2018）建立了城市空间结构效益评价指标体系，评价城市空间结构绩效也必须从包括经济、社会、生态、文化等在内的多个目标进行综合考虑。冯吉芳等（2016）基于由人类发展指数和人均生态足迹构成的生态福利绩效指标，分析了 2005～2010 年我国 30 个省区市的生态福利绩效变化趋势。王新峰等（2018）指出城市空间绩效评价包括高效性、经济性与公平性三方面内容，高效性指城市空间资源的投入产出效率与城市的空间运行效率，经济性指在给定的资源投入条件下，空间产品供求是否平衡，衡量资源配置的供求匹配程度，公平性指公共服务设施、公共绿地等公共资源的空间差异性，用以衡量城市空间资源配置的空间均衡程度。

在全域空间相关性检验方面，大多数学者通常采用全局莫兰指数 I（global Moran I）进行测度。方时姣等（2019）、郭炳南等（2021）、梁耀文等（2021）应用全局莫兰指数 I 探究区域空间相关性与集聚性。许多学者采用了多种多样的方式对空间绩效进行阐述与分析。通过全局莫兰指数 I 值构建进行空间相关性分析，探究其空间相关性和集聚性，分析了 2005 年和 2016 年省域局部莫兰散点图。梁耀文等（2021）指出探索性空间数据分析法（exploratory spatial data analysis，ESDA），应用标准差椭圆对空间分布方向性进行分析，刻画离散程度和相对位置。邱洪全（2021）进行了多维邻近性、空间关联与区域协同创新绩效探究，采用各种指标，通过公式计算进行区域的空间关联测度与协同创新绩效测度。陈研新等（2020）、李峰清等（2021）对空间发展的组织模式进行了比较与阐述。许燕琳等（2021）将计算的绩效值结果分档，应用 ArcGIS 绘制分布图可视化地展现在地图上。

在关于绩效的空间效应研究中，学者构建包括经济、社会、生态、文化等在内的多个目标进行空间绩效评价。许多研究通过综合效率、技术效率和规模效率进行绩效评价：陶小马等（2013）利用投入导向的、可变规模报酬（variable returns to scale，VRS）的 DEA 模型和马尔姆奎斯特（Malmquist）指数方法研究了城市静态效率、要素利用效率和全要素生产率；王俊俊（2020）应用了非径向非角度度量方法的 DEA-SBM 模型，并采用 Malmquist 生产率变化指数对土地全要素生产率进行分解；赖一飞等（2021）基于超效率 SBM 模型，将省域科技创新效率进行逐年测算，并得到 Malmquist 生产指数各分解量；郭炳南等（2021）基于超效率 SBM 模型测算 2004～2019 年长江经济带沿线省份的生态福利绩效，并且利用空间杜宾模型实证分析环境规制对长江经济带生态福利绩效的空间效应，解释变量为环境规制，主要控制变量有外资利用、产业结构、经济发展水平与技术进步。

此外许多学者运用 GIS 方法对空间绩效进行评估研究。杜伊（2021）应用 GIS 空间统计分析，从空间、数量与规模三个维度进行探讨。陈章旺等（2020）从投入、产出角度构建了众创空间绩效评价指标体系，运用因子分析方法提取运营能力、企业发展能力、政府支持力度、盈利能力 4 个主因子，对我国 29 个区域众创空间绩效进行评价分析。朱古月等（2020）将武汉空间基础数据导入 ArcGIS10.0 形成"空间要素"平台，一个单元即为一个样本点，记录该用地单元的空间信息，使每个用地单元能对应连接多个属性因子，进行空间统计分析。

自然资源的效率评估相关文献情况见表 3-1。

表 3-1　自然资源的效率评估相关文献

文献	研究对象	研究内容	指标体系维度	效率模型与方法
周炳中等（2000）	1998 年苏北地区	资源环境利用与社会经济发展的协调程度	资源利用、环境利用及其变化、经济效益与社会经济发展	Delphi 法、模糊线性隶属函数
董积生（2013）	2001～2010 年甘肃省	资源可持续利用能力	总量与供给、经济贡献、环境影响、循环利用	熵值法
郑德凤等（2016）	2003～2013 年辽宁省	水资源系统	资源子系统、生态环境子系统、开发利用子系统和经济社会子系统	主成分分析法
梁星等（2017）	2014 年山东省 17 个地级市	自然资源生态绩效	资源投入、污染情况和各项产出的相对关系	指数计算——资源环境绩效指数方法、熵权法
张浩哲等（2021）	2013～2017 年中国地级市	城市土地利用效率	土地投入、资本投入、劳动力投入三个投入指标与经济效益、社会效益和环境效益三个产出指标	超效率 SBM 模型
李晶等（2020）	2000 年、2010 年、2018 年陕西富平县域城乡空间	城乡空间绩效	城乡经济空间效率、城乡社会空间效率与城乡生态空间效率	DEA-SBM 模型
赵继敏等（2018）	2018 年的北京市（包括16个区县）	城市空间结构效益	经济效益、社会效益、生态效益、文化效益多个目标	多指标综合评价与 DEA 模型
王新峰等（2018）	2014 年江苏省常州市	城市空间绩效	高效性、经济性与公平性	以 GIS 工具开展大数据空间分析等
梁耀文等（2021）	2005～2017 年环渤海地区 17 市	农业生态效率	农药投入、农业机械投入、土地投入等多投入指标；以农业总产值为期望产出；以农业碳排放、农业污染排放为非期望产出	超效率 SBM-Undesirable 模型

文献综述表明，对自然资源绩效评价的研究较为缺乏，较少有学者从整体自然资源角度出发，定量研究自然资源开发利用对经济社会发展的影响。国内学者的研究紧随我国自然资源的市场化改革，具有时代特色，并对自然资源管理体制的变革有着一定的影响作用。

总体来看，自然资源开发利用绩效的相关研究，经历了从单一向综合的发展，评价指标体系逐渐严谨和完善，评价方式和角度也更加多元化。表现为从技术、制度、人才、管理向区域优化配置和人与自然和谐共生发展的进程，反映了经济社会发展的前进方向。在新时代目标的背景下，自然资源开发利用绩效提升及布局优化如何适应新阶段的发展要求应成为今后研究的重点，也应成为自然资源战略调整的方向。

第二节　绩效评价指标选取及体系构建

绩效评价指标体系构建是开展自然资源开发利用和空间布局绩效评价的基础，本节首先根据文献综述所涉及的绩效评价指标进行综合整理和梳理，并从湖北省自然资源开发利用现状出发，综合考虑研究目标与研究主体的差异性和特殊性等问题，有效把握自然资源开发利用各方面核心因素，构建适应性更强的绩效评价指标体系。在此基础上，将相关研究方法进行比较，选取科学有效的评价方法进行自然资源开发利用和空间布局绩效评价。

一、指标选取原则

随着我国进入快速城市化时期，城市经济运行和资源消耗在逐渐加快，农村的产业发展向着集约高效化方向发展，自然资源的开发及有效利用对我国经济社会可持续发展起着基础支撑作用。在指标选取和指标设定过程中，应有效把握湖北省关于资源、环境、经济和社会各方面因素中的核心因素和核心问题。

自然资源的合理利用对社会来说就是资源配置的最优化，对自然资源开发利用绩效的评价即评价是否可以使有限的稀缺资源得到合理有效的利用，并保证社会福利的最大化。迈克尔·波特（2002）认为自然资源与资本、劳动生产率共同决定国家或地区的经济效率与竞争力。对自然资源的利用效率问题应该更深入、更全面地探究与分析。本节将采用 DEA 技术方法对湖北省各区域的自然资源利用效率进行较为全面的探讨，评价自然资源的开发利用状况、改进资源配置与促进经济的可持续发展。反映自然资源开发利用和空间布局绩效的指标有很多，许多学者做出了相关研究。毛键等（2010）从经济-环境大系统中展开，从人口、资源、环境、经济和社会 5 个子系统进行划分，并探究自然资源开发利用效率的提升路径。陶小马等（2013）在考察劳动与资本两种要素的基础上，把土地、能源与水纳入投入变量，更具全面性。在对自然资源开发利用进行综合评价和绩效测算时，需要充分考虑地区的可持续发展情况，也需要充分考虑自然资源、环境与社会经济之间相互依存、相互制约的关系（李臻谛 等，2011）。一方面，人口增长和经济社会发展会给自然资源开发利用带来巨大压力。另一方面，自然资源的使用循环会改变自然资源存量的状态和生态系统的稳定，也会作用于经济社会发展。

评价指标的选择需要首先评估地区的自然资源数量、质量、地域组合、空间分布、治理保护等要素，然后在此基础上，分析区域内自然资源与区域经济结构、产业布局之间的关系，从整体上揭示区域自然资源及利用的优势与劣势，进而提出自然资源开发利用战略、规划与方案。

二、指标体系构建

（一）评价指标体系

构建评价指标体系是进行评价的重要步骤。本小节选用投入产出法对湖北省自然资源开发利用绩效进行评价。在进行有关生态资源绩效评价时，不仅应考虑地区已有资源，更应考虑日常人类活动的负外部性产出，可从资源消耗和环境污染两方面构建投入指标，将资源消耗划分为能源消耗、土地消耗和水资源消耗（张然 等，2019）。

根据需要，C-D 生产函数模型被广泛应用于经济分析，其基本形式为

$$Y = A \cdot K^{\alpha} \cdot L^{\beta} \cdot \mu \tag{3.1}$$

式中：Y 为产出；A 为综合技术要素；K 为资本投入；L 为劳动力投入；α、β 分别为资本、劳动力产出的弹性系数；μ 为随机干扰影响。在工业化与城市化的快速推进期，自然资源为经济社会发展提供了有力支撑，包括土地、矿产和水资源等自然资源为经济增长做出了显著贡献。基于此，本小节在考虑劳动力、资本等因素外，综合考虑自然资源利用要素 S，以 γ 表示自然资源弹性系数，构建湖北省扩展 C-D 生产函数模型：

$$Y = A \cdot K^{\alpha} \cdot L^{\beta} \cdot S^{\gamma} \cdot \mu \tag{3.2}$$

因此，本小节从资本消耗、劳动力消耗和自然资源利用三个角度构建投入类指标。以经济产出作为期望产出类型指标，以环境影响作为非期望产出类型指标（表 3-2）。

表3-2　湖北省自然资源开发利用绩效评价投入产出指标

指标类型	一级指标	二级指标	单位
投入	资本消耗	固定资产投资总额	亿元
	劳动力消耗	第二、三产业从业人数	万人
	自然资源利用	城市建设用地面积	km²
		矿石产量	万 t
		地区总用水量	亿 m³
期望产出	经济产出	地区生产总值	亿元
非期望产出	环境影响	污水排放总量	万 m³

具体说明如下。

1. 自然资源利用

在研究自然资源开发利用绩效时，需要研究自然资源对湖北省经济和社会的支撑作用，在探求和选择自然资源指标时，要保证指标的全面性和代表性。从自然资源开发利用角度来看，选取土地资源、矿产资源和水资源三个角度来分析湖北省的自然资源禀赋。

第一，对于土地资源，选取城市建设用地面积对其开发利用情况进行分析。土地资源开发利用数量对湖北省各地区三次产业生产值变化影响显著。第一产业的发展依赖于合理土地规模的保持，且土地质量和经营模式会影响土地对经济发展的绩效水平。一方面，建设用地作为第二产业、第三产业发展的基础，在湖北省各地产业发展中发挥着重要作用。另一方面，城市建设用地反映城市开发利用完善的土地面积，日常基础设施越完善的地区，公共服务水平越高。城镇化水平提高、城市规模扩大，产业不断集聚，城市规模经济效益会不断升高，对环境的施压能力也不断增强。当城市拥挤效应大于规模经济效益，会影响城市经济、社会、环境效益。

第二，对于矿产资源，湖北省矿产资源总量较丰富，种类较齐全，开发活跃，但也有着矿种结构分布不平衡的特点。选取各地矿石产量，分析地区矿产资源对冶金、化工、建材等产业的保障程度，以及对经济产出的支撑作用。

第三，对于水资源，选取地区总用水量指标对其开发利用情况进行分析。湖北省是农业大省，农业灌溉对水资源有着较大的需求。水资源的利用效率和区域配置将为第一产业的发展提供空间。

2. 资本消耗

资本是社会经济生产活动的前提要素和基本保证，固定资产投资保证了经济活动的持续进行。从资本消耗角度考虑投入因素，将固定资产投资总额作为资本投入指标，并以固定资产投资增幅来表示。

3. 劳动力消耗

第二、三产业的从业人员为地区提供劳动力支持，并作为劳动力投入指标。本小节使用单位土地面积的第二、三产业从业人数作为投入指标，体现产业的发展情况。

4. 环境影响

各地在追求经济增长与发展的过程中，均会对环境施压，产生不同程度的影响，而环境的承载力是有限的。生活污染与工业污染均会对当地生态环境造成一定的负面影响，在经济发展中的环境负面效应，以污水排放总量为环境方面的变量进行考虑。

5. 经济产出

地区生产总值作为产出指标，衡量自然资源与经济社会的综合收益；同时地区生产总值可作为生态福利产出的表现形式，衡量生态与环境的经济产出。

（二）评价指标数据及说明

本章选取 2010 年、2015 年和 2019 年湖北省 16 个市（州）的年度数据计算各地区的自然资源开发利用绩效，由于神农架林区的数据缺失，所以未纳入评价单元（表 3-3）。

表 3-3　湖北省自然资源开发利用绩效评价指标数据

年份	市（州）	地区生产总值/亿元	城市建设用地面积/km²	地区总用水量/亿 m³	矿石产量/万 t	固定资产投资总额/亿元	第二、三产业从业人数/万人	污水排放总量/万 m³
2010	武汉市	5 565.93	732.21	39.35	41.44	3 753.17	178.46	60 801
2010	黄石市	690.12	65.70	16.20	904.31	474.06	43.85	10 100
2010	十堰市	736.78	62.14	11.02	527.24	393.06	43.26	8 045
2010	宜昌市	1 547.32	125.61	15.41	7 004.60	949.51	42.72	7 925
2010	襄阳市	1 538.30	90.58	33.29	413.78	835.32	55.73	12 346

续表

年份	市（州）	地区生产总值/亿元	城市建设用地面积/km²	地区总用水量/亿 m³	矿石产量/万 t	固定资产投资总额/亿元	第二、三产业从业人数/万人	污水排放总量/万 m³
2010	鄂州市	395.29	51.79	9.46	1 290.16	298.64	46.53	2 450
2010	荆门市	730.07	50.50	21.41	75.84	448.62	18.22	4 556
2010	孝感市	800.67	26.22	27.23	2 281.53	570.70	31.44	2 618
2010	荆州市	837.10	66.40	35.75	495.59	600.93	59.71	7 035
2010	黄冈市	862.30	30.03	29.06	276.58	736.06	39.32	3 140
2010	咸宁市	520.33	65.27	15.56	5 134.12	436.29	19.58	1 704
2010	随州市	401.66	38.76	9.43	74.49	291.18	10.92	2 800
2010	恩施州	351.13	24.50	4.66	271.78	244.38	5.09	2 100
2010	仙桃市	290.97	33.07	9.49	10.00	167.46	17.63	4 220
2010	潜江市	290.67	45.74	6.30	10.00	172.92	10.75	2 641
2010	天门市	219.48	46.14	8.52	35.00	153.62	9.63	5 700
2015	武汉市	10 905.60	481.22	35.00	155.74	7 725.26	206.92	89 110
2015	黄石市	1 228.11	76.25	150.00	2 800.20	1 380.02	31.95	7 157
2015	十堰市	1 300.12	107.11	78.00	516.34	1 307.25	63.39	12 188
2015	宜昌市	3 384.80	167.31	51.00	3 163.87	3 085.35	93.06	10 563
2015	襄阳市	3 382.12	170.30	101.00	2 672.80	3 071.94	97.30	17 238
2015	鄂州市	730.01	64.40	181.00	970.12	823.69	21.54	3 772
2015	荆门市	1 388.46	63.48	158.00	160.29	1 456.93	38.00	5 187
2015	孝感市	1 457.20	53.46	197.00	2 049.65	1 824.92	80.75	5 048
2015	荆州市	1 590.50	86.17	222.00	799.91	1 950.49	41.29	6 747
2015	黄冈市	1 589.24	52.22	186.00	3 873.67	2027.25	61.63	2 732
2015	咸宁市	1 030.07	50.50	143.00	1 223.47	1 372.52	23.25	2 819
2015	随州市	785.26	45.62	111.00	1 000.37	959.66	13.93	3 605
2015	恩施州	670.81	36.00	82.00	1 149.02	726.10	24.83	2 716
2015	仙桃市	597.61	51.37	152.00	10.00	461.60	73.00	3 882

续表

年份	市（州）	地区生产总值/亿元	城市建设用地面积/km²	地区总用水量/亿 m³	矿石产量/万 t	固定资产投资总额/亿元	第二、三产业从业人数/万人	污水排放总量/万 m³
2015	潜江市	557.57	49.50	124.00	10.00	438.90	44.79	2 645
2015	天门市	440.10	30.79	208.00	59.56	392.11	57.73	1 487
2019	武汉市	16 223.21	864.53	2 3.00	228.02	122 107.82	214.05	122 367
2019	黄石市	1 767.19	85.42	107.00	1 839.24	7 341.03	29.89	7 778
2019	十堰市	2 012.72	114.90	44.00	1 008.46	17 770.09	68.53	12 343
2019	宜昌市	4 460.82	179.11	36.00	612.23	63 721.05	82.34	14 362
2019	襄阳市	∠812.84	174.51	68.00	3 883.78	237 243.00	108.21	17 174
2019	鄂州市	1 140.07	36.03	140.00	3 176.66	2 433.35	23.31	5 522
2019	荆门市	2 033.77	65.70	106.00	206.54	68 166.46	41.12	6 378
2019	孝感市	2 301.40	56.39	120.00	7 059.94	71 933.45	83.27	4 888
2019	荆州市	2 516.48	93.87	150.00	921.27	136 757.10	36.32	7 161
2019	黄冈市	2 322.73	59.15	124.00	3 924.90	40745.06	77.57	2 629
2019	咸宁市	1 594.98	57.75	91.00	4 063.29	17107.62	21.00	4 209
2019	随州市	1 162.23	80.29	82.00	1 861.73	14256.62	13.32	3 936
2019	恩施州	1 159.37	41.28	45.00	485.21	16820.05	24.53	3 350
2019	仙桃市	868.47	62.56	119.00	10.00	3320.88	74.84	5 612
2019	潜江市	812.63	58.17	98.00	10.00	2664.53	47.15	2 357
2019	天门市	650.82	43.91	143.00	38.73	3 350.07	45.01	2 549

数据资料主要来源于《湖北省统计年鉴》《中国城市统计年鉴》《城市建设统计年鉴》及各地级市统计年鉴等。缺失数据运用 R 软件的 mice 包，采用多重插补（multiple imputation，MI）的差值填补法进行填补，即在每个模拟数据集中，缺失数据将使用蒙特卡罗法来填补。

其中：第二、三产业从业人数来自《中国城市统计年鉴》；城市建设用地面积、污水排放总量数据来自《城市建设统计年鉴》；固定资产投资总额、地区生产总值来自《湖北省统计年鉴》；地区总用水量来自《湖北省水资源公报》；矿石产量来自《湖北省自然资源综合统计年报》。

第三节　绩效评价方法比较及选择

评价方法是进行评价的重要手段。本节就目前主流且更具适用性的绩效评价方法进行讨论与选择。

一、评价方法比较

自然资源开发利用的绩效评价与方法选取息息相关，方法选取的准确程度直接关系评价结果的科学性和可靠性。目前，关于绩效评价的方法有许多。本节主要介绍随机前沿分析（stochastic frontier analysis，SFA）方法、多准则决策（multi-criteria decision making，MCDM）方法和数据包络分析（data envelopment analysis，DEA）方法。

（一）评价方法

学者们采用多种研究方法对自然资源绩效进行综合评估，下面对主流的绩效评价方法进行介绍。层次分析法（analytic hierarchy process，AHP）能将定性与定量有机结合，该方法的特点是在深入分析目标主体影响因素及其内在关系的基础上，利用较少的定量信息使自然资源综合评价过程数字化与结构化。一些学者应用 Delphi 法计算子系统及其指标权重，选定模糊线性隶属函数来确定各具体指标参数对可持续目标的功效值（周炳中 等，2000）。熵值法（董积生，2013）也被广泛应用于指标评价中，以此进行实证分析。一些学者应用系统学原理，采用灰色综合评估的方法，根据模糊评价集上的值，按最大隶属度原则去评定对象的等级，对自然资源进行综合评价（任晓丽，2009；刘凤兰，2003）。作为一种计算相对效率的有效工具，DEA 测度方法已经被广泛应用于考虑非期望产出的效率评价中，并逐渐成为国际公认的进行环境相关议题绩效评价的最好方法之一（宋马林 等，2016）。吴鸣然（2021）构建三阶段 DEA 模型来测度我国 30 个省份 2008～2017 年的研发资源创新效率，分别建立调整前的 DEA 模型、截尾 SFA 回归模型与调整后的 DEA 模型进行分析。

（二）不同方法的优缺点

有关绩效评价的方法有多种，下面主要对应用较为广泛的、适用性更强的前沿分析方法进行优缺点分析。

随机前沿分析方法是前沿分析方法中的参数法，在效率评价的研究中被广泛应用。首先确定所要研究对象的效率函数，可以测量出随机因素和非效率因素分别对某经济活动的影响程度，优点在于可以测算出剔除随机因素和环境因素后的经济活动的影响因素。但是该方法仅适用于多投入单产出的情况，且需要对输出产出进行函数设定，其设定的合理与否关系评估结果的可信度。

多准则决策方法在当前使用范围广泛，其优点表现在：在数量较多的评价单元情况下可以逐个实现排序，得到最优的评价单元；对一个评价单元进行评价时，所有影响因子在评价的过程中都可以被平等对待，给各因子赋予权重前，需要对影响因子进行信息的处理和加工；将项目评估表看作一个决策判断矩阵，然后采用十几种决策判别方法组织信息，组合成一个分析机理性强的动态分析系统，进而借助相关的计算机软件完成信息加工；无论是单个环境系统还是整体环境系统，多准则决策方法都可以对其进行效率评测。

数据包络分析方法是一种基于相对概念的、适用于多投入、多输出决策单元（decision making unit，DMU）的非参数效率评价方法。该方法利用数学规划模型确定生产前沿面，通过比较计算决策单元偏离前沿面的程度来衡量决策单元效率。该方法的优点在于可以省略主观确定权重这一步骤，权重是按最优原则在模型内得到，有效降低指标权重处理效率值的影响，降低评价结果主观性；还可得到所有决策单元的效率值，能充分考虑对决策单元本身最优的投入产出方案，为改进决策单元指明方向；不需要预先估计参数，通过专门的软件实现运算，可避免主观因素影响，减少误差。

二、评价方法选择

基于研究特点，选取合适的评价方法，并对评价方法的具体模型做出选择。

（一）研究特点

本小节对湖北省自然资源开发利用的绩效值进行评价：一方面要明确该地域的地理环境和自然资源条件，做出自然资源系统的适应性评价；另一方面要对自然资源开发利用的环境影响做出评价，对自然资源开发利用的关联性及经济社会的相互作用进行评价。

该方法以数据自身的特征进行包络分析，减少了专家咨询法等方法进行权重赋值时由不确定性带来的评价偏差。此外，层次分析法基于投入产出视角，从成本与收益的角度探究自然资源开发利用的绩效，具有严谨性和经济理论基础。

（二）评价方法及模型确立

数据包络分析（DEA）方法是一种非参数前沿效率分析方法。它于 1978 年由美国运筹学家 Chames 和 Copper 提出，基于之前学者的理论贡献，二人首次根据相对效率评价建立起 DEA 的基础模型，即 CCR 模型。在这一模型提出后，出现了许多不同的 DEA 模型，2004 年 Banker 等通过增加约束条件，提出基于可变规模报酬（VRS）的 BCC 模型。

DEA 方法以相对效率概念为基础，应用数学规划模型确定生产前沿面，计算比较决策单元偏离前沿面的程度来衡量其效率，并且在评价对象时能充分考虑对决策单元本身最优的投入产出方案。在测度决策单元的效率方面，DEA 作为一种相当有效的工具被广泛应用。在测度模型的分类上，"径向"是指决策单元在趋于有效时，投入与产出同比例变动，"角度"是指模型基于投入角度或产出角度。CCR 和 BCC 两类模型属于径向模型。由于径向模型的这一特点，与实际情况存在很大不同，后来的一些学者则着手研究非径向模型，提出了加性 DEA 模型、SBM 模型等。

然而，传统 DEA 模型的分析结果会同时出现多个有效的决策单元，即多个效率值为 1 的情况，因此难以衡量多个有效决策单元之间的效率高低。Andersen 等（1993）提出超效率 DEA 模型（super-efficiency DEA model），用来比较有效决策单元的效率值。该模型弥补了传统 DEA 模型不能对有效的决策单元进行比较的弱点。超效率 DEA 模型通过分析投入和产出指标数据，得到每个决策单元的 DEA 有效性，并指出其他决策单元非 DEA 有效的原因及其优化方向与程度。

假定有 n 个待评价的决策单元，每一个决策单元均耗损 m 种投入来生产 s 种产出。令 x_{ij} 与 y_{rj} 分别表示第 j 个决策单元的第 i 种投入与第 r 种产出，则 DMU_j 的投入和产出向量分别表示为

$$\boldsymbol{X}_j = (x_{1j}, x_{2j}, \cdots, x_{mj})^{\mathrm{T}}, \quad \boldsymbol{Y}_j = (y_{1j}, y_{2j}, \cdots, y_{sj})^{\mathrm{T}} \tag{3.3}$$

$$\min \theta_0$$

$$\text{s.t.} \begin{cases} \sum_{j=1}^{n} \lambda_j x_{ij} \leqslant \theta_0 x_{i0}, & i = 1, 2, \cdots, m \\ \sum_{j=1}^{n} \lambda_j y_{rj} \leqslant y_{r0}, & r = 1, 2, \cdots, s \\ \lambda_j \geqslant 0, & j = 1, 2, \cdots, n \end{cases} \tag{3.4}$$

式（3.4）是经过对偶变化后的基于投入导向的 CCR 模型，λ_j 为结构变量，连接各投入产出指标。旨在保持产出水平不变，尽可能降低投入使用量。若式（3.4）最优解 $\theta^* = 1$，则该决策单元是有效的，若 $\theta^* < 1$，该决策单元无效。超效率模型在此基础上将投入和产出的松弛变量纳入考虑，则模型为

$$\min\left[\theta^* - \varepsilon\left(\sum_{i=1}^{m}s_i^- + \sum_{r=1}^{s}s_r^+\right)\right]$$

$$\text{s.t.}\begin{cases} \sum\limits_{\substack{j=1\\j\neq j_0}}^{n}\lambda_j \boldsymbol{X}_{ij} + s_i^- = \theta^*\boldsymbol{X}_0, & i=1,2,\cdots,m \\[2mm] \sum\limits_{\substack{j=1\\j\neq j_0}}^{n}\lambda_j \boldsymbol{Y}_{ij} - s_r^+ = \boldsymbol{Y}_0, & r=1,2,\cdots,s \\[2mm] s^- \geqslant 0, s^+ \geqslant 0, \lambda_j \geqslant 0, & j=1,2,\cdots,n \end{cases} \tag{3.5}$$

式中：ε 为非阿基米德无穷小量；s_i^- 和 s_r^+ 分别为第 i 种投入与第 r 种产出的松弛变量。将超效率 DEA 模型分析的效率称为超效率。

　　关于超效率模型的含义，假设模型中有两个投入指标与一个产出指标，如图 3-1 所示，B、C、D 三点形成了前沿面，效率值均为 1，而 A 和 E 的技术效率是无效的。然而，超效率模型进一步区分了 B、C、D 点的效率，它们的效率值有可能大于 1。以 C 点为例，测定其超效率值时，仅令 B 点和 D 点处于前沿面上，而 C 点的投影点在 C'点处，因此，C 点的超效率值为 OC'/OC，大于 1。若 C 点超效率值为 1.20，则表明当各项投入指标等比例增加 20% 时，该决策单元仍为有效投入产出单元。

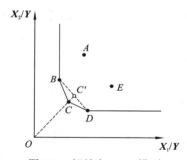

图 3-1　超效率 DEA 模型

　　本节选用径向的、投入导向的、规模报酬不变的超效率 DEA 模型进行分析，并分别对湖北省 16 个市（州）的自然资源开发利用绩效进行测算。当效率值大于或等于 1 时，表明该区域是生产有效的；当效率值小于 1 时，则表明该区域生产缺乏效率，存在投入产出上改进的必要。

第四节 绩效总体评价

根据以上确立的评价指标体系和评价方法，本节将重点介绍湖北省自然资源开发利用和空间布局绩效评价。

一、评价过程

运用 MATLAB 软件中的 deatoolbox，将不同年份的投入产出系统作为决策单元，构建超效率 DEA 模型，计算 2010 年、2015 年、2019 年湖北省各市的自然资源开发利用绩效值。

选取固定资产投资、第二、三产业从业人数、城市建设用地面积、矿石产量、地区总用水量 5 个投入指标，地区生产总值这一个产出指标，并将环境影响非期望产出逆向作为投入纳入模型进行运算。计算结果如表 3-4 所示。

表 3-4 2010 年、2015 年、2019 年湖北省各行政区自然资源开发利用绩效值

城市	2010 年	2015 年	2019 年	平均值	排名
武汉市	1.888 2	2.504 0	2.263 7	2.218 7	1
黄石市	0.782 2	0.831 0	1.031 9	0.881 7	15
十堰市	1.097 3	0.662 9	0.724 3	0.828 2	16
宜昌市	1.177 9	1.461 4	1.747 9	1.462 4	3
襄阳市	1.132 2	0.919 7	1.042 2	1.031 4	9
鄂州市	0.838 2	0.776 4	1.222 5	0.945 7	13
荆门市	1.152 2	1.312 8	1.252 9	1.239 3	5
孝感市	1.167 8	0.921 3	1.039 3	1.042 8	8
荆州市	0.816 9	0.925 8	1.185 5	0.976 0	12
黄冈市	1.322 8	1.554 5	1.671 8	1.516 4	2
咸宁市	0.965 8	1.156 4	1.280 0	1.134 1	6
随州市	0.918 4	1.009 1	1.152 1	1.026 5	11
恩施州	1.293 8	0.821 0	1.038 7	1.051 2	7
仙桃市	1.081 2	0.972 3	1.038 0	1.030 5	10
潜江市	1.088 4	1.284 3	1.677 6	1.350 1	4
天门市	0.822 0	1.117 0	0.876 9	0.938 6	14

二、评价结果

根据以上研究，得到如下评价结果。

（一）城市个体维度

由表 3-4 可以看出，在样本考察期内不考虑外在环境变量等宏观影响因子的情况下，横向来看，湖北省 16 个市（州）自然资源开发利用绩效存在不同程度的差异，差异有待进一步缩小。

湖北省各市的自然资源开发利用三年的绩效均值排在前五的依次为武汉市、黄冈市、宜昌市、潜江市、荆门市，绩效均值分别是 2.2187、1.5164、1.4624、1.3501、1.2393。三个年份的绩效值均大于 1 的地区仅有这五个市。湖北省许多城市自然资源开发利用水平仍有很大的提升空间。

将三年的指标进行均值处理并分析，其中，武汉市、宜昌市和荆门市的期望产出与非期望产出均位居前五，城市规模较大。黄冈市和潜江市有着较小的污染排放值，处于湖北省排放量最少的五位里，非期望产出较小，负面效应较小。

自然资源开发利用绩效值最低的十堰市，其经济产出的地区生产总值并未在城市排名后五位中，其非期望产出值较高，应在经济增长中重视发展的效率，提高资源利用率与重视绿色发展。恩施州绩效值较低的原因与十堰市有所不同，其经济体量和非期望产出均处于较低水平，在湖北省各市排名的后五位中，应提高自然资源的开发利用效率，因地制宜，充分发展优势产业并带动地区的经济增长。

图 3-2 直观地表示了湖北省各行政区自然资源开发利用在不同年份的绩效值。其中，武汉市的自然资源开发利用绩效水平在湖北省处于领先地位。除武汉市外，绩效值超过 1.5 的城市还有宜昌市、黄冈市和潜江市。绩效水平高的原因一方面在于其较好的自然资源水平与资本、劳动力投入产出的高效率，另一方面在于该地区较高的人均地区生产总值和较少的环境负外部性影响。

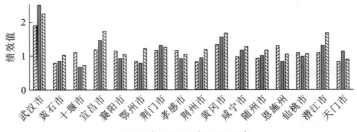

图 3-2　2010 年、2015 年、2019 年湖北省各行政区自然资源开发利用绩效值

（二）时序发展维度

纵向来看，湖北省历年自然资源开发利用绩效良好且相对稳定，大部分城市呈现随着年份增加而上升的过程，如黄冈市、宜昌市、潜江市、咸宁市等。其中，潜江市和宜昌市增幅最大，2010～2019 年自然资源开发利用绩效均值分别增加了0.589 2 和 0.570 0。

图 3-3 所示为 2010 年、2015 年与 2019 年湖北省各行政区的空间布局绩效均值排序。总体来看，湖北省各行政区的自然资源开发利用绩效均值整体表现较好，方差先增大后减小，即绩效均值差异先增大后减小。

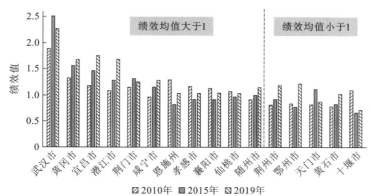

图 3-3 湖北省各行政区自然资源开发利用年份变化绩效均值排序

各行政区的绩效水平未表现出明显的空间关联，高绩效值地区分布较为离散。如 2010 年，位于鄂东的武汉市、黄冈市与鄂西的恩施州绩效值较高；2015 年与 2019 年，鄂东的武汉市、黄冈市与鄂西的宜昌市绩效值较高。

从绩效排名来看，恩施州的自然资源开发利用绩效值出现较大的波动，从 2010 年的第 3 位下滑至 2015 年的第 14 位和 2019 年的第 12 位。十堰市从 2010 年的第 8 位下滑至 2015 年、2019 年的最后一位。襄阳市由 2010 年第 7 位的排名下滑至 2015 年的第 12 位和 2019 年的第 10 位。孝感市由 2010 年的第 5 位下降到 2015 年和 2019 年的第 11 位。此外，有一些城市在湖北省的绩效排名有了不同程度的上升，如咸宁市由 2010 年的第 11 位上升至 2015 年的第 6 位和 2019 年的第 5 位。鄂州市由 2010 年的第 13 位、2015 年的第 15 位上升至 2019 年的第 7 位。潜江市由 2010 年的第 9 位上升至 2015 年的第 5 位和 2019 年的第 3 位。

第五节　绩效分区评价

为了全面了解湖北省自然资源开发利用和空间布局绩效变动情况，本节将从分区的角度进行评价，以探讨影响不同区域自然资源开发利用和空间布局绩效的因素，并分析形成区域差异性的原因。

一、绩效结果评价

根据第四节的分析，将湖北省划分为鄂东南、江汉平原、鄂西南和鄂西北四大区域，并将以上超效率 DEA 模型测算的地区绩效结果分区呈现。根据以上研究，得到如下评价结果。

（一）时序发展情况

随着生态环境保护政策的推进，考虑自然资源开发利用的效率值出现了不同程度的变化。2010～2019 年湖北省总体绩效值呈现上升的态势。鄂东南整体表现最好，江汉平原的绩效均值也表现为上升的态势。鄂西南的绩效均值在 2015 年轻微下降，且 2019 年绩效值最好。鄂西北的绩效均值呈现波动趋势，低于全省平均水平（图 3-4）。

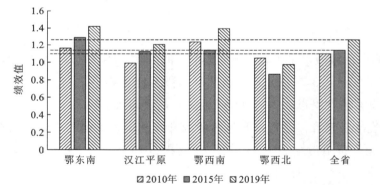

图 3-4　2010 年、2015 年、2019 年湖北省各区域自然资源开发利用绩效值

从投入产出指标来分析原因，湖北省各地区的经济有着明显的增长，以十年的维度来看各区域的地区生产总值与固定资产投资总额，均呈现数量级的增长。经济增长速度迅猛。城市建设用地面积、矿山产量和第二、三产业从业人数增长速度较为稳健。地区水资源的消耗呈现先升高后降低的趋势。以污水排放总量为代表的环境投入呈现增加趋势。2015～2019 年的增长速度比 2010～2015 年平缓。

（二）区域发展情况

经计算和整理，湖北省各区域自然资源开发利用绩效均值见表 3-5。

表 3-5 湖北省各区域自然资源开发利用绩效均值

区域	2010 年	2015 年	2019 年	均值
鄂东南	1.160 9	1.290 6	1.418 2	1.289 9
鄂西南	1.235 9	1.141 2	1.393 3	1.256 8
江汉平原	0.992 1	1.122 4	1.206 2	1.106 9
鄂西北	1.049 3	0.863 9	0.972 9	0.962 0
全省	1.096 6	1.139 4	1.265 3	1.167 1

综合 2010 年、2015 年和 2019 年的绩效表现，湖北省四大区域自然资源开发利用水平由高到低依次为鄂东南、鄂西南、江汉平原和鄂西北。从总体均值来看，除鄂西北外，其他地区的自然资源开发利用绩效值均大于 1，实现了 DEA 有效，投入产出配置较优。湖北省各区域间绩效存在一定的差距。

将绩效结果与各地区人均地区生产总值进行对比，人均地区生产总值排名依次是鄂东南、江汉平原、鄂西北和鄂西南。其中，鄂东南地区自然资源开发利用总体水平与经济水平均为全省最优；包含宜昌市、恩施州的鄂西南虽然人均地区生产总值水平仅为第 4，但其自然资源开发利用绩效表现居于全省第 2，以较低的自然资源消耗值而获得更高的效率值，自然资源开发利用的水平最充分。

二、空间相关性分析

空间相关性分析是区别传统模型与空间计量模型的重要依据，传统模型忽略空间因素会给结果带来一定的偏差。莫兰指数 I 能够从全局角度分析被观察区域的空间相关程度。2010 年、2015 年和 2019 年湖北省各市全局莫兰指数 I 的计算结果见表 3-6。当 P 值不显著时，地理分布中的属性值高或低呈无规律的随机分布状态，空间自相关性不显著。吉尔里相邻比率（Geary'c contiguity ratio）同样也是测度空间自相关的指标，被认为比全局莫兰指数 I 更为敏感，其取值在 1～2，大于 1 表示负相关，与全局莫兰指数 I 呈反向变动。

表 3-6 2010～2019 年湖北省自然资源利用绩效值相关指标

年份	全局莫兰指数 I	P 值	吉尔里相邻比率	P 值
2010	−0.303	0.398	1.840	0.111
2015	−0.568	0.056	1.912	0.107
2019	−0.124	0.851	1.246	0.588

　　本小节运用 Stata 建立经济地理空间权重矩阵 **W**，在此基础上进行空间相关性检验。首先选取全局莫兰指数 I 与吉尔里指数 C 从空间正相关和负相关两方面进行了双边检验。

　　从表 3-6 可以看出，全局莫兰指数 I 值未通过检验，各市的开发利用绩效在空间上呈现离散分布，空间相关性较弱，各市的绩效值受周围地区的影响较低。说明湖北省各市之间的联系不够密切，未形成区域空间一体化格局。有待形成多层次的空间统领结构，有待规划贯彻协同机制。

　　上述检验从整个空间序列的角度考察了湖北省各市的空间集聚情况，下面通过局部莫兰指数 I（local Moran I）考察各个区域附近的空间集聚情况（表 3-7）。

表 3-7　2010～2019 年湖北省自然资源利用绩效值的局部莫兰指数 I

城市	2010 年	P 值	2015 年	P 值	2019 年	P 值
武汉市	-2.972	0	-2.703	0.001	-0.299	0.796
黄石市	1.18	0.133	0.611	0.388	0.070	0.879
十堰市	0	—	0	—	0.000	—
宜昌市	0	—	0	—	0.000	—
襄阳市	0	—	0	—	0.000	—
鄂州市	-2.186	0.002	-2.077	0.002	-0.229	0.826
荆门市	-0.222	0.852	-0.021	0.954	0.034	0.911
孝感市	0.82	0.286	-1.624	0.047	-1.578	0.094
荆州市	0.033	0.904	-0.169	0.896	-0.23	0.856
黄冈市	-0.849	0.346	-0.822	0.335	-0.122	0.951
咸宁市	0.597	0.424	-0.029	0.961	-0.024	0.962
随州市	-0.184	0.887	0.155	0.777	0.179	0.785
恩施州	0	—	0	—	0	—
仙桃市	0.061	0.878	0.02	0.912	0.617	0.448
潜江市	0.033	0.904	-0.169	0.896	-0.231	0.855
天门市	0.057	0.86	0.014	0.903	0.327	0.603

　　根据局部莫兰指数 I，除去地理上相邻城市个数小于 4 的城市的莫兰指数未被显示，大多数城市无法拒绝"无空间自相关"的假设，这与全局自相关的检验结果一致。在 2010 年、2015 年，武汉市以 0.001 的 P 值显著性水平、鄂州市以 0.002 的 P 值显著性水平与周边地区呈现负相关的空间相关性。随着年份的增加，武汉的绩效值远高于其他城市的程度逐步减弱。这表明湖北省呈现以武汉市为单

中心的布局概况,武汉市的自然资源利用绩效远高于周边城市。随着年份的增加,武汉市对周边城市有了一定的辐射带动作用,其相邻地区表现出较好的绩效水平。

此外,在 0.05 的显著性水平下,孝感市的莫兰指数从 2010 年至 2015 年空间集聚效应由正转为负,在 2015 年为-1.624,在 2019 年,除孝感市的莫兰指数为 -1.578 外,其余地区的指数变化均不显著,无明显的空间相关性。作为武汉市的近邻,孝感市尚未吸收武汉市的资源和发展动力,未表现出强大的发展活力。

第六节　影响因素分析

湖北省自然资源开发利用绩效受多种因素的影响,为此,本节将重点分析影响湖北省自然资源开发利用绩效的因素。

一、空间绩效的影响因素分析

湖北省自然资源开发利用空间绩效影响因素虽然有许多,但由于不同因素所取作用不同,其效果也有差异。

(一)影响因子确定

湖北省自然资源开发利用的空间绩效是由多种方面所影响的,包括政治、经济、环境和文化等方面,本节通过梳理相关文献,将影响开发利用空间绩效的因素主要分为资源禀赋、要素配置和要素使用效率三个维度。

1. 资源禀赋

在研究自然资源开发利用效率时,首先应考虑空间内的环境承载力,如自然资源的供给类因素,本节考虑各区域的自然资源禀赋,从土地资源、水资源和矿产资源角度展开来建立指标,并分别构建和选择了建成区面积、单位面积水资源和矿产保有量(铁矿年末保有量)三个指标。

2. 要素配置

地区拥有的要素数量和质量只作为基础条件,促进该地区经济增长和产生较高绩效值,要素的配置是决定经济增长的另一个重要因素。实践证明,地区高市场化程度和高城市化率有利于提高该地区的要素配置效率,进而带来不同的经济增长速度和不同的自然资源投入产出效率。

进出口总额表现地区的外资利用与贸易的活跃度。城乡居民可支配收入的提高意味着生活质量的改善，对空间绩效水平有着正向的促进作用（许燕琳 等，2021）。城市化水平采用（常住人口）城镇化率进行计算，即城镇人口/总人口。

政府对地区的治理能力会对地区绩效产生正向促进作用。其中环境管制是对自然资源开发利用的重要方面，本节采用城市市政公用设施建设固定资产投资来表示。根据理论假定，环境管制对生态福利绩效产生正向影响。政府对环境的直接投资促进了公用设施的完善健全及生态环境的改善，有利于提升居民福利水平与自然资源绩效水平（郭炳南 等，2021）。

3. 要素使用效率

经济增长还取决于地区要素使用效率。从宏观层面考虑，经济增长方式、社会制度、文化环境等均会影响空间内的要素使用效率。从微观角度考虑，企业中不同的劳动分工、技术水平，均会对要素使用效率造成影响。

第三产业比重从产业结构角度对绩效做出阐释，随着第三产业的发展，经济结构逐渐向高质量方向转变，高污染、高耗能产业得以转型，生态环境逐渐改善，经济发展是自然资源绩效提升的前提（郭炳南 等，2021）。

科技进步会大大提高地区的要素使用效率。高新技术产业增加值从技术进步角度对绩效高低进行解释，发明技术通过转化，一方面影响产业结构与促进经济的高质量发展，另一方面降低环境污染减少非期望产出（表3-8）。

表 3-8 绩效影响因素及量化指标

维度	影响因子	量化指标	单位
资源禀赋	土地	建成区面积	km^2
	水	单位面积水资源	mm/km^2
	矿产	铁矿年末保有量	$\times 10^3$ t
要素配置	经济全球化	进出口总额	万元
	富裕程度	城乡居民可支配收入均值	元
	城镇化	城镇化率	%
	环境管制	污水处理厂集中处理率	%
		城市市政公用设施建设固定资产投资	万元
要素使用效率	产业结构	第三产业比重	%
	科学技术	高新技术产业增加值	亿元

（二）数据指标及说明

本节对自然资源开发利用绩效水平的影响因素进行探究。继续以 2010 年、2015 年、2019 年湖北省 16 个市（州）的年度数据，来分析各地区的自然资源开发利用绩效水平高低的原因。

建成区面积、城市市政公用设施建设固定资产投资来源于《城市建设统计年鉴》，单位面积水资源来源于《湖北省水资源公报》，铁矿年末保有量来源于《湖北省自然资源综合统计年报》。进出口总额、城乡居民可支配收入均值、城镇化率、第三产业比重、高新技术产业增加值来源于《湖北省统计年鉴》及各地级市统计年鉴。污水处理厂集中处理率来源于《中国城市统计年鉴》及各地级市统计年鉴。模型中使用的变量除百分比外，均经过对数处理，可在一定程度上降低数据方差和多重共线性。

对表 3-8 中的全部绩效影响变量进行回归分析，在多元线性回归分析中，并不是所有的自变量都对因变量有显著影响，本小节采用赤池信息准则（Akaike information criterion，AIC）信息统计量为准则，通过选择最小的 AIC 信息统计量，来达到剔除或增加变量的目的。可选择的方法有由少到多的前进法，即每次增加一个，直至没有可引入的变量为止；还有后退法，先用全部 m 个变量建立一个回归方程，然后计算在剔除任意一个变量后回归方程所对应的 AIC 统计量的值，选出最小的 AIC 值所对应的需要剔除的变量，再对剩余的 $m-1$ 个变量重复上述过程，以此类推，直至回归方程中剩余的 p 个变量中再任意剔除一个 AIC 值都会增加，即可最终确定方程。本小节通过逐步回归法将模型自变量进行选择性回归，在 p 个变量的模型基础上分别剔除 p 个变量和增加 $m-p$ 个变量中任意变量后的 AIC 值，然后选择最小的 AIC 值决定是否添加新变量或剔除已存在初始模型中的变量，如此反复进行，直至 AIC 值最小，并得到了表 3-9 中绩效影响变量作为自变量因素进行分析。

表 3-9　绩效影响变量设置

维度	影响因子	量化指标	单位
资源禀赋	矿产	铁矿年末保有量	$\times 10^3$ t
要素配置	经济全球化	进出口总额	万元
	富裕程度	城乡居民可支配收入均值	元
要素使用效率	产业结构	第三产业比重	%

经逐步回归法筛选过后的解释变量有铁矿年末保有量、进出口总额、城乡居民可支配收入均值、第三产业比重，变量的描述性统计如表 3-10 所示。

表 3-10　变量描述性统计

变量	个数	均值	标准差	最小值	最大值
ln FE	48	3.165	2.085	1	6.933
ln INEX	48	4.94	0.574	3.71	6.548
ln SAV	48	3.341	0.529	2.475	4.182
THIRD	48	38.19	7.357	28.46	60.75
grade	48	1.167	0.374	0.663	2.504

二、模型构建与检验

绩效值会受到多个解释变量的影响，因此，建立多元线性回归模型可以更加准确地表达经济变量间的因果关系。以最小二乘法对模型进行回归分析，多元线性回归模型的一般形式为

$$grade_{it} = \beta_0 + \beta_1 \ln FE_{it} + \beta_2 \ln INEX_{it} + \beta_3 \ln SAV_{it} + \beta_4 THIRD_{it} + \varepsilon_{it} \quad (3.6)$$

式中：$\ln FE_{it}$ 为矿产保有量（铁矿年末保有量）；$\ln INEX_{it}$ 为进出口总额；$\ln SAV_{it}$ 为城乡居民可支配收入均值；$THIRD_{it}$ 为第三产业比重；ε_{it} 为误差项（标量）。

面板数据模型分为非观测效应模型和混合回归模型两类。存在不可观测的个体效应模型即为非观测效应模型，反之则为混合回归模型。非观测效应模型包括固定效应模型与随机效应模型。本小节对数据进行相关检验，以此选择合适的模型。

首先对模型进行 F 检验，F 检验值为 4.48，原假设所有组间标准差为 0，在 0.001 的显著性水平下拒绝混合模型的原假设，即存在个体效应或者组间效应。此外，个体效应方差与解释变量的相关系数为-0.492 3，并不接近 0，即固定效应模型不适用，可以使用随机效应模型。此外，关于模型 rho 的值为 0.84，表明个体效应的方差占混合误差的方差的比重为 84%，扰动项方差主要来自个体效应的变动。

进一步运用豪斯曼（Hausman）检验可以更精确地在随机效应模型和固定效应模型之间做出检验，通过比较 $\hat{\beta}_{FE}$ 与 $\hat{\beta}_{RE}$ 之间绝对值差距进行判断，其原假设是个体效应 u_i 与回归变量 x_{it} 无关（即 $\hat{\beta}_{FE}$ 与 $\hat{\beta}_{RE}$ 之间绝对值差距较小，选择个体效应回归模型）。本小节进行稳健的 Hausman 检验，得到其卡方值为 1.62，P 值为

0.8050，无法拒绝原假设，则选择随机效应模型进行建模。

最后，对随机效应模型的估计方法是广义最小二乘法。虽然普通最小二乘法可以得到一致的估计量，但不是有效估计量，因为复合误差项存在正相关。随机效应模型为

$$\text{grade}_{it} = \alpha_i + \beta_1 \ln \text{FE}_{it} + \beta_2 \ln \text{INEX}_{it} + \beta_3 \ln \text{SAV}_{it} + \beta_4 \text{THIRD}_{it} + \varepsilon_{it} \qquad (3.7)$$

式中：α_i 为随机变量，其分布与各自变量无关。随机效应模型可以看作混合模型的特例，该混合模型的误差项在时间和截面上都是相关的，用三个分量表示为

$$\varepsilon_{it} = u_i + v_t + w_{it} \qquad (3.8)$$

式中：$u_i \sim N(0, \sigma_u^2)$ 表示截面随机误差分量；$v_t \sim N(0, \sigma_v^2)$ 表示时间随机误差分量；$w_{it} \sim N(0, \sigma_w^2)$ 表示剩余随机误差分量。u_i、v_t、w_{it} 之间互不相关，且各自分别不存在截面自相关、时间自相关和混合自相关，该模型称为随机效应模型。

三、模型结果分析

以稳健的最小二乘法对混合模型进行回归分析。分析结果如表 3-11 所示。

表 3-11 混合模型分析结果

项目	回归系数	稳健标准误	t 值	$P > |t|$
ln FE	−0.033 1	0.024 8	−1.34	0.202 0
ln INEX	0.236 3	0.108 6	2.18	0.046 0
ln SAV	0.148 8	0.104 1	1.43	0.173 0
THIRD	0.015 1	0.006 3	2.38	0.031 0
Intercept	−0.969 2	0.589 4	−1.64	0.121 0
R 方值	0.490 2			
F 检验值	3.93			p 值 0.022 4

F 检验值用于线性关系的判定，其所对应的 p 值为 0.022 4<0.05，故置信度达到 95% 以上，模型线性关系成立。R 方值为 0.490 2，即自变量对因变量的预测可以解释总平方和的 49.02%。本小节建立半对数模型，根据回归得出结论：铁矿年末保有量每增加 10%，绩效值平均减少 0.003 31；进出口总额每增加 10%，绩效值平均增加 0.023 63；城乡居民可支配收入均值每提高 10%，绩效值平均增加 0.014 88；第三产业比重每增加 1 个百分点，绩效值平均增加 0.015 1。

普通最小二乘法（ordinary least squares，OLS）回归建模要求模型随机误差

项具有相同方差，否则回归建模结果就不可靠。面板数据的估计方法有多种，其中：组内估计（或固定效应估计）忽略了样本随截面变动的信息；组间估计则忽略了样本随时间变动的信息；随机效应估计能同时处理样本随截面变动和随时间变动的所有信息，它是组内估计和组间估计的加权平均。因此，本小节分别采用混合最小二乘、稳健最小二乘、个体固定效应、双向固定效应、FGLS 随机效应及组间估计作为本小节面板数据模型的回归结果（表 3-12）。

表 3-12　多模型回归结果及相关统计量

项目	混合最小二乘	稳健最小二乘	个体固定效应	双向固定效应	FGLS 随机效应	组间估计
ln FE	−0.033	−0.033 1	−0.143 3	−0.142 1	−0.046 9	−0.023 1
	(0.021)	(0.024 8)	(0.099 6)	(0.115 4)	(0.030 1)	(0.028 5)
ln INEX	0.236**	0.236 3**	0.079 1	−0.048 1	0.196 0	0.203 6
	(0.092)	(0.108 6)	(0.172 4)	(0.232 7)	(0.107 4)	(0.143 3)
ln SAV	0.149*	0.148 8	−0.231 8**	−0.189 5	−0.010 3	0.283 3*
	(0.086)	(0.104 1)	(0.091 8)	(0.146 8)	(0.096 4)	(0.135 2)
THIRD	0.015**	0.015 1**	0.014 8**	0.009 7	0.011 6***	0.026 3*
	(0.007)	(0.006 3)	(0.005 2)	(0.020 7)	(0.006 3)	(0.013 1)
2015 年				0.077 9		
				(0.110 6)		
2019 年				0.131 2		
				(0.268 6)		
Intercept	−0.969**	−0.969 2	1.437 8**	2.048 2*	−0.062 4	−1.718 1**
	(0.397)	(0.589 4)	(0.537 9)	(1.168 4)	(0.463 0)	(0.619 9)
R 方值	0.490 2	0.490 2	0.274 7	0.422 8	0.438 4	0.708 9
F/Wald	10.34***	3.93**	3.07**	1.76	12.87**	6.70***
Prob> F	0.000 0	0.022 4	0.049 3	0.147 8	0.011 9	0.005 5

　　注：括号内数值为标准差；FGLS（feasible generalized least squares，可行广义最小二乘法）；*、**、***分别表示显著性为 0.1、0.05 和 0.01

从表 3-12 中可以看出,混合最小二乘、稳健最小二乘与 FGLS 随机效应模型的解释变量标准差比较接近。虽然随机误差项存在时间上的自相关,混合最小二乘法估计量不具有有效性,但具有一致性,可以在一定程度上解释自变量的相关性。

个体固定效应模型和双向固定效应模型的拟合度均不够理想,R 方值较低;双向固定效应模型的 F 值不显著,且引入的年份虚拟变量(2015 年、2019 年)不显著。验证了拒绝固定效应模型的 Hausman 检验结果。

另外,对于随机效应模型,选用 FGLS 及组间估计对面板数据进行回归。FGLS 可同时处理组内自相关与组间同期相关。当固定效应估计、随机效应估计均不显著,且面板回归的个体成分对回归自变量的条件期望值为零时,使用 FGLS 能获得无偏、一致的模型估计结果。用这种方法可以避免截面相关、组内自相关和组间异方差问题,使回归结果更为可信。随机效应估计的 θ 值为 0.521 8。Rho 为 0.529 2,即个体效应的方差占混合误差的方差的比重为 52.92%。

对于个体随机效应回归模型,还可采用组间估计方法,利用其与时间无关的特性来估计参数 β。将原始模型对第 i 个个体所有变量在时间上求均值,相当于 $\overline{y_i}$ 对 $\overline{X'}$ 进行 OLS 回归,如果 $\overline{X'}$ 与复合误差项 $[(\alpha_i - \alpha) + \overline{\varepsilon_i}]$ 不相关,参数 β 的 OLS 估计量,即组间估计量就是一致的。组间估计只利用了横截面个体变化的信息,相当于截面回归。组间估计用于随机效应模型可以得到一致估计量。

从 FGLS 和组间估计模型综合来看,大部分影响因子均通过显著性检验。FGLS 的 Wald chi2(4)为 12.87,在 0.011 9 的显著性水平下成立,组间估计模型的 $F_{(4, 11)}$ 值为 6.70,在 0.005 5 的显著性水平下成立,且组间估计模型的自变量显著性和 R 方值更高,对模型的拟合度更好。综上,本小节选择组间估计作为模型的估计结果:

$$grade_{it} = -1.718 1 - 0.023 1 \ln FE_{it} + 0.203 6 \ln INEX_{it}$$
$$+ 0.283 3 \ln SAV_{it} + 0.026 3 THIRD_{it} \tag{3.9}$$

以矿产资源为代表的资源禀赋对湖北省地区自然资源开发利用绩效水平具有负的影响,但影响不大,铁矿年末保有量每增加 10%,绩效值平均减少 0.002 3。矿产资源的保有量对自然资源禀赋的代表作用有限,且资源禀赋对自然资源开发利用绩效影响作用有限。以武汉市为代表,虽然矿产资源保有量较低,但其通过较好的要素配置和高效的资源利用率,大大提高了自然资源开发利用绩效。

以进出口总额度量的经济全球化不同程度地促进绩效水平,进出口总额每增加 10%,绩效平均增加 0.020 36,地区的对外贸易程度越好,越有利于提高地区自然资源绩效值。以城乡居民可支配收入均值度量的富裕程度对地区绩效值影响作用较为复杂。但居民富裕程度有一个反常,在不同的模型估计中,城乡居民可支配收入均值对绩效值产生正向或负向的影响，系数在 FGLS 估计中为负值，但影响效果不显著，这和混合面板回归与组间估计相悖。这说明居民储蓄对地区绩效的影响是分阶段且复杂的，一方面通过影响地区资源经济禀赋而促进绩效提高，另一方面储蓄的提高意味着居民消费和社会投资的减少，导致了自然资源较低的利用水平，对绩效有着负的影响作用。

第三产业比重对绩效的回归系数显著性大于其他影响因子，第三产业比重每增加 1 个百分点，绩效平均增加 0.026 3。第三产业比重的提高优化了地区产业结构，对绩效提升有着显著的促进作用，验证了要素使用效率对绩效促进的作用机理。随着城市化的进一步发展，产业结构升级与第三产业比重不断提高，城市将向着低碳绿色、资源利用性提高与可持续方向发展。

第七节　研究结论

本章从总体、分区和区域比较三个方面对自然资源开发利用和空间布局绩效进行了评价与影响因素研究分析。回归分析是研究影响因素作用机理的常用工具。本章在计算出不同城市的绩效值之后，建立了回归模型，分析其绩效值，并得到如下研究结论。

（1）湖北省各地区自然资源绩效存在较大差异。不同城市资源禀赋的国民经济的产出能力有着很大差异，不同投入要素发挥的作用不同。以土地、矿产、水资源为代表的自然资源对湖北省产业结构与经济发挥着重要的保障作用。区域自然资源禀赋一方面直接决定了各区域的矿产资源、水资源和耕地资源等资源的优越程度，另一方面制约着区域经济活动的类型和效率，影响各区域的经济分工。湖北省城市化地区、农业地区和生态地区"三类空间格局"的开发利用模式有待发挥更深远的作用。以武汉市为代表的高绩效城市有待增强区域竞争力和辐射力，并构建合理的区域经济发展格局。

武汉市、黄冈市、宜昌市、潜江市、荆门市在观测的三年均实现了自然资源开发利用的优化配置。不同年份的城市自然资源开发利用绩效表现为波动趋势，大部分城市绩效值呈现随着年份增加而表现出上升的过程，绩效总体上呈现优化发展的趋势。从省内分区来看，鄂西南地区的自然资源开发利用效率最好，且表现为逐步上升的趋势。鄂东南和鄂西北地区分别位居第二、第三，自然资源开发利用的水平较高。

（2）自然资源空间布局有待优化。区域协调应成为自然资源空间布局的重点。区位条件是指某一区域与周边区域所形成的空间关系，它决定着区域产业结构类型和对资金、人才、技术信息等生产要素的吸引力。湖北省"一主两副"的区域特征明显，武汉市凭借"九省通衢"及全国重要的水陆空现代交通枢纽的区位优势，成为中部地区最大的中心城市，其经济发展水平遥遥领先于省内其他地区。襄阳市为重要交通枢纽、宜昌市位于长江"黄金航道"的中部，以优越的地理条件和有利的政策因素发展成为湖北省省域副中心城市。

从空间结构上来看，湖北省各市的空间绩效相关性较低，呈现离散分布的空间布局情况。武汉市绩效在空间上呈现与周边城市负相关的现象，武汉市在湖北省发展中的"领头羊"的身份明显，呈现"单中心"的布局概况。武汉市的自然资源利用绩效远高于周边城市，随着年份的增加，武汉市对周边城市逐渐表现出辐射影响作用，但其带动作用仍有待进一步加强。

湖北省应进一步促进区域协调，推动形成主体功能区合理布局，一方面推动武汉城市圈建设，另一方面加强省域副中心城市建设。充分培育和发展新的区域增长点，使湖北省产业格局实现多点支撑。

（3）合理配置要素和提高资源使用效率。合理配置要素和提高资源使用效率是优化自然资源绩效的合理路径。地区自然资源禀赋作为地区的自然属性对地区发展起着基础保障作用，为人类活动和经济发展提供供给和支持，环境承载力的提高会有效提高自然资源的绩效水平。但空间范围已拥有的禀赋条件对经济发展的保障是有限的，第一产业的发展依靠农用地面积的增加已经是一个不可行且难度十分大的事情，必须依靠其他途径来提高土地生产力。

要素如何配置更为重要，高效的要素配置水平和经济体制机制对地区的自然资源绩效影响效果显著。随着城市化、工业化的加快，以及高质量发展目标的推进，加强土地空间布局的调整和优化将对自然资源利用效率的提高产生积极影响，有利于地区可持续发展。有效改善水资源配置与开发利用效率将能够为地区经济社会可持续发展创造条件。

另外，地区经济增长和自然资源绩效水平还要取决于自然资源使用效率。矿产资源开发利用活动虽然对湖北省自然资源绩效的影响作用不甚突出，但湖北省在工业等产业发展过程中对矿产资源有着较强的依赖，应加强区域和国际合作，展开技术与贸易合作，着力提高重要矿产的供给能力。

最后，资本、劳动力等要素的充分使用将引发更大发展活力，而技术进步和产业结构的调整将优化社会分工，有利于要素使用效率的提高，引发新的经济增长方式和促进绩效水平的提高。

综上所述，湖北省在自然资源开发利用中应因地制宜，结合自身资源禀赋条件，提高要素配置与要素使用效率，充分发挥自然资源丰富、种类多样、产业发

展良好的优势和条件，积极整合区域内的自然、国土资源，联动地区基础设施建
设和各个产业。此外，要构建区域密切的合作关系，对自然资源等要素进行战略
性和协调性布局，实现要素配置的跨区域流动，完善省域的国土空间治理体系。
要以国土空间治理为支撑，完善管理体系与调控政策制定，着力谋划，打造生动
的产业形态，延长产业链，形成分工合作关系密切、区域协调、产业发展有序的
产业分布地区格局，优化国土空间，为湖北省各地区产业转型与高质量发展提供
有效支撑。

第四章

湖北省三生空间均衡的
实证分析

随着高质量发展战略的不断深入，区域发展更加注重"生产空间集约高效、生活空间宜居适度、生态空间山清水秀"，即三生空间的均衡问题。

"生产、生活和生态"即三生空间的协调和均衡是国土空间治理的重要目标。为此，本章将在评价研究进展的基础上，通过对三生空间的经济学分析，构建三生空间及均衡模型，以探讨其运行及其均衡的机理；同时，对湖北省总体和分区三生空间及其均衡问题从时间特征和空间特征两方面进行分析，以探讨影响湖北地区三生空间均衡的主要因素、三生空间的协调状况和区域差异性等问题，为湖北省实现三生空间均衡提供政策选择。

第一节　研　究　进　展

随着可持续发展的不断深入，学者们开始关注人与自然、人与社会的关系，并探讨生产、生活和生态空间的协调和均衡问题，即三生空间问题，并形成了许多有益的成果，也推动了可持续发展的进程。

从现有研究文献来看，关于三生空间及其均衡问题的研究成果非常丰富，主要包括三生空间及其均衡模型理论、国内学者对三生空间的研究及对湖北省本土的三生空间研究等方面。

2017 年，党的十九大报告明确提出构建国土空间开发保护制度，完善主体功能区配套政策，形成节约资源和保护环境的空间格局、产业结构、生产方式、生活方式。党的二一大报告中提出"深入实施区域协调发展战略、区域重大战略、主体功能区战略、新型城镇化战略，优化重大生产力布局，构建优势互补、高质量发展的区域经济布局和国土空间体系"。如何在生态约束下优化国土空间格局，实现人口、经济和资源环境的空间均衡，是新时代国土空间开发亟须解决的重要课题，更是构建高质量空间治理体系的必然要求（刘纪远 等，2014）。

（一）三生空间定义

早在 1984 年，国内便有学者提出了人类与自然进行物质交换过程中存在的生产-生活-生态三者间的辩证关系。随后，"三生"理念开始出现在社会学和生态学的研究范畴，直到 2002 年，"三生"才开始逐渐被应用于地理学研究。当时的研究也仅仅是以"三生"的字面意思为导向而非研究的核心问题，并没有对其科学内涵做更多解释。对三生空间基本内涵的定义，不同学者从不同角度对其进行过论述：有学者从国家规划的顶层设计出发，将三生空间与主体功能区划相对应，认为生产空间对应重点开发区和优化开发区，主要发挥生产功能，兼顾承载生活功能；生活空间对应限制开发区，主要发挥生活功能，兼顾承载生产和生态功能（韩美 等，2021）；生态空间对应禁止开发区，主要发挥生态功能，兼顾承载生产和生活功能。但主体功能区划仅对国家和省级层面进行了规定，基本的评价单元为县级行政区，无法对更小尺度的空间区域实施管控，空间落地实施较难，欠缺统筹能力（周德 等，2015）。

从"三生"功能的角度，武占云（2018）首次明确了三生空间的基本内涵，他认为各个空间承载着为自身提供相应产品及服务等功能，如农业生产空间提供农产品、生活空间提供公共服务、生态空间保障区域生态安全等，生产、生活和生态空间共同构成国土空间。朱媛媛等（2019）在同样强调国土利用的主导功能的基础上，对上述定义进行了丰富，认为生产空间承载人类一切生产经营活动；生活空间为城市及农村居民提供生活居住、生活消费和休闲娱乐的场合；而生态空间是处于宏观稳定状态的某物种所需要或占据的环境总和，提供了人类必需的生态产品。通过分析三生空间内涵界定的争议，江曼琦等（2020）从三生空间具有不同的空间尺度、三生空间界定以空间功能为标准、存在复合功能空间、存在非三生空间4个角度讨论了三生空间范围的界定，并基于区域、城市空间尺度的用地分类划定了三生空间范围。

（二）三生空间均衡研究

随着现代社会的快速发展，自然资源的过度利用与可持续发展理念之间的矛盾愈发凸显，不当的资源利用开发模式导致生态环境问题频发，也制约着社会经济发展。在我国工业化、城镇化的建设进程中，依赖多部门管理的自然资源开发模式致使资源浪费、生态破坏，直接威胁粮食安全和国家安全。我国借鉴世界各国资源管理经验，结合我国实际发展需求，于2018年国家政府机构改革中组建了自然资源部，力图从国土空间规划角度实现资源统一管理。国土空间规划跳出了传统认知上城市与乡村不同的思维框架，从整体布局角度出发重构空间布局，以系统思维理解空间发展，以功能分区为空间管理基础，为实现社会、经济、生态协调发展指明方向（廖李红 等，2017）。党的十八大报告首次提出"促进生产空间集约高效、生活空间宜居适度、生态空间山清水秀"的总体建设目标。2019年5月发布的《中共中央 国务院关于建立国土空间规划体系并监督实施的若干意见》中明确提出，开展国土空间规划科学布局生产、生态和生活空间（简称三生空间），标志着三生空间布局的规划迈入正式实施阶段。三生空间旨在协调空间资源配置，优化国土空间开发格局，与绿色发展、舒适生活及保护环境的发展理念相呼应，与区域主体功能相一致，力图实现生产高效、生活宜居、生态良好的发展目标（余亮亮 等，2020）。唐伟等（2021）从新时代国土空间规划应遵循的基本理念入手，提出构建国土空间规划框架的要求，深入分析多理念协调引导下的国土空间规划基本框架构建，引入地理学的"嵌入理论"，提出国土空间规划三生空间的逻辑结构。党的十九大报告中明确提出了构建国土空间开发保护制度，完善主体功能区配套政策，形成节约资源和保护环境的空间格局、产业结构、生产方式、生活方式。党的二十大报告中提出"优化重大生产力布局，构建优势互补、高质量发展的区域经济布局和国土空间体系"。如何在生态约束力下优化国土空间格局，实现人口、经济和资源环境的空间均衡，是新时代国土空间开发急需解决的重要课题，更是构建高质量空间治理体系的必然要求。

　　随着国土空间规划的推进，三生空间有关研究也逐渐引起了众多学者的关注，主要包含以下几个方面。

　　首先，从国家层面对三生空间均衡问题进行研究。优化生产、生活、生态三大空间布局是我国推进生态文明建设的核心内容，也是建设新型城镇化的主要任务（崔家兴 等，2018）。三生空间既相互联系，又相互制约，在城市发展中承担不同功能，也表现出不同特征。张军涛等（2019）基于三生空间所反映的经济-社会-自然系统间的互动关系及其耦合协调机制，构建了三生空间耦合协调度评价指标体系，并运用 ArcGIS 对 2016 年 31 个省（自治区、直辖市）的三生空间的耦合协调水平及其空间分布特征进行了实证分析，发现我国三生空间耦合协调整体水平较低，不同地区的生产、生活、生态功能具有明显的空间差异，呈沿海地区相对较高、内陆地区相对较低的分布特征。孔冬艳等（2021）利用转移矩阵对我国"生产-生活-生态"结构转型的时空演化特征进行研究，引入生态环境质量指数和土地利用转型的生态贡献率分析我国 1990～2018 年三生空间变化的生态环境效应，同时利用地理加权回归（geographic weighted regression，GWR）模型对我国生态环境效应的主要影响因素及其作用效应的空间分布进行识别，得出在研究期内我国生产、生活空间增加，生态空间减少，总体呈现"入不敷出"的态势，1990～2018 年生态环境质量的高值区以我国的南部和东北部为主，低值区主要分布在胡焕庸线西北部，并指出其他生态空间和农业生产空间对草地和林地生态空间的挤占是导致研究期内生态环境质量恶化的重要原因。鲁达非等（2019）认为我国城市三生空间布局中的主要问题表现在：生态空间不断被蚕食，生态空间与城市空间结构失衡；生产空间粗放利用与错配，环境污染较为严重；生活空间供给结构性失衡，发展不充分不平衡；生产与生活空间布局分离，生产效率和居民生活质量下降。优化我国三生空间，需要强化底线管控，锚固三生空间统筹发展的基底；完善市场机制，提高生产空间的利用效率；加大公共产品供给侧结构性改革，提升生活空间品质。朱琳等（2018）基于 284 个地级市面板数据，利用 GIS 空间分析法揭示城市三生用地结构空间格局并运用主成分法和多元线性回归模型定量分析其影响因素。结果表明城市三生用地结构在全国尺度下呈现以不同城市群为中心集聚的空间分布规律：城市生产用地结构呈现"东高西低，沿海高于内陆"的空间分布特征；城市生活用地结构呈现"中部高，东西部低"的空间分布特征；城市生态用地结构呈现"东低西高"的空间分布特征。刘继来等（2017）在探究三生空间理论内涵的基础上，分析了土地利用功能与土地利用类型的辩证关系，依据土地利用现状分类国家标准，建立了三生空间分类与评价体系，揭示了 1990～2010 年我国三生空间的格局及其变化特征。李秋颖等（2016）基于三生功能的理念，构建国土空间利用质量综合评价指数及其子系统生产、生活和生态空间；利用质量指数，同时基于 2012 年我国省级截面数据，运用综合评价方法分析全国层面和省级层面国土空间利用质量，并综合评价指数的特征。结果表明全国层面的三生空间利用质量不高，在省级层面的国土空间利用质量综合评价指数则具有显著的空间分异特征，东部地区的生产空间利用质量指数和生活空间利用质量指数高于中部地区，中部地区又高于西部地区；而生态空间利用质量指数高值区主要集中在东北地区和东南沿海地区。

其次，从经济带区域和省级区域对三生空间均衡问题进行研究。随着空间优化路径和模式的不断丰富，三生空间概念逐步引入空间优化的实践中，从经济带区域角度进行分析汇总发现，研究多数集中在环渤海城市经济圈、长三角城市经济圈和我国主要农产品主产区。林久人（2019）构造"生产-生活-生态"三个系统综合评价指标体系并建立耦合协调度模型对长江经济带进行了研究。结果表明长江经济带虽然整体上处于低度失衡状态，但其空间均衡状态不断改善，其内部各区域间表现为"大失衡小均衡"的状态。从各区域三生系统协调的视角出发，提出长江经济带未来空间开发的重点，即上游地区加强生态保护、中游地区适当增强开发力度和下游地区促进生产生态化。徐磊（2018）基于三生功能对长江中游城市群国土空间格局进行优化研究，以三生功能为视角，从数量结构与景观结构两方面，探讨长江中游城市群国土空间结构的时空演变规律；通过评价城市群三生功能水平，从空间异质性与空间相关性两方面揭示国土空间功能的格局特征。周侃等（2016）以长江经济带作为研究对象，分析其空间结构的历史演变特征，提出国土空间开发要遵循国土空间结构演化规律，并按照"点、线、面"形式组织开发长江经济带。李奇等（2021）基于 2015 年、2018 年珠江三角洲地区的土地利用现状数据，利用净出口显示性比较优势指数（net export revealed comparative advantage index，NRCA）模型、土地利用转移矩阵，对珠三角区域三生空间资源优势度、资源演化情况进行分析，结果表明三生空间资源优势度分布特征：生产空间优势区主要分布在江门、惠州，以及肇庆部分区域和广州北部；生活空间优势区主要分布在珠江入海口东西两岸城市；生态空间优势区主要集中在肇庆、江门、惠州。刘涛等（2021）基于三生空间多功能视角，对 2000～2018 年三期成都平原用地类型进行划分，首先利用转移矩阵及动态度方法，探究成都平原国土空间格局在时间上的数量结构变化；然后采用地理学信息图谱法、标准差椭圆及重心迁移模型，分析成都平原国土空间格局在时空上的演化规律；最后借助地理探测器模型，揭示成都平原国土空间格局变化驱动力特征。张军涛等（2020）基于生产、生活、生态空间的互动关系及其耦合协调机制，构建三生空间功能评价指标体系，对大连、青岛、宁波、厦门和深圳 5 个沿海中心城市 2005～2017 年三生空间的耦合协调水平及其演进特征进行比较分析，发现 5 个沿海中心城市三生空间的耦合协调水平不高，城市的生产空间功能、生活空间功能、生态空间功能差异明显。沿海中心城市应当采取差异化的发展策略，制定符合城市自身特点的产业政策和发展规划，在生态环境承载力范围内通过提升产业效率、优化产业结构，探索适应当地自然生态条件的产业类型和发展模式，从而提升居民的生活质量和幸福感，实现三生空间的耦合协调发展。

从省级区域角度进行分析汇总发现，全国各省份对三生空间均衡的研究较为广泛，从省份到村落区域均有所涉及。李志英等（2021）以云南省县域为评价单元，利用熵值法、空间计量模型分析三生功能特征，借鉴比较优势指数识别优势功能，并提出分区优化策略。研究发现在空间异质性上，生产、生活、综合功能存在较高一致性；数量上呈金字塔状等级分布；空间圈层结构较明显，呈现由昆明市区向外的"核心—边缘"态势。生态功能在数量上呈纺锤体形等级分布，空间上西部强于东部。肖蕊等（2021）分析四川省 2000～2018 年三生空间格局及变化特征，结果表明生产空间主要分布于四川东部地区，南部地区分布较少，其扩大区域主要集中分布在甘孜藏族自治州中部、阿坝藏族羌族自治州西北部及自贡市中部等地区，减少区域主要分布在阿坝藏族羌族自治州北部、成都中部、雅安西南部等地区。丁陈颖等（2021）以浙江省农业农村厅发布的 1500 个美丽乡村为样本，通过分析美丽乡村分布特征、演化趋势及美丽乡村建设的活力因子，提出美丽乡村三生融合的发展路径：划清生态底线，建立生态保障；提升生活品质，优化空间结构；平衡三生需求，调整三生复合结构。王珊（2018）基于西安市自然资源禀赋、2016 年社会经济发展状况和土地利用状况，建立生产-生活-生态空间承载力评价指标体系，运用熵值法计算指标权重，采用三维魔方方法和状态空间法对西安市各区（县）的三生空间承载状况进行了评价。谢译诣等（2022）选取北京市为分析对象，依据北京市 2000 年、2005 年、2010 年、2015 年和 2020 年 5 期遥感影像，使用一种基于遥感影像分类与土地功能评估相结合的三生空间快速识别方法，结合格网分析、空间自相关分析和耦合协调度模型，从三生空间的分布规模、空间聚类及三生空间相互作用关系三个层次，对北京市的三生空间格局变化情况进行了分析。杨辰丛海（2021）使用中科院 2000 年、2010 年、2018 年三期土地利用分类图，将土地利用类别重新分类为生活生产空间、生产生态空间、生态生产空间、生态空间 4 种三生空间类型，对比惠安县、晋江市两地三生空间演变趋势，对海岸带地区三生空间演变与协调性进行分析，发现两地生活生产空间均明显增加，生产生态空间均明显减少，惠安县生活生产空间增加、生产生态空间减少的速率低于晋江市。郑洋等（2018）基于内蒙古和林格尔县生态环境脆弱、耕地质量普遍较低的基础特征，分别构建乡镇尺度下三生功能评价指标体系和栅格尺度下空间适宜性评价指标体系，利用乡镇三生功能评价结果修正空间适宜性评价结果，实现三生空间现状识别。刘洋等（2021）基于三生空间视角，以典型旅游型城镇吉林省长白山二道白河镇为例，构建以生态系统服务价值为基础的三生空间功能定量测度模型。结果表明，生产、生活、生态空间的高值区面积占比分别为2.02%、1.42%、94.34%，其中旅游生产空间价值量的高值区以长白山天池为核心形成了旅游资源聚落。魏雅丽等（2021）在美丽乡村视域下以广福村为研究对象，构建三生空间耦合协调模型，采用组合赋权法和德尔菲法对广福村三个维度下的各级指标赋予相应的权重，对计算结果进行耦合分析并给出适宜的优化策略。

（三）湖北省三生空间研究现状

余亮亮等（2020）以湖北省县（市、区）域单元为例，对国土空间规划管制强度测度及空间相关性进行了研究。结果表明，湖北省不同县（市、区）域承受了不同的国土空间规划管制强度，从经济较发达的中心城区或市辖区向外围经济欠发达的县域，国土空间规划管制强度大致呈现由弱变强的演变趋势。王旭等（2020）以湖北省为研究区域，利用未来土地利用变化情景模拟（future land use simulation，FLUS）模型基于湖北省2010年、2015年土地利用数据及包含自然和人文因素的15种驱动因子数据，对2035年的湖北省生态空间进行模拟预测。结果表明：利用2010年土地利用现状模拟出2015年湖北省土地利用变化情况，总体精度达到0.976，Kappa系数达到0.961，模拟精度较高，设置的生产空间优先、生活空间优先、生态空间优先及综合空间优化4种不同情景，基本满足未来湖北省不同发展导向的需求。崔家兴等（2018）选取长江经济带中部典型省域湖北省作为案例地区，采用格网分析法、空间自相关分析法和三角图分析法剖析三生空间分布格局和演化特征。研究发现：湖北省三生空间格局与功能演化呈现明显的地域差异，生产空间和生活空间扩张明显，生态空间萎缩明显；三类空间在多个尺度上都表现出较强的空间自相关特性，空间聚集特征明显，在研究期内空间自相关指数有所下降，表明空间破碎度上升；三生空间结构变动特征表现为生产空间和生活空间比例提高、生态空间比例明显降低，但重点开发区、农业主产区和重点生态功能区变动幅度逐次下降。孔星河（2018）以湖北省各县级行政区域为评价单元，在综合分析国内外相关文献的基础上，结合湖北省实际情况建立"三生"约束下的农地整治综合评价模型，选取农地整治的自然潜力、生产空间约束、生活空间约束和生态空间约束4个层面的指标因子，基于层次分析法确定各指标的权重值，最终测算出湖北省农地整治综合潜力值，并根据综合潜力结果进行分级和分区。朱媛媛等（2015）基于净初级生产力（net primary productivity，NPP）的生态空间评估模型构建了三生空间区划的指标体系，运用地理信息系统、遥感和数理统计等现代技术方法，定量划定"三生"的空间范围。以湖北省五峰县为例，研究国家限制开发区"生产–生活–生态"空间的优化路径。周晓艳等（2019）从土地多功能的视角出发，探讨 1990~2015 年武汉城市圈三生功能格局演化趋势，将 Spearman 秩相关性分析、双变量空间自相关方法运用到探索不同功能间的关系中，为协调武汉城市圈三生功能布局提供科学依据。张陈为（2021）以武汉市为例，对武汉市中心城区的三生空间格局进行了识别，并对该区域的宜居水平进行了评价分析，发现武汉市中心城区三生空间的总体配置不均匀，空间上呈现生活空间中心聚集、生产空间四周分散、生态空间范围大但数量较少的分布格局；武汉市三生空间混合度较低，大部分城市空间功能类型单一。

三生空间旨在立足于土地利用功能，兼顾人与自然和谐共生理念，探索发展与保护并重的空间分区体系，是与可持续发展理念相呼应、与区域发展定位相吻合的空间布局模式（刘继来 等，2017）。在大力倡导生态文明理念的时代背景下，构建"生产空间集约高效、生活空间宜居舒适、生态空间山清水秀"的空间格局是拓宽可持续发展道路的重要途径，为推进社会、经济健康有序发展提供支撑，具有理论与现实意义（席建超 等，2016）。总体来看，三生空间均衡问题的研究对推动区域协调可持续发展具有重要的作用，使得各类用地空间之间相互适应、制约、促进和配合，通过耦合作用形成协作，同步和谐发挥其良性循环作用。从协调理论来看，三生空间系统正是通过各个用地空间子系统的协同效应发挥巨大作用。这三者的协同作用要大于三个子系统功能作用之和，体现出通过协调作用实现最大化的系统机制（金贵 等，2013）。

三生空间作为国土空间规划的载体，其识别与重构研究是我国进入国土空间规划时期的核心问题。但在现有的文献中将三生空间的均衡问题与国土空间治理结合的研究则不多见，关于三生空间均衡的研究尚不全面，主要原因是：①从研究方法来看，过往侧重于定性研究，结合国家主体功能区规划等宏观区域政策进行评估分析，而定量研究相对较少；②从研究对象来看，空间均衡的概念还未清晰界定，不同学者基于不同学科视角做出了不同的阐释，多数国内学者对三生空间的研究多是集中在环渤海城市经济圈、长三角城市经济圈和我国主要农产品主产区，对湖北省具体的三生空间均衡研究不足；③从研究特征来看，在对湖北省进行分析的现有研究中，侧重于时间序列分析，很少描述湖北省三生空间均衡的空间特征。

国土空间治理的核心就是要在国土空间开发利用过程中着力处理好三生空间的均衡问题，三生空间是国土空间规划的核心内容，合理划定三生空间是优化空间开发格局、合理配置空间资源的关键（吴艳娟 等，2016）。湖北省作为长江经济带的核心省份，自古就有"九省通衢"之称，为我国经济发展贡献着重要的力量；但由于湖北省内各县市内部差异巨大，既有经济社会发达的优先开发区，又有生态环境脆弱的限制开发区，且生态环境脆弱，适宜开发利用的国土资源有限，准确识别和优化重构三生空间，可以有效缓解国土资源利用产生的各种冲突与矛盾（杨清可等，2018），在保证粮食安全和生态安全的前提条件下，激发湖北省自身发展活力，促进生态-经济-社会可持续发展，也为湖北省国土空间总体规划编制提供一定的借鉴。研究其空间均衡状态究竟如何，分析其生产-生活-生态系统间的协调发展关系，有利于更好地落实区域主体功能区规划，实现"生态优先、绿色发展"，更是湖北省三生空间协调和高质量发展的应有之义。

第二节　三生空间均衡的经济学分析

三生空间均衡是实现人与自然和谐发展的重要前提，也是近年来经济学研究的重要内容之一。

一、三生空间均衡运行机理分析

本节将重点探讨三生空间的均衡及其运行机理，为建立三生空间均衡模型提供基础支撑。

（一）基于空间均衡的三生系统关系分析

改革开放以来，伴随着工业化进程的加速，我国在对国土资源持续大规模开发的同时，也产生了城镇建设用地挤占生态空间、大气污染、水资源污染和生态失衡等问题。如何协同社会经济发展与生态环境保护的关系已是中国生态文明建设研究的核心议题。党的十八大从全局和战略高度提出把生态文明建设放在突出地位的"五位一体"总体布局；在此基础上，明确提出要通过国土空间开发格局优化来促使生产空间的集约高效、生活空间的宜居适度和生态空间的山清水秀，并最终实现"三生共赢"的目标。由此，作为国土空间格局优化的主体，三生空间逐渐成为空间规划体系构建、各级主体功能区规划落实和国土空间开发保护制度完善的重要基础。随后，党的十八届三中全会深入探讨了全面深化改革的若干重大问题，并通过了《中共中央关于全面深化改革若干重大问题的决定》，该决定提出加快生态文明制度建设，建立空间规划体系，划定空间开发管制界限，落实用途管制等措施。2019 年 5 月，《中共中央 国务院关于建立国土空间规划体系并监督实施的若干意见》进一步明确了国土空间规划的主要目标，指出"到 2035 年，全面提升国土空间治理体系和治理能力现代化水平，基本形成生产空间集约高效、生活空间宜居适度、生态空间山清水秀，安全和谐、富有竞争力和可持续发展的国土空间格局"。

　　三生空间基本涵盖了人类社会生活的所有空间活动范围，是人类经济社会发展的基本载体。生产空间、生活空间、生态空间各自所在系统之间既相互独立，又相互关联（图 4-1），生产系统、生活系统、生态系统之间的相互作用和相互影响促使社会-经济-环境的协调、均衡发展。这就使得生产系统、生活系统、生态系统之间具有共生融合、制约效应，同时三生功能协作共赢会产生总体功能大于部分功能之和的协同效应（刘燕，2016）。统筹三生空间联动下的空间功能和用地结构，促进三生空间数量结构和空间布局的协调发展，综合考虑人口分布、经济发展布局、国土空间利用、生态环境保护等因素，完善科学合理的三生空间布局方案，是推进美丽中国建设，加快国家生态文明建设总体布局下生产生活方式"绿色化"转变的关键举措，更是推动实现以人民为中心的高质量发展和高品质生活的重要手段，这既具有现实的必要性，又具有时代的紧迫性（肖蕊 等，2021）。自党的十八大报告首次从国家战略的高度明确了三生空间的发展要求，三生空间便成为国土空间规划和城市规划的实践主体和研究热点。目前，三生空间的相关理论研究和地方实践仍处于探索阶段，多侧重于政策及管理办法的制定或某单一空间的评价分析，如划定基本农田保护红线、生态保护红线、城镇开发边界等，但缺乏全域范畴的三生空间综合集成研究，在三生空间统筹优化的技术思路与应用实践上尚缺乏系统性和综合性（张景鑫，2017）。

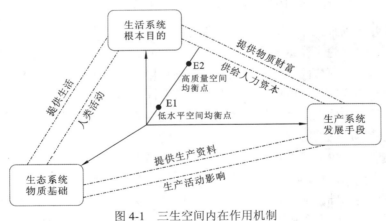

图 4-1　三生空间内在作用机制

　　三生空间优化的目标是实现"三生共赢"。坚持"三生共赢"是生态文明建设的关键。田大庆等（2004）认为"三生共赢"既是可持续发展的目标准则，也是可持续发展的行为判断准则。高爽等（2017）基于这种理念构建了针对小流域水环境综合治理的评价体系，并赋予了"三生共赢"科学内涵。

三生空间优化不仅需要遵循资源环境承载力原则和多系统均衡发展原则，还需要统筹三生空间用地规模和布局。因此，科学地进行资源环境承载力和国土空间开发适宜性评价是科学布局三生空间的基础和关键。由此可见，为了实现"三生共赢"的目标，三生空间统筹优化应以区域可持续发展理论、人地系统耦合理论、系统科学理论、空间均衡理论及共同体理论等作为重要理论支撑（黄金川 等，2017）。

（二）三生空间均衡的理论基础

1. 可持续发展理论

可持续发展理论是指既满足当代人的需要，又不对后代人满足其需要的能力构成危害的发展理论，其核心是资源的永续利用，最终目的是达到共同发展、协调发展、公平高效发展和多维发展（周晓艳 等，2019）。针对优化国土空间的战略需求，应在"以人为本"的可持续发展理论的引导下探寻科学认知三生空间协同优化、统筹发展的方法，厘清基础逻辑问题。

2. 人地系统耦合理论

人地系统是由诸多子系统构成的动态、开放的复杂巨系统，不仅子系统之间相互影响和制约，而且在系统内外与人地系统内部复杂反馈结构作用下，人员、物资、能源、资金、技术、信息进行频繁交流，同时具有明显的非线性和耗散结构特性（李志英 等，2021）。人地关系耦合是指人与自然两大系统之间的动态关联，是通过人类经济社会活动、自然资源与生态环境之间的相互作用和反馈而形成的一种关系。人地耦合系统强调多维度上单元素与多元素或多元素之间的相互作用和相互耦合，在更高层次上反映了综合、复杂和非线性的特征。人地系统优化则指人地系统中各子系统、各要素在时空上的合理配置。三生空间系统内部包含水资源、土地资源、能源等不同资源要素及其组合，且要素间具有极其复杂的相互影响关系。统筹优化三生空间应以人地耦合系统理论为核心，有效测度其系统内部各子系统及各要素之间的非线性效应，科学阐明系统内部物质、能量、信息的有序化结构，强调其在组织上、空间上和时间上的多维度耦合（魏小芳 等，2019）。

3. 系统科学理论

按照系统论观点，一切具有特定功能、相互间具有有机联系的许多要素所构成的整体都可以被看成一个系统。从这个角度来看，"空间"是人与自然相互作用产生的一切物质流、能量流与信息流的集合，不仅包含了自然资源要素（水资源、土地资源、能源等）和人工环境等物质空间，也包含了随着科技和信息的形成与发展，物质空间在分布形态、结构形式及功能特征等方面发生变化而形成的属性空间。国土空间是多要素相互作用下的动态复杂巨系统，是人类活动参与下空间域沿时间轴发展形成的动态、多维、复杂的人地关系时空系统，时-空-人是其核心要素（李欣 等，2019）。按照系统论中"要素-结构-功能"的理论观点，系统结构是系统功能实现的基础，而系统结构依赖于系统要素的组织形式和作用方式。只有充分剖析国土空间与土地功能间的相互作用机制，系统性地拆分国土空间结构，才能有针对性地进行国土空间综合分区建模，并利用定量决策分析模型科学分析国土空间优化的地理决策机理。

就"国土空间"系统而言，研究主题涵盖土地资源、水资源、矿产资源、生态环境和经济社会发展等多维度、多方面、多要素，对这些空间要素进行综合集成和统筹优化才能够最大程度发挥生产、生活和生态功能（曾小洁 等，2018），实现国土空间优化配置的最终目标。因此，关键要素的识别是结构优化和功能实现的基础。鉴于土地资源在未来空间规划中的重要地位，它已经成为三生空间优化的重要部分。以优化土地的数量配比和空间配置来驱动和引导生态、生产和生活空间优化。

4. 空间均衡理论

空间状态均衡是一种基于人口、经济、资源和环境相协调的空间上的"帕累托效率"状态。状态均衡需要考虑不同空间的发展状态，据此完成区域土地资源均衡配置。三生空间均衡发展不仅要考虑各要素的最优化配置和各类空间潜力和优势的最大限度发挥，更要实现各要素和谐有序且整体效益的最大化（李欣 等，2019）。

5. 共同体理论

"共同体"的概念源于亚里士多德对各种物质组合以实现共同"善"关系的定义。随着城市化的快速发展，共同体衍生出了与地域相关的"联合体"的概念，它既包含人在区域空间中的组合，又包含不同层次的共同体。国土空间优化的本质是追求三生空间的可持续发展，是优化三生空间的系统工程。对三生空间优化的共同体而言，其最终目的是实现"三生用地"空间的优化，达成生态、生产、生活各子系统的相互制约、适应、促进和配合，实现"三生共赢"的良性有机体（林伊琳 等，2019）。

三生空间统筹优化系统包括资源子系统、人口子系统、社会子系统、经济子系统和环境子系统。其中，资源子系统包括土地资源、水资源和能源。从功能角度看，土地资源可以分为生活空间、生产空间和生态空间，三生空间作为一个复杂的系统，在不同空间尺度、复杂功能、动态范围等特征的影响下，同一土地空间在不同空间尺度或时间节点上具有不同甚至重叠的三生空间属性（陈仙春 等，2019）。生活空间以生活用地功能为主，为人口子系统提供资源支撑，保障人居生活需求；生产空间以生产用地功能为主，为经济子系统提供资源投入，满足区域生产需求；生态空间以生态用地功能为主，为环境子系统提供生态环境安全维持能力；公共资源作为具有多种功能的复合型用地，为社会子系统的资源供应、管理、替代和补偿等提供服务。

人口、社会、经济子系统在土地资源的利用过程中，伴随着水资源和能源的利用，水资源利用方面包括农业、工业、服务业等生产用水、城市农村等生活用水及生态用水；能源利用方面包括生产空间、生活空间和生态空间的能源消费；资源子系统中的土地资源、水资源和能源通过不同途径相互联系、互为资源，构成了三生空间利用与发展的资源基础，不同三生空间的利用方式、产业结构、发展程度，其水、土、能源要素之间相互需求的数量途径不同，进而决定了区域碳排放强度。因此，从区域整体角度出发，结合区域水、土、能源等资源的单一赋存或组合特点，可对三生系统的运行效率及各子系统的脆弱性（敏感性）进行评价，并以区域"三条红线"的划定为约束，实现三生空间整个系统的优化与模拟。同时，三生空间统筹优化系统框架体现了系统内外多要素间的相互关联，是自然-社会-经济这个复杂巨系统功能和过程的集中表现。从系统内部水-土-能-碳多要素的耦合作用机理入手，综合分析不同空间类型、不同人类经济活动方式下的资源供给和需求关系，通过全面剖析三生空间水、土、能、碳等关键要素的代谢过程，也可建立基于"水-土-能-碳"多目标约束下的区域资源综合开发和三生空间统筹优化的调控方案，既能对"物质-能量循环""生态足迹""资源承载力"多分析手段进行综合集成，也能从实践角度评估区域应对气候变化能力和可持续发展水平评估能力（单薇 等，2019）。

具体来说：在理论基础层面，要明晰系统内部代谢组分，将资源代谢理论与三生空间地理格局相结合，以物质能量的动态流动为基础，深度解析三生空间协同演化进程中水、土、能、碳等关键要素的传递路径、流动过程及代谢机制；在技术方法层面，力求探索兼顾自然和社会经济属性、考虑时间和空间多尺度性、实现结构和布局统一的三生空间统筹优化方法，以三生系统良性代谢及美丽中国建设界定标准量化优化目标，研发系统仿真与多目标优化相结合的动态优化模型，统筹考虑三生空间各子系统和国土空间要素之间的动力机制，并结合三生空间的格局演化、冲突测度及问题诊断结果，设计多情景、多参数下的三生空间统筹优化的策略研究与分析方法。基于水-土-能-碳约束的三生空间统筹优化解决的是三生空间格局层面的问题，即优化三生空间数量结构和空间布局，它反映了国家战略在国土空间优化中的应用，未能表达人们对生活、生产、良好生态和环境安全的需求，即要解决三生空间质量层面的问题。2020 年 2 月 28 日国家发展和改革委员会印发的《美丽中国建设评估指标体系及实施方案》中提出，利用空气清新、水体洁净、土壤安全、生态良好、人居整洁 5 类共 22 项具体指标对美丽中国建设进行评价，这些指标在三生空间统筹优化系统中，是对生产环境、生态环境、生活环境的直接反映。因此，美丽中国建设评估结果将直接检验三生空间统筹优化的质量和效益，进而实现格局与效益双重约束下的三生空间统筹优化。

（三）影响三生空间的基本因素

三生空间的和谐稳定是人类的公共福祉，是实现社会公平正义的前提条件。促进三生空间的协调发展，必须正确认识三生空间的制衡机制。

1. 生产空间

生产空间在人类社会的存在和发展中起着决定作用，是创造物质财富和精神财富的根本力量，是三生空间发展的关键环节。

生产空间作为物质资料生产方式的基本属性之一，其决定地位是由物质生产的根本地位所决定的。在前资本主义社会，生产空间的主体内容是采集、渔猎、农耕等，生产空间的分布是孤立、分散的，空间活动范围非常狭小。与此相适应，生活空间主要表现为必要的生理活动、少量的娱乐活动，层次比较单一，局限性强。人与自然之间的物质变换是被动进行的，此时的生态空间建构还处于萌芽状态。进入阶级社会以来，生产空间进一步专业化、集中化，进而为生活空间、生态空间的发展提供了比较丰富的物质内容和技术支撑。但是，对于资本家而言，只有生产空间对创造使用价值有直接意义，所以劳动者的主体空间为统治阶级所操纵，生产、生活、生态活动的丰富性被剥夺，三生空间的框架结构处于畸形状态。但在社会主义制度条件下可以消除三生空间畸形状态产生的客观基础。对于劳动者尤其是社会主义劳动者而言，生产空间集约化发展是根本，生活空间宜居适度是目的，生态空间山清水秀是前提。促进生产空间集约高效是扩大再生产、创造物质财富的基本途径，同时是生活空间、生态空间丰富发展的客观源泉。

另外，在空间总量相对稳定的条件下，促进生产空间的集约化发展，还可以压缩生产工具、生产场所的空间占用比例，减少生产空间对生态空间的挤压和侵占，进而为生活空间、生态空间的繁荣创造更多的余地。生产工具的空间集约化，不是简单工具的倍数叠加。从手工工具到机器体系，劳动工具更加复合化、精巧化，尤其是自动化的功能体系取代了原有工具的庞大身躯，提高了劳动生产率。

生产工具的根本性变革必然推进整个工艺环节的压缩，带来全行业的空间集约。生产空间的集约化发展不仅可以减少工业的整体建筑面积，而且有利于减少农业对耕地、草原、森林的占用，为自然生态环境保留更多的自我更新、自我修复的空间（韦晨 等，2020）。

总之，促进生产空间集约高效，有利于推动生产力的内涵式增长，减少生产空间扩张对生态环境的破坏性影响，为生活空间、生态空间的丰富发展创造物质基础。

2. 生活空间

生活空间是人们吃穿住行及日常交往的空间存在形式。宜居适度的生活空间不仅要有生产空间的支持，还对生态空间具有较高要求。促进生活空间宜居适度是正确协调三生空间关系的重要纽带。

所谓的集约高效、宜居适度、山清水秀都是强调空间对人的积极意义，人类是空间价值评定标准的制定者、执行者、评价者及受益者。促进生产空间集约高效的目的之一是通过节约国土空间占用，保证生活空间、生态空间的充足性发展。促进生产空间集约高效的目的之二是提高劳动生产率，充分满足人类的生活需求。人类发展所需要的衣食住行等各方面生活资料都是在生产空间创造的，比如通过农业生产空间获得的粮食、棉麻衣服用品，通过畜牧业生产空间获得的肉食禽蛋，通过工业生产空间获得的房屋建筑材料、交通设施等。促进生态空间山清水秀的目的是满足人民群众日益增长的生态需求，如清洁的空气、清洁的水源、绿色的林荫道、广阔的原野、茂密的森林等。生态产品和生态服务是人类生活的必要组成部分，是提高生活质量的重要内容。促进生态空间山清水秀是对城乡之间、民族之间、地区之间、当代人与后代人之间根本生活需求的总体权衡。促进生产空间集约高效、生态空间山清水秀最终都将回归于生活空间，回归于当代人及人类子孙后代的生活需求（朱媛媛 等，2015）。显而易见，提高人类的生活水准是促进生活空间宜居适度的最直接、最真切的目的。人民是经济和社会发展中的能动性主体，促进生产空间集约高效、生活空间宜居适度、生态空间山清水秀都是为了促进人的自由全面发展，三者在根本目标上是一致的。

总之，促进生活空间宜居适度的重要目标是重构家庭的双重职能，重建人与自然、人与人、自然与社会的关系纽带。只有实现生活空间的宜居适度，才能推动城乡、区域、民族关系融合发展，促进三生空间的和谐建构。

3. 生态空间

生态空间在三生空间中具有基础性地位。具体来说，生态空间是基础，它不仅是生产空间和生活空间的基本前提，而且影响着它们的发展方向。

促进生态空间山清水秀是满足人类生产、生活、生态需求的基本途径。生态空间直接参与人与自然的物质代谢过程，同时也是生产、生活的初始源泉，并构成人的无机身体。首先，生态空间为人类提供基本生产资料。马克思在《1844年经济学哲学手稿》中提出："没有自然界，没有感性的外部世界，工人什么也不能创造。"首先，生态空间为工业发展提供矿藏，为农业发展提供耕地，为畜牧业发展提供草原，为渔业发展提供水体空间和鱼类资源。其次，生态空间为人类提供生活资料。生态空间是直接或间接提供生活资料的基地，例如，人类食用的粮食、蛋类、肉类主要由农田生态系统提供，人类住宅所需要的木材是由森林生态系统保障。再次，生态空间为人类精神活动提供自然对象。在人类生存和发展过程中，植物、动物、石头、空气、光等既是自然科学的对象，也是艺术的对象，它们构成人类意识的一部分，是人类精神的无机界和精神食粮。生态空间日益缩小使人类的精神世界无处安放，只有促进生态空间山清水秀，才能满足人类崇尚自然的渴求。最后，生态空间能够满足人类的生态需求，阳光、空气、水等自然因子是维持生命活动的基本元素。人类有类似于其他动物的自然需求，需要与自然界进行持续而稳定的物质交换、能量流动和信息传递。生态空间恶化的必然结果是自我恢复能力的下降，是功能性的丧失（李奇 等，2021）。因此，只有促进生态空间山清水秀，才能保障生态资源的稳定和持续性供给，进而满足人类的生存和发展需求。

总之，促进生态空间山清水秀是保障生态产品供给的必要条件，也是提高人类生活质量的必然要求。

二、三生空间均衡评价模型构建

构建三生空间均衡评价模型是进行评价的重要工作。

（一）湖北省三生空间均衡度评价模型

区域平衡发展的本质是实现区域经济、资源与环境协调发展，因此使用区域三生空间协调度来表示区域平衡发展程度，两者是正相关关系。和现有研究一样，使用数值包络分析（DEA）方法计算三生空间协调度。现有研究已对 DEA 方法进行了详细介绍，本小节只介绍其思想及区域三生空间协调度计算方法。DEA 方法中最基本的模型是 C^2R 模型。假设有 n 个决策单元，它们都是可比的，每个决策单元有 m 种类型的输入和 s 种类型的输出。以第 j_0 个决策单元的效率评价指数为目标、所有决策单元的效率指数为约束，可构成评价 DMU j_0 相对有效性的 C^2R 模型。该模型可转化为等价的线性规划形式（P）。

$$\text{Max } h_0 = \boldsymbol{u}^{\mathrm{T}} y_0 \tag{4.1}$$

$$(P)\text{s.t. } \boldsymbol{w}^{\mathrm{T}} x_j - \boldsymbol{u}^{\mathrm{T}} x_j \geq 0, \quad j = 1, 2, \cdots, n \tag{4.2}$$

$$\boldsymbol{w}^{\mathrm{T}} x_0 = 1, \quad w \geq 0; u \geq 0 \tag{4.3}$$

其中

$$w = tv, \quad \mu = tu, \quad t = \frac{1}{\boldsymbol{v}^{\mathrm{T}} x_0} \tag{4.4}$$

尽管区域三生空间协调度评价包括区域子系统内部和子系统之间协调度，但限于数据等方面的原因，本小节只分析系统之间均衡程度。

C^2R 模型关于空间（系统）间协调度的计算方法可表示如下：

第一，区域内系统 A 对系统 B 协调度。

若 $h_e(A/B)$ 表示系统 A 对系统 B 的协调度，$f_e(B/A)$ 表示系统 B 对系统 A 的协调度，则 A 对 B 的协调度 zh_e 计算公式为

$$zh_e(A/B) = h_e(A/B) \cdot f_e(A/B) \tag{4.5}$$

$$zh_e(A/B) \neq zh_e(B/A) \tag{4.6}$$

第二，区域间协调度计算。借鉴区域内子系统之间数据，可得区域间协调度的计算方法：

$$h_e(A, B) = \{\min[h_e(A/B), h_e(B/A)]\} / \{\max[h_e(A/B), h_e(B/A)]\} \tag{4.7}$$

$$f_e(A, B) = \{\min[f_e(A/B), f_e(B/A)]\} / \{\max[f_e(A/B), f_e(B/A)]\} \tag{4.8}$$

$$zh_e(A, B) = h_e(A, B) \times f_e(A, B) \tag{4.9}$$

根据协调发展度的大小将其划分成若干等级，等级划分如表 4-1 所示。

表 4-1　协调度等级划分表

项目	协调度				
	$0 \sim 0.2$	$0.2 \sim 0.4$	$0.4 \sim 0.6$	$0.6 \sim 0.8$	$0.8 \sim 1.0$
协调等级	轻度失调	一般协调	中级协调	良好协调	优质协调

（二）湖北省三生空间均衡度空间特征分析模型

从时空演进角度对湖北省三生空间均衡度空间特征进行考察，重点从地理空间角度进行深入分析。泰尔指数从区位熵视角给出了湖北省三生空间均衡度是否存在空间异质性的证据，而空间自相关则兼具了全局和局部的空间依赖分析，最后通过空间计量模型对空间溢出效应进行检验。

1. 泰尔指数

泰尔指数是由泰尔利用熵概念来衡量地区差异性的指标，表达式为

$$T = \sum_{i=1}^{N} y_i \lg \frac{y_i}{1/N}, \quad T = T_W + T_B$$

$$T_W = \sum_r Y_r \sum_{i \in r} \frac{y_i}{Y_r} \lg \frac{y_i/Y_r}{1/N_r}, \quad T_B = \sum_r Y_r \lg \frac{Y_r}{N_r/N}$$

式中：T 为泰尔指数统计量，T 值越大，说明考察区域差异程度越大；y_i 是地区 i 协调度在全省所占份额；N 为全省地区总数 Y_r 为区域 r 创新总产出占全省三生空间均衡度的份额；N_r 为区域 r 的地区数量。同时泰尔指数还可对协调度区域差异进行空间分解，分别考察区域内差异（T_W）和区域间差异（T_B）。另外，通过计算能源技术创新的区域间和区域内贡献率来分析两者对区域总体差异的贡献。

2. 空间自相关

探索性空间数据分析（exploratory spatial data analysis，ESDA）是对空间数据进行时空演进分析较为常用的方法，莫兰指数 I 统计量可从时间角度给出空间依赖的证据，而莫兰散点图则对局部区域的变化有较好展示。采用全局莫兰指数 I 衡量三生空间均衡度在空间上平均关联的程度：

$$I_t = \frac{\sum_{i=1}^{n} \sum_{j=1}^{n} w_{ij}(x_{it} - \overline{x}_t)(x_{jt} - \overline{x}_t)}{\sum_{i=1}^{n} \sum_{j=1}^{n} w_{ij} \sum_{i=1}^{n} (x_{it} - \overline{x}_i)^2} = \frac{\sum_{i=1}^{n} \sum_{j=1}^{n} w_{ij}(x_{it} - \overline{x}_t)(x_{jt} - \overline{x}_t)}{n S_o^2 \sum_{i=1}^{n} \sum_{j=1}^{n} w_{ij}}$$

$$S_o^2 = \frac{\sum_{i=1}^{n} (x_{it} - \overline{x}_t)^2}{n}, \quad \overline{x}_t = \frac{1}{n} \sum_{i=1}^{n} x_{it}$$

式中：W_{ij} 为各省（自治区、直辖市）i 和 j 间的空间权重；n 为观测的省（自治区、直辖市）个数；S_o 为所有空间权重的聚合。在过去的研究中地理空间邻近是空间权重矩阵的构建基础，而内在的经济联系却未被特殊考虑，但在本小节的 ESDA 中，使用了修正后的 Rook 矩阵检验莫兰指数 I 的显著性，可以使用标准化后的 Z 统计量进行检验：

$$Z = \frac{I - E(I)}{\text{SD}(I)}$$

式中：$E(I)$为期望均值；$SD(I)$为标准方差。若莫兰指数 I 在给定置信水平下显著为正，则能源技术创新产出存在空间集聚；若为负，则表明存在空间差异。

3. 空间计量模型

尽管空间滞后模型（spatial lag model，SLM）、空间误差模型（spatial error model，SEM）和空间杜宾模型（spatial dubin model，SDM）是空间计量分析经常使用的模型，但 SDM 不仅能测度区域协调度对本地区和邻近地区因变量的影响，还能够实现对 SLM 和 SEM 的综合，而且通过它可以得到区域协调度受自身因素与周围地区因素影响的关系。因此，本节使用 SDM 来分析空间溢出效应。

$$y_{it} = \rho \sum_{j=1}^{n} w_{ij} x_{it} + \beta_i \sum_{j=1}^{n} w_{ij} x_{ij} + \mu_i + \lambda_t + \varepsilon_{it}$$

式中：y_{it} 为区域协调度；x_{it} 为影响因素；$w_{ij} x_{ij}$ 为空间滞后项；μ_i 和 λ_t 分别为空间和时间固定效应；ρ 和 β_i 分别为空间回归系数和影响因素的相关系数；ε_{it} 为误差项。

第三节 湖北省三生空间均衡的时间特征分析

本节将从湖北省的三生空间状况出发，就湖北省三生空间均衡问题进行时间序列特征分析。

一、评价指标体系

本节主要从影响因素和表现特征两个方面来确立三生空间系统综合评价指标体系，其中，影响因素表示的是为了实现三生空间均衡而进行的各种投入。表现特征则是指产出指标，主要体现在经济规模、经济结构、人口结构、公共服务、生态供给、环境污染和环境治理 7 个方面。这些产出指标共同表征三生空间的均衡状态。需要说明的是，有些指标既不是投入指标，也不是产出指标，因此表 4-2 中的部分指标并没有全面体现三生空间的均衡特点。

表 4-2　湖北省三生空间均衡评价指标体系

一级指标	二级指标	三级指标
三生空间协调度	影响因素（投入）	全社会固定资产投资 X_1
		第三产业投入 X_2
		失业救济财政支出 X_3
		高等教育投入 X_4
		每万人拥有公共交通车辆 X_5
		每万人拥有医院数 X_6
		博物馆和公共图书馆数 X_7
		用于社会保障与就业的财政支出 X_8
		水污染治理投入 X_9
		森林培育投入 X_{10}
		湿地保护投入 X_{11}
		绿化投入 X_{12}
		固体废弃物治理投入 X_{13}
		废气治理投入 X_{14}
		农用肥施用量 X_{15}
		农药使用量 X_{16}
		农用塑料薄膜使用量 X_{17}
	表现特征（产出）	人均 GDP X_{18}
		工业固体废弃物综合利用数 X_{19}
		废气治理设施数 X_{20}
		废水治理设施数 X_{21}
		污水处理率 X_{22}
		生活垃圾清运量 X_{23}
		造林总面积 X_{24}
		万元 GDP 污染物排放 X_{25}
		万元 GDP 能耗 X_{26}
		碳汇增加量 X_{27}
		一般预算收入 X_{28}
		人均可支配收入 X_{29}

二、数据来源及预处理

大多数据均来自《中国统计年鉴》《湖北省统计年鉴》及湖北省各市、县统计年鉴，部分缺少数据采用插入法来补充。

其中部分无法从上述统计年鉴中获取的数据，如农用肥施用量、农药使用量、农用塑料薄膜使用量、废气治理设施数、废水治理设施数、生活垃圾清运量，是作者通过调研和问卷等方式获取的。

碳汇增加量是通过计算森林、草地资源总量变化计算得出的。

由于各指标的单位和数据变现形式并不一致，所以在进行分析之前，对所有数据进行无量纲和归一化处理以便比较。

三、时间序列特征

本小节主要使用数值包络分析（DEA）法来计算湖北省三生空间协调度。首先，分阶段计算得出湖北省三生空间均衡时间序列的总体特征；然后，比较20多年来湖北省区域三生空间均衡协调度差距以反映湖北省三生空间均衡时间序列特征分区状态。

（一）总体状态

为了更好地体现湖北省三生空间均衡时间序列的总体特征，本小节将从1997～2006年、2007～2019年两个时间段来进行分析。之所以选择2007年为第二阶段起点，主要是因为武汉城市圈2007年开始成为"两型社会试验区"，从那时开始湖北省开始真正意义上的生态环境建设。

1. 1997～2006年湖北省三生空间均衡分析

本小节从区域间角度来比较分析此期间湖北省三生空间均衡协调度。表4-3所示为1997～2006年湖北省主要年份区域三生空间均衡协调度评价结果。

表4-3 1997～2006年湖北省三生空间均衡协调度评价结果

地区	1997年	2001年	2002年	2006年	10年均值
武汉城市圈	0.486	0.487	0.488	0.491	0.488
随州市	0.306	0.306	0.307	0.308	0.307
荆门市	0.362	0.363	0.364	0.365	0.363

地区	1997 年	2001 年	2002 年	2006 年	10 年均值
荆州市	0.380	0.383	0.384	0.386	0.384
宜昌市	0.419	0.420	0.421	0.423	0.422
襄阳市	0.423	0.424	0.425	0.426	0.424
十堰市	0.401	0.403	0.404	0.406	0.404
恩施州	0.409	0.410	0.410	0.412	0.410

1）三生空间均衡协调度的均值及变化趋势

表 4-3 显示，1997～2006 年武汉城市圈、随州市、荆门市、荆州市、宜昌市、襄阳市、十堰市和恩施州 8 个地区三生空间均衡协调度均值分别是 0.488、0.307、0.363、0.384、0.422、0.424、0.404 和 0.410。其中，武汉城市圈协调度最高、襄阳市次之，同时武汉城市圈、襄阳市、宜昌市和恩施州协调度均值领先于随州市、荆门市、荆州市和十堰市，并超过全省平均水平。从 8 个地区十年协调度变动情况来看，总体而言，武汉城市圈、襄阳市最为平稳，宜昌市略有上升。

2）三生空间均衡协调度均值的差距

三生空间均衡协调度均值差距反映了均值的偏差特征。从表 4-3 可以看出，武汉城市圈、襄阳市均值相对差距在 15.60%左右；武汉城市圈、宜昌市均值相对差距在 18.60%左右；武汉城市圈、随州市均值相对差距在 58.90%左右；宜昌市、襄阳市均值相对差距在 4.74%左右；武汉城市圈与荆门市、武汉城市圈与荆州市、襄阳市与随州市、宜昌市与随州市、十堰市与随州市的均值相对差距均在 23.00%左右波动。可见，区域间三生空间均衡协调度均值差距非常明显，而区域间三生空间均衡协调度均值趋同性较小。

2. 2007～2019 年湖北省三生空间均衡分析

2007～2019 年湖北省主要年份区域三生空间均衡协调度评价结果如表 4-4 所示。

表 4-4 2007～2019 年湖北省三生空间均衡协调度评价结果

地区	2007 年	2010 年	2015 年	2019 年	13 年均值
武汉城市圈	0.516	0.518	0.521	0.524	0.520
随州市	0.353	0.356	0.359	0.362	0.358
荆门市	0.382	0.386	0.389	0.393	0.388
荆州市	0.392	0.396	0.399	0.412	0.400
宜昌市	0.432	0.437	0.440	0.445	0.439
襄阳市	0.441	0.447	0.452	0.456	0.449
十堰市	0.423	0.425	0.427	0.431	0.427
恩施州	0.416	0.419	0.425	0.428	0.422

1）三生空间均衡协调度的均值及变化趋势

如表 4-3 所示，2007～2019 年，8 个地区三生空间均衡协调度均值分别是 0.520、0.358、0.388、0.400、0.439、0.449、0.427 和 0.422。随着时间推移，湖北省三生空间均衡程度在不断上升，总体格局并没有发生变化。从 8 个地区 13 年协调度变动来看，总体而言，武汉城市圈、随州市和十堰市较为平稳，襄阳市上升幅度最大，宜昌市、恩施州、荆州市的上升幅度大于全省上升幅度。

2）三生空间均衡协调度均值的差距

三生空间均衡协调度均值差距反映了均值的偏差特征。从表 4-4 可以看出，武汉城市圈、襄阳市均值相对差距在 15.80%左右；武汉城市圈、宜昌市均值相对差距在 18.50%左右；武汉城市圈、随州市均值相对差距在 45.30%左右；宜昌市、襄阳市均值相对差距在 2.28%左右；武汉城市圈与荆门市、武汉城市圈与荆州市、襄阳市与随州市、宜昌市与随州市、十堰市与随州市的均值相对差距均在 21.00%左右波动。因此，湖北省区域间三生空间均衡协调度均值差距和均值趋同性并没有发生明显变化。但从整体上来看，湖北省三生空间均衡协调度均值的差距在不断减小。

（二）分区状态

本小节主要是通过比较分析期内湖北省区域三生空间均衡协调度差距来反映各区域均衡时间序列变化特征。

在充分借鉴现有研究方法和结论的基础上，本小节采用区域三生空间均衡协调度最大值与最小值之比和区域三生空间均衡协调度变异系数对 20 多年湖北省区域三生空间均衡协调度差距进行分析。其中，区域三生空间均衡协调度的最大波动幅度是通过使用区域三生空间均衡协调度最大值与最小值的差值来反映，最大值与最小值的差值尽管可以反映不同区域三生空间均衡协调度的大小，但由于其无法全面反映中间数据如均值的变化情况，在实际中需要结合其他方法来分析。在现有研究中，多使用变异系数来反映数值离散程度的指标，实践证明变异系数能在很大程度上弥补最大值与最小值的差的不足。

1.8 个区域三生空间均衡协调度最大值与最小值的差距

总体来说，20 多年湖北省 8 个区域三生空间均衡协调度的最大值与最小值之间的差距并没有缩小，相反还在不断扩大。具体来说，2019 年比 1997 年增加了 35.28%。1997～2019 年，8 个区域三生空间均衡协调度最大值与最小值差距在 2018 年达到最大，武汉城市圈的均衡协调度值最大，随州市的均衡协调度值最小，武汉城市圈与随州市的三生空间均衡协调度的差距为 2.13。但是，均衡协调度的最大值与最小值间的差距在缩小，相对差距只有 1.68；此时武汉城市圈的均衡协调度值也是最大，随州市的均衡协调度值也是最小。

1997～2019 年湖北省区域三生空间建设均衡协调度总量变异系数的变化趋势如图 4-2 所示。总体来看，8 个区域和全国变异系数均处于波动之中，但除随州市外，第二阶段的变异系数要比第一阶段的变异系数大，这表示第二阶段的 8 个区域三生空间均衡协调度差距变动幅度要比第一阶段的大，而随州市的变异系数在第二阶段的下降幅度低于其他 5 个区域和全国平均水平。第一阶段的变异系数在 2001 年和 2005 年左右处于波峰，第二阶段的变异系数在 2009 年和 2010 年

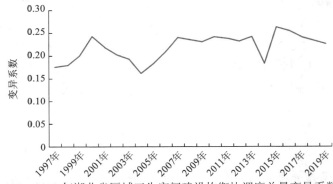

图 4-2　1997～2019 年湖北省区域三生空间建设均衡协调度总量变异系数变化趋势

左右处于波峰，在 2014 年左右达到第二阶段最小值。而且，自 2010 年以后，所有地区的变异系数总体上处于下降趋势。究其原因，可能是由于第二阶段湖北省加大了对资源环境问题的管理，尤其是党的十七大以后，三生空间发展战略的实施使这一阶段的区域三生空间建设协调度发生较大幅度的变动且总体水平呈现不断下降的趋势。

2. 8 个区域间三生空间均衡协调度均值的差距

总体来看，8 个区域间三生空间均衡协调度均值的差距随着三生空间建设的深入而在不断缩小，特别是在 2012 年以后，区域均值差距缩小程度进一步加大，这一点从图 4.2 中区域之间的三生空间均衡协调度均值差异系数不断减少中可以看出。

区域间三生空间均衡协调度均值差距分析主要是选取两个区域差值进行分析。需要说明的是，尽管 8 个区域两两组合可以形成 32 个比较对象，但地区选择总体上体现了三项原则：①不仅要反映均值差距相近的区域之间的差异系数，还要反映均值差距很大的区域之间的差异系数；②不仅要反映地理位置相邻的区域之间的差异系数，还要反映不相邻区域之间的差异系数；③不仅要反映生态水平相近区域之间的差异系数，还要反映生态水平差别极大区域之间的差异系数。

湖北省 8 个区域之间的三生空间均衡协调度变异系数的变化趋势具有以下特征。

第一，区域间三生空间均衡协调度均值差距越大，则差异系数越大。在 8 个分析对象中，武汉城市圈与随州市之间三生空间均衡协调度均值差距最大，因此它们的差异系数也最大。但武汉城市圈与襄阳市之间三生空间均衡协调度均值差距最小，因此它们的差异系数也最小。

第二，区域三生空间均衡协调度差异系数变化总体呈 "M" 形变化特征。尽管具体区域变化趋势特征有所区别，如武汉城市圈与随州市变异系数变化趋势特征是 "下降-上升-下降-上升-下降"，而宜昌市与随州市及襄阳市与孝感市变异系数变化趋势特征是 "上升-下降-上升-下降"，但均体现出了 "M" 形变化特征。

第三，实施三生空间战略后，区域三生空间均衡协调度差异系数总体在下降。尽管 8 个分析对象均经历了到达最大值之后开始下降的趋势，但各区域到达最大值的时间不尽相同。武汉城市圈与襄阳市在 2005 年就达到了最大值，而其他 6 个地区则主要是在 2012 年左右达到最大值。需要补充的是，尽管武汉城市圈与随州市之间三生空间均衡协调度均值差异系数最大，但该差异系数和其他差异系数一样也处于下降的趋势，其他 6 个地区差异系数差距越来越小。

第四节 湖北省三生空间均衡的空间特征分析

本节将结合第三节的结论运用空间计量经济学模型对湖北省三生空间均衡的空间特征进行分析，主要从空间差异、空间集聚和空间自相关三个方面展开。

一、均衡协调程度空间差异

运用泰尔指数分析出三生空间均衡协调度区域差异大小，结果见表 4-5。总体泰尔指数 T 从 2000 年的 0.635 7 下降为 2017 年的 0.582 1，说明三生空间均衡协调度区域差异在缩小。分解后显示三生空间均衡协调度区域间泰尔指数 T_b 一直保持在一个较低水平，说明差异并不是特别大；但是区域内泰尔指数 T_w 一直保持在较高水平，其中内部差异最大的是随州市，大多数年份保持在 0.5 以上，三生空间均衡协调度极化特征显著；其次是襄阳市，武汉城市圈、宜昌市和襄阳市在8 个区域中三生空间均衡协调度空间分布相对均衡，因此整体上看区域三生空间均衡协调程度并不存在收敛特征。

表 4-5 泰尔指数及其 8 个区域的分解

时间	T	T_b	T_w	区域内分解							
				武汉城市圈	襄阳市	随州市	宜昌市	十堰市	恩施州	荆门市	荆州市
1997	0.663 7	0.312 2	0.385 5	0.134 7	0.164 8	0.556 7	0.155 3	0.231 4	0.291 4	0.346 7	0.321 8
1998	0.653 7	0.311 9	0.382 5	0.122 2	0.152 1	0.552 5	0.152 2	0.220 1	0.291 2	0.242 1	0.222 5
1999	0.641 7	0.299 2	0.360 25	0.132 2	0.162 5	0.556 2	0.155 3	0.233 5	0.287 2	0.326 2	0.321 5
2000	0.635 7	0.285 2	0.350 5	0.134 7	0.164 4	0.446 7	0.144 4	0.241 4	0.261 4	0.446 7	0.421 4
2001	0.620 9	0.247 1	0.373 7	0.134 0	0.154 3	0.536 5	0.151 2	0.236 4	0.286 4	0.445 5	0.421 8
2002	0.603 0	0.244 5	0.358 5	0.131 5	0.151 6	0.536 8	0.146 2	0.231 8	0.290 1	0.414 7	0.417 6
2003	0.694 1	0.282 6	0.411 5	0.133 4	0.153 6	0.514 5	0.144 3	0.231 3	0.291 7	0.411 5	0.331 6
2004	0.664 8	0.284 6	0.380 2	0.133 5	0.153 7	0.509 4	0.146 3	0.230 0	0.281 3	0.335 5	0.311 7
2005	0.653 8	0.309 3	0.344 6	0.133 7	0.144 6	0.413 4	0.140 5	0.331 4	0.384 4	0.313 6	0.311 4
2006	0.603 6	0.287 0	0.316 7	0.136 4	0.144 6	0.444 4	0.144 2	0.310 6	0.284 2	0.317 4	0.301 6
2007	0.638 0	0.300 9	0.337 1	0.138 5	0.154 6	0.501 3	0.151 2	0.321 5	0.287 0	0.291 5	0.311 6
2008	0.617 5	0.275 3	0.342 2	0.123 4	0.143 2	0.469 4	0.154 2	0.299 3	0.284 3	0.309 4	0.343 1

时间	T	T_b	T_w	区域内分解							
				武汉城市圈	襄阳市	随州市	宜昌市	十堰市	恩施州	荆门市	荆州市
2009	0.603 1	0.260 2	0.342 9	0.127 7	0.147 8	0.471 7	0.157 2	0.221 7	0.281 7	0.277 7	0.281 3
2010	0.710 3	0.268 8	0.441 4	0.125 3	0.135 6	0.384 3	0.133 2	0.221 5	0.273 5	0.253 3	0.221 6
2011	0.688 2	0.255 3	0.432 9	0.126 6	0.136 4	0.486 6	0.146 2	0.210 6	0.261 6	0.266 6	0.271 4
2012	0.647 8	0.251 3	0.396 8	0.127 4	0.147 8	0.415 4	0.144 2	0.230 7	0.273 7	0.271 4	0.261 8
2013	0.623 1	0.291 3	0.331 8	0.129 3	0.139 8	0.436 3	0.143 2	0.251 9	0.281 9	0.293 3	0.221 8
2014	0.636 5	0.312 8	0.323 7	0.134 4	0.144 8	0.419 4	0.141 3	0.301 4	0.271 4	0.341 1	0.281 8
2015	0.603 4	0.283 7	0.319 7	0.124 5	0.136 2	0.402 4	0.141 1	0.257 4	0.299 4	0.271 4	0.373 2
2016	0.594 1	0.275 8	0.318 3	0.123 1	0.141 4	0.417 3	0.144 2	0.251 4	0.281 4	0.282 4	0.291 4
2017	0.582 1	0.269 8	0.312 3	0.126 2	0.144 8	0.501 5	0.145 6	0.242 5	0.288 0	0.275 3	0.288 8
2018	0.573 2	0.257 8	0.322 4	0.127 8	0.149 0	0.498 1	0.147 2	0.241 4	0.282 9	0.275 5	0.282 9
2019	0.584 7	0.258 0	0.314 9	0.126 1	0.134 1	0.482 0	0.141 2	0.231 5	0.277 4	0.272 9	0.281 7

通过计算 1997～2019 年区域三生空间均衡协调度泰尔指数贡献率（表4-6），可以更好地了解区域差异原因。区域间和区域内的贡献率三生空间均衡协调度差异主要根源于区域内差异，其平均贡献率为 56.23%。此外，区域内泰尔指数的贡献率整体呈下降趋势，而区域间泰尔指数贡献率整体呈现上升趋势，说明总体差异对区域内差异的依赖程度下降，在 2017 年达到最低值 50.86%。区域内三生空间均衡协调度差异降低反映了区域协同治理的绩效，在内部差异变小基础上更应该注意不同区域间的创新合作，政府生态文明建设支持的重点也应该以贡献率为导向，为区域三生空间均衡协调程度流动提供便利。

表4-6　泰尔指数贡献率 （单位：%）

时间	T	T_b	T_w	区域内分解							
				武汉城市圈	襄阳市	随州市	宜昌市	十堰市	恩施州	荆门市	荆州市
1997	44.35	55.11	3.61	2.81	40.21	1.41	1.47	5.90	4.32	2.14	3.82
1998	42.18	56.02	3.72	2.84	40.52	1.32	1.56	5.78	4.35	2.29	4.12
1999	43.78	55.68	3.70	2.73	40.26	1.35	1.71	5.72	4.21	2.16	3.74
2000	44.86	55.14	3.64	2.84	40.03	1.21	1.60	5.82	3.98	2.12	3.67

续表

时间	T	T_b	T_w	区域内分解							
				武汉城市圈	襄阳市	随州市	宜昌市	十堰市	恩施州	荆门市	荆州市
2001	39.80	60.20	4.15	3.12	43.81	1.34	3.09	4.68	3.96	2.09	3.54
2002	40.54	59.46	3.46	3.16	44.38	0.66	2.32	5.47	4.12	2.31	3.41
2003	40.71	59.29	1.99	5.24	45.66	0.87	0.98	4.55	4.08	2.29	3.32
2004	42.81	57.19	1.60	7.82	41.00	1.19	1.54	4.03	4.13	2.30	3.40
2005	47.30	52.70	2.57	6.28	38.15	0.84	1.40	3.46	4.24	2.34	3.42
2006	47.54	52.46	2.06	7.26	35.41	2.11	1.70	3.92	5.01	2.43	3.33
2007	47.16	52.84	2.76	6.71	36.19	1.68	1.18	4.32	4.32	2.35	3.24
2008	44.58	55.42	2.02	7.68	37.10	1.65	1.72	5.23	4.10	2.21	3.27
2009	43.14	56.86	2.41	7.42	37.98	1.30	2.12	5.62	3.89	2.20	3.12
2010	37.85	62.15	3.26	8.03	42.78	0.99	2.57	4.52	3.76	2.12	3.10
2011	37.09	62.91	5.73	5.99	40.10	0.83	3.60	6.66	4.02	2.09	3.07
2012	38.79	61.21	6.79	5.06	37.83	1.85	3.27	6.42	4.51	1.98	3.01
2013	46.74	53.26	7.89	5.61	26.06	3.38	4.62	5.70	4.26	2.02	3.12
2014	49.14	50.86	7.96	6.15	22.99	3.52	4.73	5.52	4.08	2.14	3.23
2015	47.02	52.98	8.64	7.17	22.48	3.49	5.39	5.81	4.35	2.58	3.31
2016	46.42	53.58	9.02	7.97	21.94	3.42	5.99	5.24	4.14	2.49	3.28
2017	46.36	53.64	9.46	8.85	20.56	3.30	6.28	5.19	4.11	2.35	3.14
2018	45.97	54.89	9.11	7.91	21.29	3.21	5.48	5.12	4.07	2.31	3.09
2019	46.21	52.78	9.21	8.21	21.11	3.19	5.76	5.23	4.20	2.35	3.24

二、均衡协调程度空间集聚

尽管湖北省三生空间均衡协调程度在总体上出现了分异特征,但区域内差异远低于总体差异,说明邻近区域存在空间依赖关系,为此,使用全局自相关指数来量化可能存在的空间依赖。从表 4-7 中可看出,莫兰指数 I 统计值提供了区域空间依赖证据。莫兰指数 I 估计值从 1997 年的 0.182 下降为 2019 年的 0.153。由于空间依赖程度的主要影响因素是邻近空间关联溢出效应,结果说明空间邻近带来的生态溢出能够显著地作用于地区的生态、经济发展。基于二阶、三阶相邻权重空间矩阵的莫兰指数 I 统计值逐次减少，说明各区域三生空间均衡协调程度的地理溢出效应随着距离增加可能存在衰减的特征，区域三生空间均衡协调程度发展可能会有不同的表现。

表 4-7　2000～2019 年省级能源技术创新产出的莫兰指数 I 统计值

年份	莫兰指数 I 统计值					
	W_{R1}	Z 统计量	W_{R2}	Z 统计量	W_{R3}	Z 统计量
1997	0.182**	3.423 4	0.104*	3.422 1	0.034***	2.125 9
1998	0.180***	3.418 9	0.101**	3.414 6	0.032*	2.076 9
1999	0.178*	3.387 6	0.100**	3.382 5	0.030**	2.027 6
2000	0.174***	3.377 8	0.099***	3.773 5	0.029**	1.974 1
2001	0.136**	2.852 3	0.081***	3.141 2	0.016**	2.103 7
2002	0.134**	2.737 3	0.073***	3.084 1	0.023**	2.206 6
2003	0.104**	2.341 8	0.053**	2.385 1	0.006**	1.632 6
2004	0.079*	1.651 4	0.032*	1.612 5	0.003**	1.381 3
2005	0.106**	1.887 3	0.054**	1.974 5	0.008**	1.321 9
2006	0.143**	2.132 0	0.075**	2.081 4	0.022*	1.736 6
2007	0.144**	2.198 7	0.076**	2.297 3	0.031**	1.949 8
2008	0.114**	1.742 0	0.054**	1.795 1	0.027**	1.932 3
2009	0.108**	1.730 0	0.044*	1.539 6	0.028**	2.010 4
2010	0.061**	1.232 2	0.017*	1.189 5	0.014*	1.351 9
2011	0.079*	1.416 3	0.024*	1.096 0	0.038**	1.693 5
2012	0.100*	1.369 8	0.033*	1.086 2	0.038**	1.749 5
2013	0.157**	2.002 5	0.053*	1.523 5	0.048**	1.871 9
2014	0.164**	1.941 6	0.057*	1.452 7	0.046**	1.951 3
2015	0.155**	1.896 7	0.052*	1.401 0	0.050**	2.098 3
2016	0.157**	1.957 2	0.055*	1.533 3	0.048**	1.824 3
2017	0.159**	1.977 6	0.053*	1.441 3	0.047**	2.088 2
2018	0.156**	1.962 7	0.052*	1.432 9	0.046***	2.013 6
2019	0.153**	1.965 9	0.053*	1.453 8	0.047***	1.978 6

注：W_{R1}、W_{R2}、W_{R3} 分别代表一阶、二阶、三阶标准化的 Rook 邻接矩阵；***、**、*分别表示显著性为 0.01、0.05 和 0.1

三、均衡协调程度局部空间自相关

局部空间自相关能够反映每个地区耦合协调关系的空间集聚情况。选取 2000 年、2006 年、2012 年和 2018 年的截面数据，利用 GeoDa 软件获取 LISA 集聚地图，来测度各地区集聚状态。根据中心地区耦合协调度与其周围地区耦合协调度特点，将耦合协调空间集聚区分为高-高集聚区、高-低集聚区、低-高集聚区和低-低集聚区（表 4-8）。分析期内 8 个区域三生空间均衡协调关系的空间集聚以低-高集聚区和高-低集聚区为主，高-高集聚区平均占比达到了 12%；低-高集聚区和高-低集聚区的平均占比和为 50%；低-低集聚区的平均占比为 22.2%。

表 4-8　均衡协调度空间关联变化

年份	高-高集聚区		高-低集聚区		低-高集聚区		低-低集聚区	
	个数	占比	个数	占比	个数	占比	个数	占比
2000	1	11.1	4	40.0	4	40.0	2	22.2
2006	1	11.1	4	40.0	4	40.0	2	22.2
2012	1	11.1	4	40.0	4	40.0	2	22.2
2018	3	33.3	5	55.6	5	55.6	2	22.2

高-高集聚区主要分布在西部地区；低-低集聚区主要分布在中部地区；高-低集聚区和低-高集聚区主要分布在中部地区。从时间演化来看，高-高集聚区的数量趋于增加，而高-低集聚区和低-高集聚区的数量也趋于增加，低-低集聚区的数量维持稳定。一方面这说明耦合协调度整体上趋于提高，但是地区发展不平衡让低-高集聚区和高-低集聚区逐渐发展成高-高集聚区；另一方面也揭示地区间的空间溢出效应和空间虹吸效应同时存在，跨地区合作尚存在问题，亟须加强重视。

通过以上研究，得到如下结论。

第一，湖北省三生空间均衡协调程度空间区域差异在缩小。湖北省三生空间均衡协调度区域间泰尔指数一直保持在一个较低水平，说明差异并不是特别大；但是区域内泰尔指数一直保持在较高水平，表明内部差异较大，其中随州市内部差异最大，大多数年份保持在 0.5 以上。这说明，湖北省三生空间均衡协调程度极化特征显著。因此，整体上看湖北省三生空间均衡协调程度并不存在收敛特征。

第二，全局自相关指数和莫兰指数 I 统计量均说明，湖北省三生空间均衡协调程度空间集聚效应不是很显著。

第三，湖北省三生空间均衡协调程度局部空间自相关特征较为明显。8 个区域的空间集聚以低-高集聚区和高-低集聚区为主，高-高集聚区平均占比达到了 12%，低-低集聚区的平均占比为 22.2%。

第五章

湖北省国土空间治理体系
和治理能力建设进展

本章将从湖北省国土空间治理体系建设、国土空间治理能力建设和国土空间优化三个方面对湖北省国土空间治理体系和治理能力建设进展情况进行系统的总结和分析。

第一节 治理体系建设主要进展

近年来，在国家高质量发展战略的推动下，湖北省按照《决定》的要求，积极推进国土空间治理工作，在区域国土空间治理体系建设上取得了重要的进展，并对地区经济社会高质量发展产生了积极的作用。

一、区域发展战略

区域发展战略是指对一定区域内与经济、社会发展有关的全局性、长远性、关键性的问题所做的筹划和决策，是指在较长时期内，根据对区域经济、社会发展状况的估量，考虑区域经济、社会发展中的各方面关系，对区域经济发展的指导思想、所要达到的目标、所应解决的重点和所需经历的阶段及必须采取的对策的总筹划和总决策。它是区域发展的纲领性文件，对区域经济社会发展具有重要的引领作用，同时它也是开展国土空间治理的前提和基础。

改革开放以来，湖北省充分发挥自身优势，大力深化改革，扩大开放，不断谋划，经济社会得到了快速的发展，从而使其在我国区域经济和社会发展中的重要战略支点地位和作用日益突出，并成为支撑我国区域经济协调发展的重要力量。

（一）区域发展战略体现

湖北省区域发展战略是确立湖北省区域发展方向、发展重点的纲领性文件。它在反映湖北省发展实际的同时，也体现了国家对湖北省的区域发展战略定位，包括在中部地区社会经济发展中的战略支点、"两型社会"建设引领区和中部创新驱动先导区的定位等，对湖北省经济社会发展产生了重要的影响。

1.中部地区社会经济发展中的战略支点

把湖北省建设成为中部地区崛起的重要战略支点是党中央赋予湖北省的历史使命。因此，2021年6月21日，湖北省通过了《中共湖北省委、湖北省人民政府关于新时代推动湖北高质量发展加快建成中部地区崛起重要战略支点的实施意见》。意见指出，湖北省要牢记"建成中部地区崛起重要战略支点"的历史使命，聚焦新时代推动湖北高质量发展，以美丽湖北、绿色崛起为重要底色，以科技创新、改革突围为强大动能，以强化功能、开放共享为有力支撑，率先在中部地区实现绿色崛起，打造全国重要增长极。

此外,《湖北省国民经济和社会发展第十四个五年规划和二〇三五年远景目标纲要》(即湖北省"十四五"规划)中也提出了紧扣高质量发展的要求,主动融入中部地区崛起、"一带一路"倡议和长江经济带发展等国家战略,构建"一主引领、两翼驱动、全域协同"的区域发展布局,以加快建设湖北省高质量发展动力系统。

这些筹划和决策均体现了湖北省委、省人民政府对湖北省实现高质量发展和建成中部地区崛起重要战略支点的决心,也体现了国家对湖北省在中部地区社会经济发展中的战略支点定位要求。目前,湖北省各级政府正在落实党中央的部署和要求,各项工作正在稳步推进,效果正逐渐体现。

2. "两型社会"建设引领区

《中共湖北省委、湖北省人民政府关于新时代推动湖北高质量发展加快建成中部地区崛起重要战略支点的实施意见》和湖北省"十四五"规划中均提及了如何加快建设美丽湖北,实现绿色发展:一方面,湖北省应通过资源节约利用加快向绿色发展方式转变,推动形成绿色低碳的生产生活方式并构建绿色低碳的生态经济体系,从而加快资源节约型社会建设;另一方面,湖北省应通过深入推进长江大保护,加强生态环境综合治理和修复,打好污染防治攻坚战,扩大绿色生态空间等措施来加快环境友好型社会建设。

总之,这些区域发展战略均体现了国家对湖北省的"两型社会"建设引领区的定位,同时为将湖北省打造成为具有影响力的生态型城市,给全国"两型社会"和生态文明建设积累新经验提供了意见和建议。

3. 中部创新驱动先导区

习近平总书记在党的十九大报告中提出"创新是引领发展的第一动力,是建设现代化经济体系的战略支撑"。湖北省是创新资源大省、科技人才大省:东湖自主创新示范区获批成为全国第二家自主创新示范区,国家创新型试点省份、武汉全面创新改革试验区陆续获批并有序推进,武汉、襄阳、宜昌等国家创新试点城市创新示范功能显著(张静,2018)。

2021 年,湖北省通过了《光谷科技创新大走廊发展战略规划(2021—2035年)》。该规划指出,应打造以东湖科学城为创新极核,以光谷科技创新大走廊为创新发展联动轴,打造光电子信息产业带、大健康产业带、智能产业带等三条创新产业带,串联大光谷创新组团、红莲湖—葛店科创组团、鄂州机场临空组团、环大冶湖智造组团、黄冈特色产业组团、咸宁绿色产业组团等特色发展组团的"一核一轴三带多组团"空间布局。2021 年 9 月 3 日,《东湖科学城建设发展规划》

也正式发布。它提出了东湖科学城将打造科技创新、产业创新、创新人才三大高地，建设七大功能区，围绕重点任务形成八大突破方向，进而形成"378"的总体布局（李墨 等，2021）。

从以上规划可以看出，湖北省充分发挥科教资源丰富的优势，推进创新发展，加快区域创新平台建设，致力于构建完善的区域协同创新体系。将创新发展作为区域协同发展战略的重要支撑既体现了新时代的要求和湖北省的优势，也体现了国家对湖北省的中部创新驱动先导区的定位。

（二）区域发展战略反映

湖北省区域发展战略不仅体现了国家对湖北省的发展定位，也在一定程度上反映了湖北省的发展方向，同时，也对区域经济社会发展起到战略引领作用。

1. 时代要求

如今，我国已进入了以高质量发展为主旋律的新时代，而高质量发展要求在转变发展方式、调整产业结构的同时处理好经济社会发展和生态环境保护之间的关系，进而形成有利于可持续发展的三生空间。湖北省始终坚持把高质量发展要求贯穿发展改革工作始终，着力于稳增长、扩投资、转动能、强区域、优环境、惠民生，经济总体平稳、稳中向好，高质量发展取得飞跃进展（谢高波，2020）。"十四五"时期正是谱写新时代湖北高质量发展新篇章的关键五年。为了切实推动湖北省的高质量发展，湖北省委、省人民政府根据《中共中央、国务院关于新时代推动中部地区高质量发展的意见》精神并结合湖北省自身发展实际，提出了《中共湖北省委、湖北省人民政府关于新时代推动湖北高质量发展加快建成中部地区崛起重要战略支点的实施意见》。

2. 经济社会发展趋势

湖北省的经济社会发展趋势是制定湖北省区域发展战略的主要依据之一，因此，湖北省区域发展战略能够明确反映出湖北省的经济社会发展趋势。

"一主引领、两翼驱动、全域协同"的发展布局充分体现出城市群组团发展的趋势。它在湖北省的区域经济社会发展格局中起着增长极的作用：武汉城市群、襄十随和宜荆荆城市群以占全省85%的土地面积，集聚了74%左右的人口，产生了近99%的地区生产总值，成为带动全省经济快速增长的主要平台（张静，2018）。"一芯驱动、两带支撑、三区协同"的区域产业发展布局体现出高质量发展和绿色发展的趋势，它在湖北省区域产业发展格局中起着核心支点的作用。

3. 数字化路径

如今，发展数字经济已经成为推动我国社会经济高质量发展的必然要求。党的十九届五中全会《中共中央关于制定国民经济和社会发展第十四个五年规划和二〇三五年远景目标的建议》指出："发展数字经济，推进数字产业化和产业数字化，推动数字经济和实体经济深度融合，打造具有国际竞争力的数字产业集群。"因此，湖北省积极推进数字经济发展。《湖北省第十四个五年规划和二〇三五年远景目标纲要》中提到湖北省要通过打造数字经济新高地、加快数字社会建设、提高政府数字化水平来推动数字湖北的建设。这可以明晰地反映出湖北省发展的数字化路径。

《湖北省新一代人工智能发展总体规划（2020—2030 年）》描绘了湖北省未来十年人工智能应用场景：在产品的生产、流通、零售等环节打造数字化、智能化场景，优化消费体验；在智慧医疗方面引入人工智能模式，建立快速精准的人工智能预警和监测机制；在行政管理方面，搭建一体化的"互联网+监管"平台；在长江大保护方面，将构建长江感知库，布局智能感知传感器。《湖北省 5G 产业发展行动计划（2019—2021 年）》提及湖北省致力于在 3 年内打造 5G 网络高地、5G 产业高地、5G 应用高地和 5G 人才高地，重点加快建造 5G 创新驱动核心区、推动 5G 规模化示范应用。由此可以看出，5G、人工智能和互联网等技术也成为助力湖北省区域数字化发展持续加速的重要引擎。

二、国土空间规划

近年来在互联网、人工智能和可视化等技术的支持下，通过卫星、遥感、监测等途径，自然资源管理的信息化、数字化和智能化管理工作取得了新的进展，也为国土空间治理的深入推进提供了技术支持。目前，湖北省的国土空间治理工作正在有序进行，而国土空间规划作为国土空间治理的重要内容也得到了广泛的重视，并在全省各地全面展开，对国民经济和社会发展的引导作用也逐渐得到体现。

（一）国土空间规划地位

国土空间规划主要是结合区域的自然资源禀赋、新时代的要求和经济社会发展的实际，服从和服务于区域国土空间发展战略和主体功能区战略的需要，利用互联网、人工智能和可视化等技术，配合卫星、遥感、监测等手段的使用，将区域范围内的城市空间、农业空间和生态空间进行科学的规划，提出目标、主要任务、重大工程及政策和保障措施，并利用政策和管理工具引导要素和产业向空间集聚，以实现规划的目标。因此，它不仅为区域发展规划"一张图"的形成提供重要的理论支撑，而且对生产要素如何流动及区域产业如何布局产生重要的影响，所以它的特点决定了其在国民经济和社会发展规划、行业发展规划和专项规划中居于主导地位。

目前，湖北省"十四五"空间规划也正在形成，其他规划正在落实之中。《湖北省国民经济和社会发展第十四个五年规划和二〇三五年远景目标纲要》《湖北省自然资源保护与开发"十四五"规划》等一系列规划共同组成湖北省规划体系，并对湖北省未来经济社会发展和区域发展产生深刻的影响。

（二）国土空间规划作用

国家"十四五"规划中强调"要加快建立健全以国家发展规划为统领，以空间规划为基础，以专项规划、区域规划为支撑，由国家、省、市县级规划共同组成，定位准确、边界清晰、功能互补、统一衔接的国家规划体系"。国土空间规划作为区域规划体系的重要组成部分之一，在区域社会经济发展中发挥了重要的作用。

一方面，国土空间规划是湖北省未来国土空间高质量发展的基本依据。依托《湖北省国土空间规划（2021—2035 年）》，统筹生产、生活、生态三大布局，合理规划好湖北省的发展空间，科学划定生态保护红线，可以为湖北省的高质量发展提供有力支撑。此外，《湖北省国土空间规划（2021—2035 年）》中强调生态优先、底线约束原则，围绕着谋划空间发展、优化空间支撑的诉求，力争形成"三江四屏千湖一平原"的国土空间保护格局，提升水源涵养、水土保持、生态服务与生物多样性维护功能，构建优质现代的农业空间，打造水生态网络节点，助推生态文明建设，进而推动经济社会的高质量发展[①]。

另一方面，通过国土空间规划推进国土综合整治。2019 年湖北省出台了《关于推进全域国土综合整治的意见》，该意见指出，要强化以国土空间规划为引领统筹推进全域国土综合整治，优化农村生产、生活、生态空间布局，激活配优各类自然资源要素，释放政策红利，助推湖北省乡村振兴和生态文明建设[②]。这体现了国土空间规划在推进全域国土综合整治中的支撑作用。

当前，湖北省"十四五"各项规划正在有序实施，其对国民经济和社会发展的影响将逐步显现。

---

① 引自：关于面向社会公开征集《湖北省国土空间规划（2021—2035 年）》建议的公告，湖北省自然资源厅
② 引自：《省人民政府批转省自然资源厅关于推进全域国土综合整治和加快推进新增工业用地"标准地"出让两个意见的通知》，鄂政发〔2019〕25 号

三、国土空间治理法律建设

完善的法律体系是市场经济发展的重要保障。近年来在市场经济体制不断完善的过程中，湖北省的法律建设，特别是在国土空间治理方面的法律建设取得了重要的进展，并为国土空间治理工作的顺利开展提供了重要的法律支撑。

（一）自然资源保护与开发利用

近年来，围绕高质量发展，湖北省积极开展自然资源保护与开发利用相关的法律建设，并取得了明显的进展，内容涉及自然资源保护、开发、利用和监督检查等方面，基本涵盖自然资源保护与开发利用全过程。

目前，湖北省关于自然资源保护与开发利用的地方性法规主要包括《湖北省土地管理法实施办法》《湖北省资源综合利用条例》《湖北省地质矿产勘查管理条例》《湖北省基本农田保护区管理条例》等，并逐步向全生命周期和全链条的自然资源保护与开发利用法律体系方向发展。

（二）生态环境保护

在可持续发展进程中，特别是在实施长江经济带战略过程中，湖北省高度重视生态环境保护工作，出台了一系列生态环境保护法规规章，并对生态环境保护工作的深入开展发挥了积极的作用。涉及的内容主要包括生态环境保护、修复、治理和责任等方面，成效明显。

目前，湖北省关于生态环境保护的地方性法规主要包括《湖北省天然林保护条例》《湖北省大气污染防治条例》《湖北省地质环境管理条例》《湖北省农业生态环境保护条例》等。这些地方性法规在保护湖北省的生态环境和促进绿色崛起方面发挥了积极的作用。

（三）水资源开发利用与保护

针对水资源的开发利用与保护中存在的水生态和水环境问题，湖北省出台了一系列的地方性法规，涉及的内容主要包括水生态、水环境和水功能区的治理，基本涵盖水资源保护和开发利用全过程。目前，湖北省关于水资源开发利用与保护的地方性法规主要包括《湖北省汉江流域水环境保护条例》《湖北省清江流域水生态环境保护条例》《湖北省水污染防治条例》《湖北省湖泊保护条例》等，它们在湖北省水资源开发利用与保护中发挥了至关重要的作用。

（四）空间治理

按照国土空间治理的要求，空间治理法律内容主要涵盖国土空间和自然资源开发利用、保护，国土空间用途管控和城乡规划等方面。结合国土空间治理的需要，湖北省积极开展国土空间治理方面的法律建设，并取得了一定的成效，但从目前的情况来看，湖北省关于国土空间治理的地方性法规主要包括《湖北省城乡规划条例》《湖北省测绘管理条例》等。

湖北省的空间治理法律建设虽然取得了一定的进展，并在推动国土空间治理进程上发挥了重要的作用，但与国土空间治理体系和治理能力现代化的要求相比仍然存在不足和差距，需要进一步在治理过程和环节中加强监督、治理工具等方面的法律建设。

一是《湖北省土地管理实施办法》《湖北省矿产资源开采管理条例》《湖北省测绘管理条例》等地方性法规制定的时间比较早，其中的许多条款与新时代的要求不太相符，不足以对高质量发展和国土空间治理工作的深入开展提供足够的法律支撑，需要进一步修订和完善，以提高法律的时效性。

二是湖北省国土空间规划、不动产登记管理、自然保护地和湿地保护区等问题与国土空间治理体系建设直接相关，而这些问题目前仍然存在法律建设不足的问题。因此，要配合省人大常委会做好涉及自然资源的立法调研与研讨工作，争取早日纳入地方性法规立法计划，尽快制定相关法规。

三是湖北省在国土空间规划、国土空间用途管控、国土空间保护、强化生态保护修复与治理、推进测绘管理、规范自然资源执法监管等方面仍然存在法律建设不足的问题。目前，出台相关法律的条件并不十分成熟，可考虑尽快出台一系列健全的省级人民政府规章，为湖北省国土空间治理工作的顺利开展提供保障。

总体来看，湖北省的国土空间治理的制度和法律建设取得了明显的成效，也必将在国土空间治理不断深入的过程中得到进一步的建设和完善。

四、国土空间治理制度建设

随着可持续发展的细分，特别是在绿色发展和高质量发展的推动下，与国土空间治理相适应，符合新时期发展趋势要求的国土空间治理制度开始建设并得到了重视，这为国土空间治理工作的深入开展提供了制度保障。同时，国土空间治理制度对国土空间治理体系的形成发挥了重要的作用。

目前，湖北省的国土空间治理制度已经得到了有效的建设，并成为提高政府管理效能的重要支撑。

（一）领导干部管理

自 2017 年 6 月以来，中共中央办公厅和国务院办公厅审议、通过并下发执行的《领导干部自然资源资产离任审计规定（试行）》，已对湖北省各级领导干部的执政行为起到了监督和约束作用。

目前，《领导干部自然资源资产离任审计规定（试行）》已成为湖北省考核领导干部政绩的重要制度之一。以《领导干部自然资源资产离任审计规定（试行）》为依据，湖北省各级领导基本都实行了离任审计。近年来，湖北省进一步加强了领导干部的作风建设、问责机制建设、党风廉政建设等，配合巡视、约谈等制度的使用，《领导干部自然资源资产离任审计规定（试行）》在湖北省得到了有效的落实，对约束领导干部的行为也发挥了积极的作用。

（二）地区发展绩效考核

随着经济社会的发展，地区绩效考核制度逐步成为考核地区政府执政能力和效果的重要制度，它在保障党的方针政策得到有效贯彻和落实、引导地区经济发展和维护社会稳定等方面发挥了积极的作用，同时也使地方政府的行为得到了有效的约束。

湖北省于 2005 年 11 月 5 日出台了《湖北省县域经济和社会综合评价考核暂行办法》。该办法适用于湖北省内 24 个县级市、40 个县，8 个参照县级管理的区，4 个武汉市县改区，共计 76 个单位。该综合评价考核体系分为经济发展水平、可持续发展、社会发展三大类共 33 项指标。通过计算可得出各县（市、区）的经济社会综合指数。此外，湖北省人民政府还会定期向社会发布县域经济和社会发展综合考核排序结果，对先进单位每两年予以表彰、奖励一次。

但是，传统的以经济建设为中心的地区绩效考核制度也暴露出了一些不足，特别是资源和环境对经济社会可持续发展的约束日益显现，因此逐步被以生态环境保护为重要内容的地区发展绩效考核制度所取代。这种变化不仅仅是考核内容上的变化，更是考核观念上的变化，体现了时代的要求，同时也适应了绿色发展和高质量发展的需要。

为了进一步落实高质量发展要求，2018 年 11 月 7 日，湖北省人民政府办公厅印发了《湖北省高质量发展评价与考核办法（试行）》。该办法适用于 16 个市、州、直管市（神农架林区）。办法共设置了 22 项考核指标，包括经济社会和资源环境等方面。通过每季度 1 次（即全年 4 次）对各地指标完成情况进行评分，评价考核结果不理想的将对相关地区进行约谈，评价考核结果作为干部考察任用的重要参考。

总之，自从地区发展绩效考核制度在湖北省实施以来，全省各级政府机关和地方政府部门高度重视，通过建立科学的评价指标体系，把绩效考核管理作为科学发展的关键举措来坚持，引领各级领导班子的工作目标和领导干部的价值取向，使各级领导干部的精力进一步集中到发展上来。并且根据不同地区、行业和部门的特点和时代的要求，在突出生态环境保护和高质量发展战略的同时，逐步形成差异化的政府绩效考核管理制度体系，并在全省范围内得到全面的落实。目前，地区发展绩效考核制度已成为湖北省考核和评价地方部门发展和管理成效的一项重要制度。

（三）自然资源绿色管理

近年来，在高质量发展的推动下，湖北省自然资源管理部门通过对自然资源管理职能的整合，以生态文明建设为核心，加强了管理过程和环节的管理制度建设，通过深入开展绿色矿山建设、发展循环经济，着力加强了绿色管理制度的建设，逐步形成了以绿色管理制度为支撑，全生命周期和全链条的自然资源管理制度体系，弥补了国土空间治理制度建设中的不足，为推动湖北省绿色发展和高质量发展进程创造了条件。

目前，湖北省正在按照党中央的要求和部署，积极构建区域国土空间绿色治理制度体系。但在国土空间治理制度、绿色管理制度建设，特别是监督、绿色治理和国土空间治理、国土空间保护等制度建设方面仍然显得不足。

总体来看，湖北省在国土空间治理制度建设方面虽然取得了显著的成效，但建设的任务仍然艰巨，需要进一步加强。

五、区域发展政策体系

简单地说，区域发展政策体系是国家制定的协调区域经济和社会发展的法令、条例、方针、措施、规章、制度的总和。随着改革开放的不断深入，湖北省区域融合发展、协调发展和一体化发展态势日益明显，并对湖北省的高质量发展产生了积极的影响。它反映了时代的要求，更是区域发展政策长期实施的结果。

总体来看，经过多年的建设，湖北省的区域发展政策体系逐步完善，为促进湖北省区域一体化发展提供了政策保障和支持。

（一）区域协调发展

区域协调发展政策主要是通过健全市场机制、合作机制、互助机制、扶持机制，逐步扭转区域发展差距拉大的趋势，形成分工合理、特色明显、优势互补的区域产业结构，推动各地区共同发展。

在实施区域协调发展政策方面，我国主要是根据资源环境承载能力、现有开发密度和发展潜力，统筹考虑未来我国人口分布、经济布局、国土利用和城镇化格局，将国土空间划分为优化开发区域、重点开发区域、限制开发区域和禁止开发区域4类主体功能区[①]。按照主体功能定位，调整和完善区域政策和绩效评价，规范国土空间开发秩序，形成合理的空间开发结构。在主体功能区下，湖北省将国土空间也相应地划分为优化开发区域、重点开发区域、限制开发区域和禁止开发区域4类地区和空间。

湖北省是一个区域资源禀赋分布、产业分布、技术分布和人口分布差异比较大的地区，也是经济发展水平明显不一致的地区。这就要求湖北省必须实施区域协调发展政策，以缩小区域间的发展差距，从而形成共同发展和协调发展的格局。湖北省在推进区域经济社会协调发展方面制定了一系列的政策措施，推动了湖北省区域经济社会的快速发展。从湖北省来看，区域协调发展政策主要包括：实行分类管理的区域政策、实施山川协作工程试点[②]，构建"一主引领，两翼驱动，全域协同"的分区域发展新布局和"一芯驱动，两带支撑，三区协同"的产业战略布局等政策。

（二）区域高质量发展

关于高质量发展的内涵，习近平总书记指出，"高质量发展，就是能够很好满足人民日益增长的美好生活需要的发展，是体现新发展理念的发展，是创新成为第一动力、协调成为内生特点、绿色成为普遍形态、开发成为必由之路、共享成为根本目的的发展。"[③]可以说，"十四五"乃至今后更长时期，在全领域和发展全过程中都要坚持高质量发展。

湖北省始终坚持把高质量发展要求贯穿发展改革工作的始终。2021年3月30日，中共中央政治局召开会议，审议《关于新时代推动中部地区高质量发展的指导意见》。为了切实推动湖北省的高质量发展，湖北省委、省人民政府根据该意见精神，并结合湖北省自身的发展实际，提出了《中共湖北省委、湖北省人民政府关于新时代推动湖北高质量发展加快建成中部地区崛起重要战略支点的实施意见》。此外，为促进湖北省高新技术产业开发区高质量发展，湖北省提出了《促进湖北高新技术产业开发区高质量发展若干措施》。该措施提出，要通过构建发展新优势、打造创新新高地、构建产业新体系、营造开发新生态、构建区域协同发展

---

① 引自：《国务院关于印发全国主体功能区规划的通知》，国发〔2010〕46号
② 引自：《省人民政府办公厅关于印发湖北省实施山川协作工程促进区域协调发展试点方案的通知》，鄂政办函〔2020〕38号
③ 引自：习近平同志于2017年12月18日在中央经济工作会议上的讲话

新模式、探索治理新机制促进高新区争先进位，带动高质量发展①。

近年来，湖北省在高质量发展上取得了飞跃的进展：一方面湖北省以科技创新引领高质量发展，并利用湖北省的科教优势牵引湖北省形成集群化、高端化、融合化发展的数字产业体系，推动区块链与人工智能、大数据、物联网等技术的深度融合；另一方面，绿色发展也是高质量发展的重点之一。湖北省始终致力于建立健全绿色低碳发展的经济体系，构建市场导向的绿色技术创新体系。

（三）区域市场体系

区域市场化程度越高，就越能促进生产要素的自由流动，提高要素资源配置效率进而推动资金的合理流动，这将有利于促进区域经济一体化发展、促进各地金融市场的共同发展、促进产业的持续健康发展。区域市场体系政策的提出就是为了努力构建一体化的区域市场体系从而实现要素的自由流动和资源的优化配置。

对此，湖北省出台了一系列有利于优化市场环境的政策和措施：一方面，湖北省持续优化营商环境，深入推进"放管服"改革。2019 年"一网通办"基本得到实现，"鄂汇办"可办事项增加到 849 项（王晓东，2020）；2020 年，通过深入走访、调研和征集意见，掌握优化营商环境政策落实存在的问题并协调有关部门解决（王玲，2021）。另一方面，湖北省持续深化要素市场化配置改革。2021 年湖北省出台了《中共湖北省委、湖北省人民政府关于构建更加完善的要素市场化配置体制机制的实施意见》。该意见共 25 条，分类提出了土地、劳动力、资本、技术、数据 5 个要素领域改革的方向及具体举措，以推动要素市场化体制机制的完善（彭一苇 等，2021）。

（四）区域产业发展

区域产业发展政策是指围绕区域产业布局、区域产业结构问题制定的一系列措施的总称。湖北省致力于加快产业转型，构建以先进制造业为主导的现代产业体系。根据"一芯两带三区"区域和产业发展战略布局，湖北省提出了包括区域产业集群化发展政策、区域产业数字化发展政策等政策在内的区域产业发展政策。

1. 区域产业集群化发展

湖北省坚持建设高质量制造强省，着力培育壮大智能网联汽车、新能源、北

① 引自：《省人民政府关于印发促进湖北高新技术产业开发区高质量发展若干措施的通知》，鄂政发〔2020〕28 号

斗及应用、航空航天、高技术船舶与海洋工程装备、高端数控装备、轨道交通装备、智能制造装备、智能家电、安全应急 10 个千亿级特色产业集群(汤尚颖,2020)。此外,湖北省积极推动武汉城市圈及光谷科技创新大走廊、"襄十随神"城市群、"宜荆荆恩"城市群科技与产业统筹布局,加快形成战略性新兴产业引领、先进制造业主导、现代服务业驱动的现代产业体系,聚集一批千亿、百亿级特色产业[①]。

2. 区域产业数字化发展

湖北省一直致力于发展数字经济,聚焦数字产业化和产业数字化。过去的几年里,多个重大数字化规划和项目在湖北落实、落地:武汉建立智慧城市云基础设施及服务;加快武汉国家新一代人工智能创新发展试验区建设,争创国家"5G+工业互联网"融合应用先导区;加快智能工厂和数字化车间建设;规划建设以武汉市东湖新技术开发区为核心承载区,联动武汉市武昌区、洪山区、江夏区,辐射带动鄂州市、黄石市、黄冈市、咸宁市的光谷科技创新大走廊[②]等,从而推动湖北创新发展,夯实湖北数字经济发展"底盘"。目前,湖北省正在发挥人才、技术等优势,全力推进区域产业数字化发展,并已取得了良好的效果,数字化产业已成为推动湖北省高质量发展的重要力量。

(五)区域生态环境保护

在绿色发展、高质量发展不断深入的进程中,湖北省不断完善有利于生态环境保护的创新政策措施。2020 年在长江大保护方面,提出将构建长江感知库,布局智能感知传感器[③],同时开展城市黑臭水体整治技术帮扶,这也体现了湖北省当前生态环境保护建设和科技相结合的趋势。

近年来,湖北省绿色发展、生态经济协调平衡发展工作成效突出。如今,湖北省沿长江的生态保护和修复工作已经有了明显的进展,各沿江城市从码头的重新规划到生态复绿措施的实施,从沿江化工企业的关停到能源资源的综合利用有力地推动了沿江产业优化升级到发展产业技术转型、生态转型,以钉钉子的精神推动了长江经济带绿色发展、高质量发展(汤尚颖,2020)。

---

① 引自:《湖北省人民政府关于印发促进湖北高新技术产业开发区高质量发展若干措施的通知》,鄂政发〔2020〕28 号
② 引自:《省人民政府办公厅关于印发光谷科技创新大走廊发展战略规划(2021—2035 年)的通知》,鄂政办发〔2021〕10 号
③ 引自:《省人民政府关于印发湖北省新一代人工智能发展总体规划(2020—2030 年)的通知》,鄂政发〔2020〕20 号

第二节　治理能力建设主要进展

国土空间治理能力是反映国土空间治理效能的重要指标之一。它对自然资源开发利用和空间布局效率产生重要的影响。

近年来，在国家的大力推动下，湖北省的国土空间治理能力得到了有效的建设，并对推动区域国土空间治理进程发挥了积极的作用。

一、高新技术的发展

近年来，随着科学技术的不断进步，互联网、人工智能等高新技术快速发展和相互融合，并在经济社会各个领域得到了广泛的使用。它们不仅改变了传统的生产、生活和消费方式，也为我国国土空间治理能力的提高提供了重要的技术支撑。

（1）高新技术的应用为国土空间治理能力的提升提供了技术支撑。近年来，随着科技的快速发展，遥感、互联网、可视化、大数据、人工智能等高新技术在国土空间数据收集，自然资源管理平台建设，灾害预警、预报，自然资源监控等方面都得到了广泛的应用。它们不仅提高了国土空间治理的效能，提高了管理效率和公共服务水平，特别是互联网、人工智能、大数据等技术的应用，使土空间治理呈现了智能化、信息化和数字化的特征，也使湖北省的国土空间治理进入了一个新的发展时期，加快了湖北省国土空间治理体系和治理能力现代化的进程。

（2）高新技术成为提高国土空间治理能力的重要手段。在科技快速发展的今天，特别是互联网、人工智能、大数据等技术的广泛应用和融合发展，使5G+、可视化技术、物联网等技术在国土空间治理方面发挥了重要的作用，并已成为国土资源管理和空间治理的重要技术手段、治理体系及治理能力现代化的建设支撑，并推动了国土空间治理信息化、智能化和数字化建设进程。

目前，湖北省的国土空间治理的信息化、数字化建设工作已取得了重要的进展。湖北省正在借助新技术和自然资源管理平台，加强国土空间管理能力、公共服务能力、监督能力和执行能力的建设，使国土空间治理能力明显提高。

二、治理制度的建设和完善

制度作为国土空间治理的重要内容在国土空间治理保障能力的提高方面发挥了积极的作用。目前，湖北省国土空间治理制度建设也取得了重要的进展，并为国土空间治理工作的深入开展提供了重要的制度保障。

（一）国土空间治理制度

国土空间治理制度是国土空间治理工作深入开展的重要制度保障，也是湖北省近年来国土空间治理工作的重点。

1. 治理制度的体系性建设

自大部制政府管理体制改革以来，新的自然资源管理部门就积极开展自然资源管理的职能整合，统一行使全民所有自然资源资产所有者职责，统一行使所有国土空间用途管制和生态保护修复职责，着力开展自然资源管理过程和环节的制度建设，并突出了自然资源一体化、全过程、全域、全链条和数字化治理的内容，使国土空间治理制度在体系性方面得到了有效的建设和逐步完善。

目前，湖北省国土空间治理制度建设已取得了明显的成效，已形成了由领导干部评价制度、地方政府绩效考核制度、自然资源管理制度、国土空间治理制度和国土空间治理法律等共同组成的国土空间治理制度体系，并将随着国土空间治理工作的深入开展得到进一步的建设和完善。

2. 国土空间治理的法律建设

法律是国土空间治理的重要支撑，在湖北省国土空间治理体系的建设中得到了充分的体现和加强。从近几年国土空间治理法律建设情况来看，湖北省已修订了《湖北省土地管理法实施办法》《湖北省矿产资源开采管理条例》《湖北省测绘管理条例》等地方性法规；"湖北省国土空间规划""湖北省不动产登记管理""湖北省自然保护地和湿地保护区"等相关地方性法规已进入省人大立法计划；"湖北省强化生态保护修复""湖北省严格用途管制""湖北省测绘管理""规范自然资源执法监管"等一系列不具备立法条件的争取出台省级人民政府规章。

总体来看，湖北省国土空间治理的法律建设进程明显加快，为推进区域国土空间治理进程提供了法律支撑。通过多年的建设和发展，湖北省已经逐步形成了全域、全链条、一体化的国土空间治理制度体系，为全面推进湖北省区域国土空间治理进程，推动国土空间治理体系现代化提供了重要的制度保障。

（二）公共服务能力

"放管服"改革是近年来湖北省人民政府管理体制改革的重要内容。它通过简化办事流程、提高管理的信息化水平、建立服务规范，使政府的公共服务效能和办事效率得到了显著的提高，也为进一步优化营商环境、提高国土空间治理能力创造了条件。

1. 信息化服务水平

在信息化、智能化和数字化建设中，进一步优化了办事流程，简化了办事环节，并通过政务服务平台的建设，实现了政务公开，而线上办公的广泛开展，也进一步提高了信息化服务的水平，为公共服务效能的提高创造了有利的条件。

在政府全面深化"放管服"改革的过程中，湖北省自然资源管理部门充分利用互联网、人工智能等技术，积极整合资源，全面加强信息化、智能化、数字化建设工作，自然资源信息技术支持能力有效提升，科技创新平台逐步完善，数字自然资源工程建设有序推进，不仅搭建了资源开发利用数据管理平台，基本建立了自然资源数字化管理模式，形成了对国土空间治理的重要支撑，而且数字化政务公共服务和管理平台也得到了有效的建设，服务数字政府和数字社会应用模式有效推行，政府管理和公共服务能效得到了全面的提升，切实改善和优化了营商环境。

2. 政府管理体制改革

在大部制改革的推进下，自然资源部门在加强自然资源登记、确权、转让、使用、消失等产权制度建设，完善自然资源全生命周期、全链条管理职能的同时，充分发挥综合管理自然资源的职能，着力加强自然资源全链条、全生命周期的管理、监督等建设。目前，湖北省全要素自然资源统一调查监测体系初步建立，现代测绘技术与信息体系不断完善，地理信息产业市场持续培育壮大，国土空间和自然资源开发利用全过程、全域、全生命周期、一体化和数字化的治理体系初步形成，为湖北省国土空间治理工作的深入开展创造了有利的条件。

同时，通过信息化、智能化和数字化建设工作的不断推进，湖北省全面建立了公共服务数据共享和服务平台，使政府各个部门的数据实现了共享、共用，减少了办事环节，使"数据多跑路、群众少跑腿"成为现实，切实提高了办事效率和服务效能，为区域国土空间治理体系的形成和治理能力的提高创造了条件。

三、社会共治的国土空间治理机制

随着市场经济体制的逐步完善，湖北省在国土空间治理机制的建设方面也取得了明显的成效，以政府为主导，市场机制和社会共同参与的全社会共治的国土空间治理机制基本形成，为推动湖北省国土空间治理进程发挥了积极的作用。

（一）国土空间治理主体

近年来，随着经济社会的发展，特别是人民群众生活水平的不断提高，追求高质量的生活已成为全社会的普遍共识，使国土空间治理主体出现了多元化的新局面。

1. 治理主体形式

自然资源管理部门作为国土空间治理的责任部门和主要力量在加强国土空间治理、推动国土空间治理进程的同时，也积极探索国土空间治理主体的新形式，如专人负责、任务明确的"湖长制"，由所属地方党政领导任湖长，由水利、湖泊、生态环境、街道等部门共同组成治理小组。它不仅使湖泊的生态环境保护和管理工作责任更加明晰，主体更加具体和多元化，而且出台了相关的措施和规定等，形成了湖泊长效管理和运行机制，保证了国土空间治理工作的顺利开展。

经过多年的发展，湖北省各地已在本区域内所有的江、河、湖泊都实行了"河湖长制"，并对区域内江、河、湖泊的治理和生态环境保护工作的深入开展产生了积极的影响。目前，"河湖长制"作为探索江、河、湖泊治理主体的新形式和经验已在全国得到了广泛的推广。

2. 社会组织

在可持续发展的背景下，环境保护组织等民间社会团体也得到了快速发展，并成为生态环境保护和监督的重要力量，同时，在追求高质量生活的过程中，人民大众也开始关心、支持和参与环境保护工作，并成为国土空间治理的重要力量。同时，具有社会监督功能的各类型新闻媒体也充分发挥互联网在新闻传播中的及时、快捷、受众群体广泛和可视性等特点，积极参与到国土空间治理的过程之中。

近年来，在绿色发展、高质量发展的推动下，由专业人士、生态环境爱好者等共同组成的生态环境保护社会组织在湖北省得到了快速成长和发展。它们充分发挥了环保社会组织连接公众与政府、社会之间的桥梁纽带作用，以世界环境日、国际生物多样性日、全国低碳日等纪念日为契机，通过多种媒介，开展社会宣传活动，普及生态知识，弘扬生态文化，引导公民践行绿色生活方式，激发了居民珍惜资源和保护生态环境的热情，引导公众积极参与自然资源保护、利用和治理，提高了社会大众保护生态环境和节约集约利用生态资源的责任意识，其参与生态环境保护、宣传和普法的功能得到了较好的体现。它们在积极参与生态环境保护、宣传和普法知识的同时，也充分利用其专业优势，积极参与到生态环境监督、公益诉讼、保护等工作之中，成为生态环境保护的一支强大力量。

湖北省各级政府部门尊重社会公众的主体地位，鼓励社会公众参与监督管理，通过完善信息公开、意见征集、群众监督等制度，健全公众参与机制，建立了政府和社会的对话渠道，充分发挥社会舆论的监督力量，鼓励新闻媒体对各类破坏环境问题、突发环境事件、环境违法行为进行曝光，引导具备资格的环保组织依法开展生态环境公益诉讼等活动，大大提高了监督效率。社会组织、居民和媒体等在生态环境保护中充分发挥监督作用，形成了过程要参与、结果要知情、实施要监督的社会治理模式。

目前，人民群众、社会组织、新闻媒体等已经成为社会共同参与国土空间治理的重要力量。由此，国土空间治理主体也由政府单一主体向政府、企业和社会共同组成的多元主体方向发展，使国土空间治理主体实现了多元化，逐步形成了由政府、市场机制和社会治理等共同组成的国土空间治理新格局。

（二）社会共治

进入 21 世纪以来，湖北省通过调结构、转方式，实施可持续发展战略，着力探索与市场经济体制相适应的国土空间治理机制，以政府为主导，以市场机制为支撑，社会共同参与的国土空间共同治理机制正在形成。

1. 市场主体

政府在主动推进国土空间治理工作的同时，积极探索市场的作用，通过生态补偿、排污权交易和税收调节等手段的使用，不仅使市场在国土空间治理方面发挥了重要的作用，而且使企业等市场主体成为国土空间治理的重要力量。

目前，湖北省已建立和完善集体林权、排污权、碳排放权、水权等交易制度，形成了科学的定价机制，同时，通过加大市场融资力度，充分发挥了绿色基金和绿色债券等绿色金融作用，激发市场主体积极参与国土空间治理工作的热情，引导要素有序流动，形成了产业集聚的态势。发展特色产业、绿色经济，全面提升优质生态产品供给能力，以产业发展促进生态保护。

据《湖北日报》报道，自 2014 年湖北碳排放权交易试点上线交易以来，交易量和交易额均占全国的一半，是全国最活跃的碳市场（方芳 等，2021）。目前，湖北碳市场价格运行平稳，市场激励机制基本形成，交易规模、连续性、引进社会资金量、纳入企业参与度等指标居全国前列。通过科学的配额分配，碳市场倒逼企业减排成效显著，对碳达峰发挥了重要作用。2014～2019 年，配额短缺企业占比从 43%上升至 68%；16 个行业中，除电力和化纤行业外，14 个行业排放量下降，二氧化碳累计减排 4246 万 t。碳市场是促进能耗、碳排放量"双控"非常重要的工具，市场机制的充分发挥，也激励促进企业积极减排。在 6 年的磨合与探索中，湖北企业既积累了丰富的碳资产管理经验，又摸索出了运用碳交易工具实现低成本节能减排的方法。截至 2019 年末，湖北控排企业通过碳交易获得的收益已超过 4 亿元，充分说明碳市场对湖北实体经济的支撑。

湖北碳市场还创新引导公众低碳消费和低碳生活，零碳理念深入人心。全球首创大型体育赛事碳中和模式，先后与武汉军运会、北京冬奥会组委会合作推出

"低碳军运"和"低碳冬奥"微信小程序产品，鼓励个人将低碳生活形成的碳减排量捐赠给武汉军运会和北京冬奥会等，实现了零碳赛事。

2. 社会共治的作用

近年来，湖北省各级政府和相关部门在推进国土空间治理项目的过程中，积极实践，大胆创新，探索和建立了多元化资金保障机制，引入金融资本和社会资本共同参与，有效化解资金难题，确保试点项目资金有来源、有保障，为深入开展国土空间治理工作注入了强劲动力。

2018年底，湖北省长江三峡地区山水林田湖草生态保护修复工程成功入选全国第三批山水林田湖草生态保护修复工程，实施范围包括宜昌市、荆州市、松滋市和恩施州巴东县（宜昌市人民政府，2020），为加快推进山水林田湖草生态保护修复试点工程，宜昌市以政府投入为主，引导社会资本参与。一是大力引入社会资本，主要做法是建立健全社会资本引入机制，积极鼓励社会资本参与山水林田湖草试点项目建设，支持符合条件的项目采取政府和社会资本合作（public-private partnership，PPP）、建设-经营-转让（build-operate-transfer，BOT）、设计-采购-施工（engineering-procurement-construction，EPC）等模式，发动和组织社会资本参与山水林田湖草生态保护修复试点工程，深化与三峡集团等央企合作，打通项目落地"最后一公里"。宜昌市猇亭区在污水处理、水生态修复等项目，引进三峡环保基金，施行"投融建管营"一体化模式，探索项目融资新机制。截至2020年9月，宜昌市累计筹措社会资本23.02亿元，已接近24.28亿元的计划投资总额。二是发行绿色债权，积极对接国家宏观政策，抢抓企业债券直通车机遇，结合宜昌长江生态保护与修复实际需求，积极创新债券品种，建立债券有效融资储备资源库；围绕长江大保护、化工产业转型升级、生态环境治理积极谋划企业债券。截至2020年9月，宜昌市共获批3支共计50亿元绿色债券基金，投入山水林田湖草生态保护修复试点工程。三是大胆"借力"民间资本。深入贯彻落实《自然资源部关于探索利用市场化方式推进矿山生态修复的意见》，积极探索多元化的矿山生态修复参与模式，多方面拓宽资金来源渠道。夷陵区督促辖区内28家民营矿山企业履行生态修复治理责任，2019年完成17家闭坑矿山生态修复治理，复绿面积达到630亩，总投资为2000万元。企业履责生态修复，减轻政府层面资金投入的压力，保障了生态修复绩效要求和建设进度。

2020年1月，湖北省自然资源厅、中国农业发展银行湖北省分行、湖北省长江产业投资集团有限公司签署《共同开展全域国土综合整治助推乡村振兴和生态文明合作协议》，2020～2024年由中国农业发展银行湖北省分行授信1000亿元，在农用地综合整治、闲置低效建设用地整治、矿山地质环境整治、乡村国土绿化美化、农村环境整治和生态保护修复、农村产业发展和资源资产化六大领域开展深度合作，共同推进湖北省全域国土综合整治（林成文，2020）。搭建政、银、企合作平台，是加速推进全域国土综合整治的关键举措。政府可以充分发挥行业管理优势，强化政策引导、制度保障和行业监管，积极为市县政府与金融机构和省级投融资主体合作搭建平台，着力构建多元化、可持续的资金保障机制；银行业可以充分发挥金融机构优势，探索创新金融产品和融资模式，积极为全域国土综合整治项目提供大额、长期、低成本的贷款和融资融智服务；企业可以充分发挥在项目规划策划、投融资、建设运营、产业导入等方面的优势，积极参与打造全域国土综合整治省级示范项目。

第三节　国土空间优化主要进展

国土空间优化作为国土空间治理的重要组成部分是湖北省国土空间治理的主要目标之一，在近年高质量发展和生态环境保护优先的新形势下得到了充分重视并在实践中取得了重要的进展。

一、国土空间开发利用格局

主体功能区战略是我国实施可持续发展战略，走高质量发展道路的重要举措和主要内容。目前，全国各地正在按照国家的要求，积极开展主体功能区功能的划分工作。湖北省作为生态环境资源分布广泛、对我国可持续发展产生重要影响的地区，其主体功能区战略也在逐渐得到落实。

（一）区域产业布局

2019 年，在生态环境部等部门的统一领导下，湖北省全面开展了生态保护红线、环境质量底线、资源利用上线和生态环境准入清单，即"三线一单"的划定工作。2020 年 12 月，湖北省就落实"三线一单"，实施生态环境分区管控，提出了《湖北省人民政府关于加快实施"三线一单"生态环境分区管控的意见》。这标志着湖北省"三线一单"成果在全省范围内正式发布实施。

近年来，湖北省立足"长江流域重要水源涵养地"和"国家重要生态屏障"等区域战略定位及"一芯驱动、两带支撑、三区协同"的区域和产业发展布局，审视区域发展和资源环境面临的战略性突出问题，以生态环境质量总体改善为总目标，编制并形成了"三线一单"生态环境分区管控体系，综合划定了 1076 个环境管控单元。其中，环境管控单元分为优先保护单元、重点管控单元和一般管控单元三种，并实施分类管控。"三线一单"成果充分衔接了现有生态环境管理要求，以维护生态功能和解决突出环境问题为导向，从全省、三大片区、17个地市和环境管控单元四个层级进行区域发展及环境问题研判，制定了由"1+3+17+1076"总体准入要求和单元准入要求，构建了覆盖全省、"落地"到单元的生态环境分区管控体系①。

目前，湖北省的"三线一单"划定工作已经基本结束，全省各地正在按照省委、省政府的要求全面划定了该区域内的国土空间功能区，落实"三线一单"基本要求，并积极开展生态环境保护、建设和修复工作，调整和优化区域产业布局，确立自然资源开发利用方向、重点和区域。

（二）国土空间主体功能区建设

2013年，湖北省积极响应国家政策，依据湖北省不同区域的资源环境承受能力、现有的开发密度和发展潜力确定主体功能定位，颁布了湖北省的第一部国土空间开发规划《湖北省主体功能区规划》。近年来，湖北省依据《湖北省主体功能区规划》，加快构建以"一主两副、两横两纵"为主体的城市化战略格局、以"三区七带"为主体的农业发展格局、以"四屏两带一区"为主体的生态安全格局。

1. 功能区划分

湖北省在实施主体功能区战略的过程中进行了功能区的划分。按照国家相关要求，依据国土开发方式并结合湖北实际，将全省国土空间分为重点开发区域、限制开发区域和禁止开发区域三大类型，依据开发内容和开发层级细分为国家层面重点开发区域、省级层面重点开发区域、国家层面农产品主产区、国家层面重点生态功能区、省级层面重点生态功能区和禁止开发区域六类区域。湖北省103个县级行政单位中，国家层面重点开发区域28个，省级层面重点开发区域16个，国家层面重点生态功能区28个，国家层面农产品主产区29个，省级层面重点生态功能区2个②。

2. 生态功能区建设

湖北省有大别山、幕阜山、秦岭和大巴山等高山环绕，同时，区域内江河湖泊分布广泛，是我国重要的生态屏障和生态功能区。在我国主体功能区战略实施过程中，湖北省的生态功能区的建设得到了明显的加强。以丹江口水库为例，近年来当地政府按照生态环境保护优先的要求，通过易地安置、取消网箱养鱼、严格矿业权发放、水源区生态环境治理和修复等措施的深入实施，使丹江口水库水

① 引自：《湖北省人民政府关于加快实施"三线一单"生态环境分区管控的意见》，鄂政发〔2020〕21号
② 引自：《湖北省人民政府关于印发湖北省主体功能区规划的通知》，鄂政发〔2012〕106号

源区的生态环境状况得到了明显改善，切实保障了南水北调中线工程对源头水质的要求，使工程向华北地区输水的目标逐步得以实现。

二、国土空间开发利用效率

作为产业布局集中和依托的地区，城市始终是区域经济社会发展的重点，也是带动区域发展的重要力量。进入 21 世纪以来，在互联网技术、现代基础设施建设进一步展开和提升的过程中，城市已经从单一形态向城市群（圈、带）形态、从城市体系向城市群（圈、带）体系方向发展，而区域发展也进入了由单一城市竞争向城市群（圈、带）竞争的新的发展时期。

城市群（圈、带）已经成为支撑我国区域经济社会快速发展的重要力量。目前，我国的长三角、珠三角、环渤海、成渝地区、长江中游地区等城市群得到了快速的发展，并引领我国区域经济社会发展，而城市群（圈、带）在我国其他区域也得到了有效的培育和发展。实践表明，城市群（圈、带）不仅是国土空间治理和产业布局的重点，更在提高和优化国土空间开发利用效率，实现高质量发展方面发挥了重要的作用。

（1）城市群（圈、带）已成为区域国土空间开发利用和产业布局的重点区域。城市群（圈、带）作为区域创新发展的重要表现形式，是区域创新发展的产物，也是区域发展的方向。

在中部崛起战略、长江经济带战略、中部城市群战略等国家战略的实施过程中，随着区域之间互连互通工作，特别是高铁、高速公路、机场、火车站、码头等现代化交通基础设施建设工作的进一步展开，区域之间的联系进一步紧密，分工与合作关系进一步深化，湖北省在我国区域协调发展的战略支点地位也得到了进一步的加强。武汉城市圈、"襄十随神"城市群、"宜荆荆恩"城市群的形成和发展，也对湖北省的经济社会发展产生了积极的带动作用，并成为支撑湖北省经济社会发展的重要力量。目前，在湖北省的"十四五"规划中已明确要进一步加快武汉城市群、"襄十随神"城市群、"宜荆荆恩"城市群的发展。

（2）城市群（圈、带）的功能决定了它是要素集聚区。要素集聚是城市体系演进的基本动力，也是国土空间优化的重要途径。资本、劳动力、技术等生产要素决定了城市发展的活力，也是城市提高竞争力、向更高等级发展的基本动力。与传统的城市相比，在科学技术不断发展和现代化交通基础设施不断完善的今天，城市群（圈、带）具有更加强大的吸引和辐射功能，成为产业和要素集聚的重点地区，也是区域经济社会发展最具活力的地区。因此，城市群（圈、带）已然成为承载区域发展要素的主要空间形式之一。以城市群和中心城市为核心，形成要素的合理流动与高效集聚已然成为新时代实施区域协调发展、释放地方活力、打造具备全球影响力的世界级城市群与增长极的必然途径（李洪涛 等，2020）。

（3）城市群（圈、带）已然成为产业布局的重要依托形式。依托城市群（圈、带）的空间形式，湖北省已经基本形成了集中化、配套化、延伸化的产业布局。2021年5月武汉城市圈同城化发展联席会上，9座城市共同签署《武汉城市圈同城化发展合作框架协议》，达成了城市圈规划同编、交通同网、科技同兴、产业同链、民生同保5项合作协议。融入武汉城市圈同城化发展，全方位承接圈内产业转移，已成为发展大趋势。随着武汉城市圈同城化的发展不断深入，以主导产业为主要带动引擎，城市圈内纷纷建起配套产业：由东湖新技术开发区、黄冈市合作共建的光谷黄冈科技产业园正式开园后将为华星电子、天马微电子、京东方等大型企业的重大项目提供配套服务；晶瑞股份、鼎龙控股、达诺尔科技、中巨芯科技、北旭电子、和远气体等行业龙头相继落户潜江，潜江"光芯屏端网"配套产业已具备一定规模；武汉"光芯屏端网"产业链也在向鄂州延伸（吴瞳，2021）。

（4）城市群（圈、带）已成为提高和优化国土空间开发利用效率的重要途径。具有更高效的吸引和辐射功能的城市群（圈、带）更容易形成产业集聚和要素集聚，这有助于构建形成国土空间的集聚开发格局。另外，通过城市群（圈、带）的带动可以优化产业布局，推动区域协调发展，促进资源的高效利用进而形成高质量发展的国土空间格局。

三、国土空间布局形态

在改革开放不断深入的进程中，我国逐步形成了以经济特区、国家级和省市级开发区为依托，以各类产业园区为支撑的对外开放发展新格局，并对区域国土空间布局产生了重要的影响。

（一）产业园区

在创新发展的引导下，以产业园区作为产业布局的主要表现形式在湖北省得到了广泛的发展，态势明显。

以核心企业为主体，相关企业向同一地区集中是产业布局的新形式。它不仅仅改变了传统的单一企业布局局面，减少了企业的交易成本，提高了企业的竞争力，而且提高了生产要素的使用效率，并通过技术、管理、人才的外溢对区域经济社会发展产生影响，为区域产业结构、经济结构的调整和升级创造了条件，也直接提高了国土空间的开发利用效率，使区域国土空间呈现了明显的优化态势。

以武汉市为例，改革开放以来，武汉市东湖新技术开发区由关东光电子产业园、关南生物医药产业园、汤逊湖大学科技园、光谷软件园、佛祖岭产业园、机电产业园等园区共同组成，形成了以光电子信息产业为主导，由能源环保、生物工程与新医药、机电一体化和高科技农业等各具特色的 2 000 家高新技术企业分类聚集而成的高新技术产业集聚区；武汉经济技术开发区拥有东风汽车、神龙汽车、东风本田汽车等五大汽车公司总部，6 家整车厂，20 家汽车相关研发机构，180 家汽车零部件企业，是我国汽车及零部件产业最集中的区域之一，形成了以汽车、电子电器两大支柱产业和印刷包装、食品饮料、生物医药、新能源新材料四大优势产业为支撑，功能完善的先进制造产业集聚区；东西湖区（武汉临空港经济技术开发区）作为全国唯一以"临空港"命名的国家级经济技术开发区，经过多年的发展，现已形成了机电产业园、高新技术产业园、综合保税物流产业园、食品医药产业园和临空产业园 5 个开发区产业园。

目前，武汉市已基本形成了以开发区为主体，以主导产业为依托，各类产业园区广泛分布的产业布局和国土空间开发利用格局。湖北省的襄阳市、宜昌市等城市也呈现了以产业园区为主要形式的产业布局格局。这表明湖北省的产业布局都进入了以产业园区为主要表现形式的产业布局发展新阶段。

（二）产业集聚

产业集聚是指同一产业在某个特定地理区域内高度集中，产业资本要素在空间范围内不断汇聚的一个过程。如今产业集聚已成为产业布局的重要方向，更是国土空间布局和调整的方向。目前，湖北省通过科技创新、规划建设、核心产业体系推动产业集聚化，产业集聚态势明显。

（1）创新引领成为产业集聚的重要力量。如今，湖北省已经逐渐形成科技创新引领产业集聚，进而推动高质量发展的新路径。2020 年 7 月《光谷科技创新大走廊核心承载区总体发展规划》印发实施，光谷科技创新大走廊以东湖新技术开发区为核心承载区，向西源起于武汉市武昌区、洪山区等科教资源密集区，向东拓展至鄂州、黄石、黄冈等科技产业集聚区，打造"基础研究—技术创新—产业化"梯度科技产业协同发展格局。光谷科技创新大走廊位于光谷的核心承载区，按照"1133"创新空间布局，将聚力打造一条创新主轴、一个核心创新源、三大创新节点和三条千亿产业大道，支撑武汉市创建综合性国家科学中心和综合性国家产业创新中心，成为湖北省创新驱动发展的主引擎（李佳，2020）。

光谷科技创新大走廊是产业园区适应新时代发展的要求，通过进一步深化区域分工与合作关系，发挥吸引与扩散功能，将技术、人才、体制、管理等优势延伸，带动其他地区相关产业的发展。

（2）规划引领产业集聚作用得到了充分的体现。依据《光谷科技创新大走廊核心承载区总体发展规划》，2021 年 6 月 10 日湖北东湖科学城及重大科技项目在武汉集中开工。它标志着以东湖科学城为核心的光谷科技创新大走廊建设迈出了重要一步。此次集中开工项目包括高端医学生物成像设施、中国船舶通信与电子信息技术研发基地等 5 个重大科技项目，以及项目配套的科学服务中心和周边路网，建成后将促进生物医学、通信系统等多领域的技术攻关与产业发展，并带动周边地区相关产业共同发展。

鄂州市葛店经济技术开发区与武汉市东湖新技术开发区毗邻，凭借"近水楼台"的独特优势，与武汉共建产业园，深化与武汉高校院所合作，布局重大科技项目：2019 年 4 月，葛店开发区成功引进当地历史上投资规模最大的新兴产业项目——总投资 120 亿元的湖北三安光电项目。2021 年 7 月 24 日，鄂州市葛店经济技术开发区开工两个新型显示项目（芯映光电项目、瑞华光电项目），合计投资 130 亿元。目前，葛店正精准对接武汉，与光谷加快共建 100 km^2、千亿级规模的光电信息产业聚集区。

目前，黄冈市、咸宁市都在通过交通、规划融合的同时，着手资源整合，全面对接《光谷科技创新大走廊核心承载区总体发展规划》，并取得了良好的效果。

（3）产业引领成为产业集聚的重要动力。在产业发展中，核心产业、支柱产业、主导产业在湖北省区域产业发展中发挥了重要的作用。它不仅成为推动区域经济社会快速发展的重要力量，也是产业集聚的重要动力。2019 年，以东湖新技术开发区为核心承载区的武汉市集成电路、新型显示器件、下一代信息网络、生物医药 4 个产业集群入选国家首批战略性新兴产业集群，数量与北京、上海并列第一。截至 2021 年上半年，东湖新技术开发区集成电路产业已集聚企业 200 多家（其中，规模以上企业 21 家）；新型显示产业已集聚企业 400 多家（其中，规模以上企业 40 家）；下一代信息网络产业已集聚企业 3 600 多家（其中，规模以上企业 44 家）；生物医药产业已集聚企业 2 800 多家（其中，规模以上企业 144 家）。这些战略性新兴产业已经成为高质量发展的"主力军、先锋队"，并带动了产业集聚。目前，湖北省正在构建以东湖高新技术企业为主体，通过技术、管理、人才等要素的辐射带动周边地区黄冈市、黄石市、鄂州市和咸宁市相关产业的融合发展，形成了更大范围的产业集聚现象，对区域产业集聚的引领作用开始形成。

四、国土空间布局与生态环境保护的关系

在实施"共抓大保护，不搞大开发"战略的过程中，湖北省按照生态文明的要求，积极开展生态环境建设，着力调节区域国土空间布局与生态环境保护的关系，呈现了人与自然和谐发展的关系。

（一）生态环境治理

在长江经济带战略上升为国家战略后，在国家的总体部署下，沿江各省积极

响应国家提出的"共抓大保护，不搞大开发"，全力推进长江经济带的生态环境修复和保护工作，通过关、停、并、转一批环境污染严重的企业，调整产业布局，大力开展水生态、水环境治理和修复工作，全面落实"三线一单"。"三线一单"是推进生态环境保护精细化管理、强化国土空间环境管控、推进绿色发展和高质量发展的一项重要工作。

湖北省以"三线一单"为着力点，全面开展生态环境治理与修复工作，如今长江经济带沿江各地生态环境状况已发生了明显的变化。

（1）长江岸线生态环境治理工作取得明显成效。湖北省是拥有长江干线最长的省份，沿江人口和经济总量占湖北省的比重达到60%左右，承担着长江生态保护和修复的重大责任。自长江经济带发展战略实施以来，湖北省各级政府严格按照党中央"共抓大保护，不搞大开发"的部署和要求，全面开展了长江岸线生态环境治理工作。至2020年6月，长江岸线湖北段一公里范围内的化工企业全部实现了清零，并进行了相应的水生态、水环境和生态环境的治理和修复工作，长江岸线生态环境状况得到了明显的改善。

（2）重点地区水生态、水环境治理工作取得重要进展。在高质量发展战略的推动下，湖北省全面贯彻和落实党中央提出的"共抓大保护、不搞大开发"精神，积极开展水生态、水环境治理工作，并取得了明显的成效。以武汉市为例，近年来，武汉市以水生态、水环境治理为突破口，通过实施长江水生态修复、东湖绿心生态保护与综合提升、蓝天保卫战、碧水保卫战、净土保卫战五大重点工程和"百里长江生态廊道""中法武汉生态城""创建国际湿地城市"三个品牌工程，达到"天蓝、地绿、水碧、土净、城美、民富"的目标。

目前，武汉市已通过实施江湖连通工程、水生态修复工程和水环境治理工程，全面建成了东湖绿道等市政工程，市域内湖泊的水生态、水环境都得到了有效的治理，使武汉"大江大湖大武汉"的形象更加突出。当前，东湖绿道、汤逊湖、江滩等已成为提升城市品质的重要名片。通过江河湖泊的水生态、水环境治理，作为"百湖之市"的武汉市水质明显提高，水生态、水环境状况明显改善，为武汉市高质量发展提供了重要的生态环境支撑。

在高质量发展战略不断推进的过程中，湖北省着力开展生态环境保护和修复工作，自然资源开发利用与生态环境保护的关系开始走向协调，为湖北省高质量发展提供了良好的生态环境支撑条件。

（3）城市环境治理工作取得新进展。近年来，在绿色发展的推动下，湖北省各地通过生态环境治理，切实改善人居环境，城市国土空间布局与生态环境保护的关系都得到了明显的改善。

武汉市以举办第七届世界军人运动会为契机，全面开展了城市的绿化、美化、亮化和城市品质提升等城市环境综合治理工作，并取得了显著的成效。2019年武汉城市绿化覆盖面积已达到32 513 hm²，城市绿化覆盖率达到40.02%，绿地率达到35.74%，道路、公园、桥梁和重要建筑物全面实现了亮化、美化，城市面貌焕然一新，城市环境治理取得明显成效。

襄阳市、宜昌市等城市也通过环境综合治理，着力改善人居环境，按照山水林田湖草一体化的思路，全面开展了城市的绿化、美化、亮化和城市品质提升工作，城市面貌都发生了显著的变化。

（二）功能区划分

2013年5月24日习近平总书记在十八届中央政治局第六次集体学习时的讲话中提到"主体功能区战略是加强生态环境保护的有效途径，必须坚定不移加快实施"。在实施国家主体功能区战略的过程中，湖北省积极响应国家政策，依据湖北省不同区域的资源环境承受能力、现有的开发密度和发展潜力确定主体功能定位，积极开展功能区的划分工作。

（1）按照主体功能区战略的要求，全面开展了功能区划分工作。在国家的统一部署下，湖北省立足区域资源环境承载能力，发挥区域比较优势，强化国土空间底线管控，以乡镇行政区为基本单元，优化调整国家级主体功能区名录，形成城市化地区、农产品主产区和重点生态功能区三大主体功能区。同时，突出问题导向，细化主体功能治理单元和政策分区，划分水资源过度利用区、能源战略性矿产资源保障区、自然遗产与历史文化遗产保护区等开发保护重大问题或特定功能区，形成了"3+N"主体功能分区体系，并实施差别化发展政策，促进主体功能区战略和制度精准落地。目前，湖北省内的功能区划分工作即将完成。它将成为引导区域空间开发的重要门槛，并全面推动湖北省国土空间治理进程。

（2）以"碳达峰、碳中和"目标的实现为抓手，积极开展环境污染治理工作。为共同应对全球气候变化，减少污染物排放，中国政府切实履行国际义务，大力改善生态环境，推进碳减排工作，并向世界承诺中国将在2030年实现"碳达峰"，在2060年实现"碳中和"。围绕这一生态环境目标的顺利实现，湖北省在积极开展生态环境保护和建设中取得明显成效，并通过制度约束和科技创新等措施，推动企业减少污染物、粉尘排放，空气质量明显改善的同时，也开展了碳排放权交易市场的建设工作。目前，湖北省已率先在电力行业开展了碳排放权交易试点工作，使碳排放权交易市场建设取得了重要的进展。

（3）主体功能区生态保护补偿机制的建立和健全，促进形成绿色生产和生活方式。禁止发展地区、限制发展地区生态承载力较为脆弱，基于生态环境恢复与保护的目的，在这些地区限制一些工业的发展，有利于生态建设的推进。但是从另外一个角度看：这些地区基本位于交通不便、经济落后的山区、边区，经济已然落后，如果工业又限制发展，对地区经济无疑是雪上加霜。因此，湖北省人民政府发布了《关于健全生态保护补偿机制的实施意见》，通过明确生态保护补偿的主体、明确生态保护补偿的范围、完善生态保护补偿的标准以建立健全生态保护补偿的制度体系，促进湖北省生态环境与经济社会协调发展，生态文明建设实现新跨越。

（三）国土空间治理

自长江经济带发展战略实施以来，湖北省各级政府按照党中央的决策部署和要求，着力开展区域生态环境的治理和修复工作，在生态环境状况得到明显改善的同时，大力开展国土空间治理工作，着力调整区域产业布局和生态环境的关系，也推动了国土空间治理工作的深入开展。

1. 长江岸线环境治理

长江两岸岸线是防洪的重要保护屏障，是生态系统的重要组成部分，也是长江经济带发展的战略资源。改革开放以来，长江河道内陆续建设了大量码头、桥梁、船厂、管线、取排水口等岸线利用项目，为长江流域经济社会发展发挥了重要作用。目前，长江干流货运量已连续 15 年稳居世界内河首位。然而，由于历史原因和发展阶段的制约，长江岸线的利用不同程度地存在一些问题，如有的深水岸线深水浅用，甚至还有一些未批先建、批建不符、乱占乱用、占而不用、多占少用等问题，影响流域的防洪安全和生态安全，更关系长江经济带高质量发展。

对此，2016 年水利部会同国土资源部组织编制了《长江岸线保护和开发利用总体规划》，明确了长江岸线的功能分区和管控要求。近年来，水利部指导和督促沿江 9 省市开展了长江干流岸线利用项目清理整治工作，对长江干流溪洛渡以下 3 117 km 河道、8 311 km 岸线（含洲滩岸线）利用情况进行全面的排查，逐项清理整治涉嫌违法违规项目，长江岸线保护和开发利用工作取得重要进展。

湖北省作为长江中游的重要组成部分，其长江岸线也存在同样的问题。在国家的统一领导下，湖北省各地全面落实生态环境保护优先的各项要求，积极开展区域内的长江岸线的生态环境治理工作，并取得了重要的进展。如武汉市通过对两江四岸的亮化、美化和综合整治，建成了 200 万 m^2 的江滩，成为全国最大的城市江滩公园。它不仅有效地提升了武汉市的城市发展环境，营造了更加良好的生态环境氛围，增强了城市防洪功能，还形成了著名的武汉江滩，现已成为居民休闲打卡和旅游的重要景点，也使其成为彰显武汉城市水资源、水生态和水文化魅力的重要名片。

在长江岸线生态环境治理的过程中，宜昌市也按照湖北省委、省人民政府的要求，积极开展行动，并取得了明显的成效。宜昌市全面开展长江岸线宜昌段生态环境治理工作，也使宜昌市的环境状况得到了明显的改善。襄阳市近年来，按照"共抓大保护，不搞大开发"的要求，积极开展了汉江两岸的生态环境治理工作，并取得了明显的成效，使汉江两岸襄阳段的生态环境更加优美，水生态、水环境也明显改善。

截至 2020 年，在深入开展长江岸线生态环境治理过程中，长江岸线湖北段 1 km 范围内的化工企业已经全部"关改搬转"，并开展了生态环境治理、修复工作，使长江岸线湖北段的生态环境治理工作取得了重要的进展。

2. 水环境、水生态治理和修复

湖北省是一个湖泊众多、水网密布、水资源丰富的地区。改革开放以来，由于以经济建设为中心的思想在地方普遍盛行，一时间围湖造田、侵占湖泊的行为屡屡发生，许多自然湖泊逐步消失，水体污染、生物生活环境改变、水旱灾害频发等水环境、水生态问题日益突出。大力开展水环境、水生态治理工作刻不容缓。

武汉市曾经也受到水环境、水生态状况不断恶化的不利影响，违法占湖的情况也时有发生，对武汉市高质量发展产生了不利的影响。近年来，为切实解决水环境和水生态问题，武汉市实施了一系列改善水生态和水环境的工程措施，如江湖连通工程，东湖等湖泊的水环境和水生态治理工程，"两江四岸"的绿化、亮化和美化工程等，武汉市江、河、湖泊的水生态和水环境状况整体得到了明显改善，碧水蓝天重现江城。在提升城市魅力的同时，也为城市的经济社会发展创造了良好的生态环境。

目前，湖北省各地都非常注重水环境、水生态的治理和修复工作，通过工程、生物技术等手段积极开展工作并取得了重要的进展，区域内江、河、湖泊的水环境、水生态恶化的状况得到明显的改善，水质显著提高。

3. 空气污染治理

近年来，随着工业化和城镇化的快速发展，湖北省的机动车尾气排放、烟尘排放、施工粉尘排放等废气排放问题日益突出，使 $PM_{2.5}$ 浓度长期居高不下，雾霾发生率明显提高。这不仅直接恶化了区域空气质量，而且对居民的身体健康有害。

随着经济社会的快速发展，人民更加向往美好生活和高质量生活，因此，空气污染治理也引起了社会的高度关注。为此，湖北省积极开展空气清洁行动，打响蓝天保卫战，在实施淘汰不达标汽车、控制工业烟尘排放量、减少施工粉尘排放量等措施的同时，也积极探索利用市场的手段来治理空气污染问题，如通过建立碳排放权交易市场，积极开展碳排放权交易试点工作等。如今区域空气质量明显改善。随着空气污染治理工作的深入开展，废气排放量不断增加的问题得到了一定的扼制，区域空气污染治理工作取得明显成效，空气质量明显改善。

目前，湖北省"十三五"节能减排等各项目标任务已经圆满完成。"十四五"期间湖北省将在科技创新的带动下，全面开展生态环境治理工作，着力提升空气质量，力图使湖北省区域空气质量得到明显的提高，为高质量发展提供良好的生态环境条件。

第六章

新时代湖北省国土空间治理体系和治理能力的构成要件

　　在系统探讨和分析国土空间治理内涵和运行机理、我国国土空间治理演进等内容的基础上，本章将依照党的十九届四中全会《中共中央关于坚持和完善中国特色社会主义制度、推进国家治理体系和治理能力现代化若干重大问题的决定》的具体要求，系统分析和探讨湖北省国土空间治理体系和治理能力建设如何适应新时代要求，并根据国土空间治理理论，重点探讨新时代区域国土空间治理体系和治理能力现代化的构成要件。

第一节　国土空间治理理论基础

党的十八大以来，随着生态文明制度的不断推进实施，国土空间治理问题受到了前所未有的重视。国土空间治理体系内容丰富而复杂，涉及土地、资源、环境、地理、经济、社会和规划等多个学科，因此，国土空间治理工作离不开多学科的交叉合作与支撑。国土空间治理体系的完善和治理能力的提升需要适应当前新时代的要求，放眼美丽国土，规划美丽城乡，聚焦美好人居，共筑美好家园，以达到国土空间优化的目标。

一、概述

国土空间现代治理是一项统筹多学科、多领域协同治理的系统工程。它必然要求形成基于国家治理视域下的国土空间概念内涵，进而形成国土空间现代治理范式，将过去所采用的多要素多领域分别治理的方式，转变为多要素多领域统一治理的方式，从而实现国土空间"多空合一""多规合一""多管合一"^①的现代治理，提高国土"空间效益"。

（一）相关理论介绍

2019 年 5 月，《中共中央　国务院关于建立国土空间规划体系并监督实施的若干意见》印发，这标志着国土空间治理进入新的发展阶段。新一轮的国土空间治理具有显著的时代特征，其基本逻辑、价值理念和治理方式正在发生重大战略性转变。

国土空间治理涉及由国家治理、公共管理、产业经济、区域经济和自然资源管理等组成的多领域，是一个由多学科共同支撑、综合性强的理论体系。

国土空间治理现代化需要强有力的科技支撑体系，科技支撑体系的构建依赖于完善的科技创新体系。目前，国土空间系统化治理体系正在构建，相应的科技支撑体系亟待建立，亟须对如何构建面向新时代国土空间治理的科技创新体系开展系统性研究。本节在现有研究的基础上对国土空间治理的内涵进行总结，并对新时代国土空间治理的特征及科技创新体系的构建做出阐述。

国土空间治理体系的建立，是在生态文明体制改革的大框架中进行的，从根本上是为了适应生态文明建设的新要求。基于此有两个重要的理论体系，即三生空间和"三区三线"理论以三生功能划分空间用途，逻辑清晰、易于识别，对解

---

① "多空合一""多规合一""多管合一"是指"多种空间合一""多种规划合一""多种用途管制合一"

释和阐述国土空间治理发展规律及主要矛盾的内在机制具有创新性意义。

国土空间规划作为国土空间治理的重要内容是国家空间治理的系统性制度设计。国土空间规划是推进"多规合一"、加强自然资源管理的战略保障，也是新时代发展亟须破解的关键性问题，它对完善我国空间治理体系、协调经济高质量发展与绿色发展关系具有重要的意义。

（二）相关理论主要进展

长期以来，我国的各级各类空间规划普遍存在规划体系繁杂、内容重叠冲突、审批流程复杂、地方规划朝令夕改等问题。自2014年以来，全国开展了市县"多规合一"试点工作。此后，围绕其改革实践、实施模式、技术支撑、多主体博弈等内容方面，以及国土空间认知、规划改革构想和多规融合困境的解决等问题展开了大量的研究和实践，但由于受空间规划管理对象分割、管理主体多元、管制体制重叠等限制，我国空间规划整合的目标并未得到有效实现。2018年自然资源部组建，统一行使全民所有土地、矿产、森林、草原、湿地、水、海洋等自然资源资产所有者职责，统一行使所有国土空间用途管制和生态保护修复职责，使各类自然资源管理权限得以整合，从而破除了多规融合的体制机制掣肘。2019年1月通过的《中共中央 国务院关于建立国土空间规划体系并监督实施的若干意见》确立了新时期我国国土空间治理的"分级分类"体系，将主体功能区规划、城乡规划、土地利用规划、海洋功能区规划等涉及空间规划的管制内容纳入国土空间规划，强化国土空间规划对各专项规划的指导约束作用，开启了以国土空间统筹协调治理为目标的国土空间规划新时期。

在国家正式明确建立国土空间治理体系之后，我国众多专家学者从理论与概念的角度深入解析了国土空间治理体系的建构逻辑与改革思路，国土空间治理理论体系日益完善，为各地正在开展的新一轮国土空间治理工作提供了重要的理论支撑。作为国土空间规划实施、监督与管理的重要组成部分，其指标体系的构建在当前各地开展的国土空间规划编制工作中基本延续了"多规合一"基础上多类规划指标合并的操作手法，对新时期国土空间规划中新的时空秩序的建立缺少牵引和传导。

在新时期国土空间治理要求下，规划指标依然是规划有序实施落地、约束和激励地方发展的有效管控工具。系统地总结和分析新时期国土空间治理逻辑下国土空间规划指标体系建构中的基本逻辑，对构建满足空间治理需要的国土空间规划指标体系具有重要的现实意义与研究价值。

二、国土空间治理相关理论的主要内容

国土空间治理主要涉及国土空间治理理论、生态经济理论、资源环境承载力理论及国土空间规划理论。为此，本节将主要介绍这4个理论。

（一）国土空间治理理论概述

1. 国土空间治理的内涵

国土空间治理是面向人与自然和谐共生，立足国土空间安全、自然资源可持续利用与中华民族永续发展等目标，由国土空间调查监测、确权登记、评估核算、规划、用途管制、开发利用保护、生态修复、智慧监管等构成的全链条治理体系。国土空间治理能力现代化是国家治理能力现代化的重要内容（冯广京 等，2021）。

基于产权视角，国土空间治理既可以看作以空间权配置为核心的规划、实施、监督等过程的总和，也可理解为不同产权主体之间胁迫式或调和式的集体行动。其中自然资源产权管理贯穿于国土空间治理的全过程，这对实现国土空间治理创新的本质内涵，即促进人与自然和谐的空间生产起到了积极作用。

国土空间治理的过程，也是国土空间发展权、财产权、管制权三者统一协调、相互作用的过程（图6-1）。发展权的设定直接关乎产权主体财产权的收益或者损害，以及管制权的范畴；对财产权的制约或激励多基于财产权特性，通过市场交易、加征税收或财政支出补偿等方式来实现；管制权的存在为不同产权主体发展权与财产权的实现提供了保障，而管制权又以发展权与财产权为基础而开展。

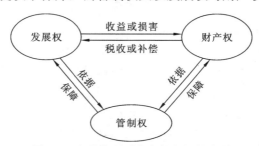

图6-1 自然资源要素产权之间的关联

也有学者认为，新时期国土空间治理逻辑主要包括4个方面的内涵。①创新、协调、绿色、开放、共享的新发展理念是国土空间治理的理论根基。新发展理念是破解发展难题、厚植发展优势的必然要求，为我国社会经济发展转型升级提供了思想指导与理论依据。②节约集约是国土空间治理的重要原则。随着地区发展建设由增量逐渐转向存量甚至是减量发展，以节约集约为原则开展国土空间治理成为新时期绿色发展的必然要求。③全域全要素统筹发展是国土空间治理的基本

要求。自然资源部统一行使自然资源资产所有者职责，其组建成立标志着全域全要素统筹成为开展国土空间治理的基本前提。④严格的国土空间用途管制制度是国土空间治理的核心手段。健全用途管制制度是建立国土空间规划体系的重要内容，以国土空间规划为依据的国土空间用途管制制度将是规划监督实施和空间治理的重要政策工具。

2. 国土空间治理的新时代特征

新时代的国土空间治理将全面凸显系统观、生态观、协同观、集约观、人本观、时空观、科学观和全球观。

（1）系统观。随着空间类规划融合为统一的国土空间规划，国土空间治理由单要素分散式治理向全要素综合性治理转变，国土空间治理的系统观不断增强。

（2）生态观。生态文明成为国土空间治理的基本价值导向，由"开发主导"向"开发与保护修复并举"转变，更加注重人地关系和谐，倡导自然生态系统的休养生息与保护修复，体现了人与自然和谐共生的生态观。

（3）协同观。新时代的国土空间治理将更加注重水、土、矿和海等不同自然资源的协同开发，以及区域/流域一体化发展、城乡协调发展、陆海统筹发展、地缘合作发展，由板块式治理模式向协同式治理模式转变，体现了国土空间治理的协同观。

（4）集约观。今后将强调存量时代国土空间的高效利用，国土空间利用方式由外延拓展向内涵挖潜转变，更加体现了国土空间利用的集约观。

（5）人本观。新时代的空间规划由物质规划向人本规划转变，注重以公众对美好生活及国土空间的新需求为导向，强调人本化的国土空间高质量供给方式，更加强化国土空间治理的人本观。

（6）时空观。从历史维度、空间尺度洞悉国土空间变化，时空耦合在空间治理中得到更加充分的体现，由二维、三维规划向四维规划转变，关注国土空间系统演变的生命周期规律，强调国土空间治理的全过程监管，重视对未来风险的预判，体现了国土空间治理的动态时空观。

（7）科学观。国土空间治理的决策模式由主要基于经验的决策，向经验与传统统计数据支撑的定性定量相结合的决策，再向信息化、法治化、多主体化背景下大数据驱动的智能化辅助决策转变，决策机制更加科学，显化了国土空间治理决策的科学观。

（8）全球观。高度关注全球气候变化，主动承担大国责任，积极参与全球治理，体现了国土空间治理的全球观。

3. 国土空间治理科技创新体系

党的十九届五中全会提出"要构建国土空间开发保护新格局",各级国土空间规划编制实践对科技的需求旺盛而紧迫。与新时代国土空间治理的实践需求和发展趋势相比,相关基础理论和关键技术供给相对不足,前瞻性战略科技研发明显滞后,科技短板还比较突出。例如,面向国土空间系统化治理的理论储备不足,不同学科侧重从各自关注的要素、尺度上认知国土空间,对国土空间的整体性、系统性认知不够。由于缺乏系统性科学认知,现实开发活动中往往侧重自然资源单要素开发,忽视资源要素之间的关联,国土空间的生命共同体特征显化不足,影响国土空间系统的持续健康发展。众所周知,科学数据是科学认知的基础,要突破国土空间系统基础理论,需要长时间序列、涵盖人-地全要素的国土空间科学大数据,由于我国尚未建立起系统化的国土空间科学观测基础设施,国土空间综合立体感知能力有限,支撑国土空间治理的自然本底与人类活动数据不易获取,人地要素数据时空关联性不强,制约了国土空间系统的精准认知水平。同时,全地域、全要素、全链条、全周期、全层级的国土空间治理技术体系尚未建立。顺应国土空间演变科学规律、功能明晰、要素协同、人地适配、开发适度、空间权衡、集约高效的国土空间优化开发技术尚不健全;城乡协调、区域协同、陆海统筹及地缘经济区合作共赢的国土空间协同与融合技术支撑不足;全域国土空间用途管制、全生命周期监管与健康诊断缺乏高效手段;国土空间综合整治、受损国土空间的生态修复、低效空间的功能提升技术需要持续优化;新一代信息技术赋能国土空间智能化决策的潜力有待继续挖掘。因此,亟须面向新时代国土空间治理需求建立相匹配的科技创新体系。

(二)生态经济理论

1. 以三生空间为基础的国土空间优化理论体系

近年来,关于国土空间治理的格局与功能的演变及其驱动机制的研究逐渐成为国内学者关注的热点问题。党的十八大报告提出"促进生产空间集约高效、生活空间宜居适度、生态空间山清水秀"的国土空间优化目标,使以三生空间为基础的国土空间优化理论体系进一步得到完善。国务院于 2015 年印发的《中共中央 国务院关于加快推进生态文明建设的意见》中对三生空间做了进一步的论述,为国土空间治理格局与功能演变的研究提供了重要的理论基础(战强,2019)。

三生空间理论根据空间的功能属性将国土空间分为生产空间、生活空间与生态空间。三者关系紧密,相辅相成。生产空间为生活空间提供物质保障;生活空间是为保障人们基本生活需求而提供住、行、购和娱乐等活动空间,其空间格局的演变是人类为满足日益增长的生活需求的结果；而生态空间是为生活与生产空间提供生态环境安全保障的空间，是促进人地关系和谐发展的关键。这一理论是基于系统学"要素-结构-功能"的观点而提出的。要素与结构是国土空间实现基本功能的基础，分析空间形态与结构的演变是探究空间功能变迁过程的手段。为此，三生空间理论被广泛应用于国土资源空间格局特征、演变及驱动因素分析、国土空间优化和空间重构等方面。

国内对三生空间的研究内容主要包括三生空间概念与分类研究、三生空间格局演变特征分析、三生空间演变的驱动因素分析、三生空间功能转变与三生空间结构优化策略研究等。总体来讲，国内学者对三生空间进行了大量的研究，但尚存在一些不足：①研究尺度上以流域、省域、城市圈和经济圈等为主，对县域或更小尺度的三生空间研究较少；②三生空间格局演变特征研究较多，格局演变驱动因素研究较少；③针对三生空间功能转变影响因素分析有待加强。三生空间在外因驱动下，其要素与结构发生改变，造成三生空间功能的转变。空间功能的转变是空间生产的主要过程，同时也是人与自然协同发展的结果。

2. "三区三线"理论体系

"三区"指生态、农业、城镇三类空间；"三线"指的是根据生态空间、农业空间、城镇空间划定的生态保护红线、永久基本农田和城镇开发边界三条控制线。

其中，城镇空间主要是指以城镇居民生产生活为主体功能的国土空间，包括城镇建设空间和工矿建设空间，以及部分乡级政府驻地的开发建设空间。

农业空间主要是指以农业生产和农村居民生活为主体功能，承担着农产品生产和农村生活功能的国土空间，主要包括永久基本农田、一般农田等农业生产用地，以及村庄等农村生活用地。

生态空间主要是指具有自然属性、以提供生态服务或生态产品为主体功能的国土空间，包括森林、草原、湿地、河流、湖泊、滩涂、荒地和荒漠等。

生态保护红线主要是指在生态空间范围内具有特殊重要生态功能、必须强制性严格保护的区域，包括自然保护区等禁止开发区域，具有重要水源涵养、生物多样性维护、水土保持、防风固沙等功能的生态功能重要区域，以及水土流失、土地沙化、盐渍化等生态环境敏感脆弱区域，是保障和维护生态安全的底线和生命线。

永久基本农田主要是指按照一定时期人口和社会经济发展对农产品的需求，依法确定的不得占用、不得开发、需要永久性保护的耕地空间边界。

城镇开发边界主要是指为合理引导城镇、工业园区发展，有效保护耕地与生态环境，基于地形条件、自然生态、环境容量等因素划定的一条或多条闭合边界，包括现有建成区和未来城镇建设预留空间。

"三区三线"的具体内涵划定原则:"三区"突出主导功能的划分,"三线"侧重边界的刚性管控。目前,我国的城镇开发边界由规划和自然资源部门共同划定,永久基本农田保护红线由自然资源部门划定,生态保护红线由生态环境部门划定。"三线"由三个管理部门各自划定,空间重叠不可避免,未来从自然资源统一管控的角度,由自然资源部门统一划定将成为主要趋势。

党的十八大以来,一系列中央会议、文件多次提出要构建空间规划体系,推进"多规合一"工作,科学划定"三区三线",即城镇、农业、生态空间和生态保护红线、永久基本农田保护红线、城镇开发边界。2015 年中共中央、国务院印发《生态文明体制改革总体方案》提出"构建以空间治理和空间结构优化为主要内容,全国统一、相互衔接、分级管理的空间规划体系"。党的十九大明确要求"完成生态保护红线、永久基本农田、城镇开发边界三条控制线划定工作""加大生态系统保护力度"。"三区三线"的划定及管控成为构建空间规划体系的重要内容。党的二十大报告明确指出"以国家重点生态功能区、生态保护红线、自然保护地等为重点,加快实施重要生态系统保护和修复重大工程"。

2017 年 2 月,为落实《关于划定并严守生态保护红线的若干意见》提出红线划定工作的目标要求,保障国家生态安全格局。2017 年 8 月,《生态保护红线划定指南》颁布,进一步规范了全国红线划定的统一指导标准。2019 年 11 月,中共中央办公厅和国务院办公厅印发《关于在国土空间规划中统筹划定落实三条控制线的指导意见》,统筹划定落实生态保护红线、永久基本农田、城镇开发边界三条控制线,对生态保护红线、永久基本农田、城镇开发边界的定义、划定范围等给出明确规定。中国国土勘测规划院祁帆等(2019)从统筹协调人与自然、经济政治生态、中央与地方、部门与部门、政府与市场等关系出发,提出三条控制线划定与管理,以实现在底线约束、统一管理、统筹衔接、严格管控、协同治理 5 个方面的功能趋向。

(三)资源环境承载力理论

国土空间是自然资源和人类生产生活的载体,是社会经济发展的重要生产要素。新时代国土空间规划是国家空间发展的指南,是各类开发保护建设活动的基本依据。《中共中央 国务院关于建立国土空间规划体系并监督实施的若干意见》中提出,要在资源环境承载能力和国土空间开发适宜性评价的基础上,强化底线约束,科学有序地统筹布局国土空间,提高规划科学性和协调性。全面科学的资源环境承载力评价是国土空间规划编制的重要基础和前提。

1. 资源环境承载力的内涵

承载力是指一个承载物（载体）容纳承载对象的能力，在一定地理空间范围内，资源环境承载的对象是社会发展过程的组合，包括人口、经济活动和社会政策。资源环境承载力所表征的是一个区域对人类活动及其社会经济发展的支持能力，即能够承载工业化和城镇化发展的最大能力，是资源环境本底对人类活动及其社会经济发展的最大"容量"。生态系统与环境影响限制越小，资源利用潜力越大，这一"容量"阈值越大。国土空间规划的重要成果是降低人类活动与自然生态系统之间的冲突（吴九兴 等，2021）。

现阶段我国进入生态文明导向下的承载力评价阶段，注重资源环境全要素的全域评价，资源环境承载力不再局限于单纯的评价，逐渐向以依托资源环境承载力评价为基础的空间规划、生态预警服务，更加注重资源基础、环境容量在生态文明导向下的发展，因此资源环境承载力评价的发展导向是进行资源统筹、全域协调、服务预警、空间优化，从而推动资源环境承载力评价系统更加优化和结合时代发展导向。

2. 资源环境承载力的研究内容

资源环境承载力的研究内容受研究主体、空间尺度和要素构成的影响而有所不同。根据资源环境承载力评价的主体，分为种群承载力、人口承载力和地质承载力等；根据空间尺度的不同，分为城市群承载力、区域承载力和旅游承载力等。基于空间尺度的承载力评价具有综合性和系统性，一般反映资源环境要素的综合评价。基于要素的资源环境承载力评价，包括矿产资源、水资源、森林资源、土地资源等单一要素承载力评价，其中土地资源是资源环境承载力评价的主体和热点问题，因为土地是一切要素的载体，土地的承载功能是区域发展的重要基石，对土地进行承载力评价，就是对包含在土地之上的一切资源环境及综合承载力进行评价，从而为高效合理利用土地资源，为土地规划乃至国土空间规划服务。

3. 资源环境承载力评价指标体系的构建方法

对资源环境承载力进行定量评价，就要对影响资源环境承载力的要素和指标因子进行选取，从而建立评价指标体系，通过评价模型对资源环境承载力进行定量评价。资源环境承载力评价指标体系也经历了改进和发展，资源环境承载力评价指标体系主要分为模型类、系统类、要素类和指令类4类。模型类是利用资本创造选项评估（evolution of capital creation options，ECCO）模型和压力-状态-响应（pressure-state-response，PSR）模型等衍生模型构建的评价指标体系。系统类是通过某一特定系统如自然-环境-生态等自然要素和经济-社会等人文要素对评价指标体系进行构建。要素类是通过各种影响要素的选取为实现要素侧重下的承载力评价而建立的评价指标体系。指令类指标是国家针对某一区域或某种承载力下达的规划文件,指标体系按照规划要求进行建立。2016 年国土资源部印发的《国土资源环境承载力评价技术要求(试行)》、2016 年 9 月国家发改委、国家海洋局等 13 部委联合印发《资源环境承载能力监测预警技术方法 (试行)》等都对资源环境承载力的评价进行了明确的技术规定。

四种资源环境承载力评价指标体系具有不同的使用条件和侧重点:模型类评价指标体系的建立必须以完备的模型基础和科学理论为支撑,必须明确模型的架构和使用逻辑;系统类评价指标体系适用于多种系统交互作用下的承载力评价,取决于系统的边界和交互作用的强度与规模,不适用于单一系统的评价;要素类评价指标体系的建立首先必须明确在承载体基础上被承载要素的组成和结构,从而以对承载要素的评价来反推和体现承载体的承载力大小;指令类评价指标体系需要考虑区域或领域政策导向和指令要求,主要以限制性约束条件进行评价指标体系的构建。现阶段评价指标体系的构建逐渐对各种类型进行有机结合,不再局限于单一类型的构建,如在区域政策指令引导下,考虑区域要素组成成分,通过构建科学系统结构选取合理的模型演替方法进行承载力评价。

4. 资源环境承载力的评价方法

资源环境承载力评价的量化方法包括对指标因子权重的量化方法和承载力的综合评价量化方法。其中:指标因子权重的量化方法包括模糊评价法、层次分析法、主成分分析法;承载力的综合评价方法包括模型法,如状态空间法、生态足迹法、系统动力学法、优化模型法等。

目前,资源环境承载力量化方法的选取主要从两个重点方向进行优化考虑:①对评价指标要素的权重量化方法进行优化,以减少人为主观因素和实现要素客观赋值和全面系统考虑为目的;②对资源环境承载力综合评价方法进行优化和改进,如系统动力学模型等。在资源环境承载力评价方法使用过程中,不再依赖现有和单一的方法,向方法的交叉融合优化方向发展。

(四)国土空间规划理论

1. 国土空间规划的内涵

空间规划是社会经济发展到一定阶段后,为解决空间矛盾采取的政策措施与工具,涉及经济、文化和生态等诸多要素,是地理上的一种特定表达形式,国际上通常称为城市规划、区域规划等。有关国土空间规划概念的界定,学界认知不一。众所周知，国外一些发达国家的国土空间规划实施具有较长历史，具备完善的国土空间规划体系，如德国、荷兰实行"垂直"空间规划体系，引导社会经济活动在空间范围内合理利用土地；韩国采用"圈状"空间管制计划解决国土空间布局问题。我国工业化初期城市规划"一规主导"、中期与土地利用规划"双规并行"，而新时期面对资源环境要素约束、空间结构布局矛盾，以空间可持续利用、资源配置效率最优为目标，实施国土空间管制"多规合一"，以协调国土开发、经济建设、生态保护、社会发展之间的关系。

国土空间规划是一种社会性规制概念范畴，集中表现为：第一，体现国家意志，具备政府治理能力导向；第二，可协调或解决国土资源与社会发展、经济建设和生态保护之间的空间矛盾；第三，它是一种政策措施、工具或计划，其目的在于优化国土空间格局、强化国土空间开发管制、提升国土空间利用效率。那么，国土空间规划可理解为：一个国家或地区，在遵循国民经济、社会发展和生态文明建设总体目标与战略需求的基础上，依据法定程序而制定的有关国土资源空间布局、开发、管制与保护的一项政策工具或实施计划（陈磊 等，2021）。

2. 国土空间规划治理结构

国土空间规划治理结构可理解为实现资源空间配置的有效性，各层级政府以国土资源合理保护与有效利用为关键点，从空间要素统筹、空间效率提升等方面出发的国土空间管理权责关系或体系。目前，我国国土空间规划治理结构包括国家、省级和市县级三大层面。在国土空间用途管制与治理过程中，国家和省级规划起宏观指导作用，市县级及以下规划起基础依据作用。在我国，空间规划范畴落地于专项规划，是以国土规划、环境规划和其他规划的"三规"治理体系为支撑。因此，目前我国国土空间规划表现为"五级三类"规划管理体系下"自上而下"的多部门规划并行治理结构，各级各类规划编制、实施与管理是以自然资源主管部门及政府为主，形成了不同部门规划与实施主体（图6-2）。

空间规划范畴的土地利用规划、城乡规划、主体功能区规划和环境规划具备共同特性，相互作用。国土空间规划是以国土资源为特定领域的空间规划，要健全和完善我国国土空间规划体系，离不开这一系列错综复杂规划的支撑作用。虽然这一系列规划编制都大致经历了任务下达、大纲编写与审批、规划编制与审批等阶段，并通过实践调整优化规划方案，是一个动态过程，但其编制和实施主管部门不尽相同，如土地利用规划编制和实施主体是自然资源主管部门，城乡规划编制和实施主体是政府及相关行政主管部门，环境规划编制和实施主体是生态环境主管部门等，同时在各项规划编制、审批及管理过程中，市级、县级和乡镇人民政府及其相关部门也承担着诸多组织协调任务。

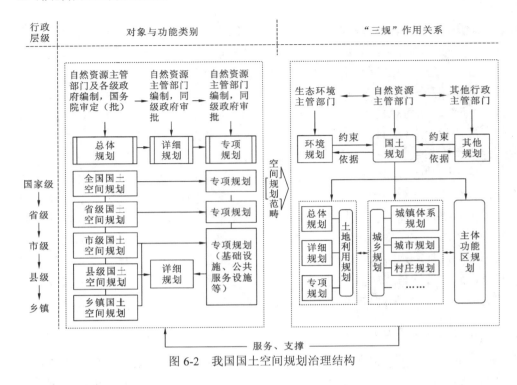

图 6-2 我国国土空间规划治理结构

第二节 国土空间治理机理分析

推进国土空间治理体系与治理能力现代化是一项重大和长期的任务，须找准方向，找对方法。分析并理解国土空间治理的机理是实现国土空间治理能力与效用提升、推进治理体系与治理能力现代化的基础。对国土空间治理的机理分析主要包括国土空间治理的因素分析及具体的运行机制分析两个方面。

一、因素分析

国土空间的治理是一个通过多种因素的共同影响与作用而达到其目标的一体化过程。我国国土空间治理的因素主要包括 4 类，分别是治理主体因素、治理对象因素、治理外部因素及战略目标因素，每一类因素又包含各自具体的方面。由小及大各因素相互作用、相辅相成，最终体现为国土空间的治理能力与效能。

（一）治理主体因素

自然资源部的成立在我国国土空间治理进程中具有里程碑式的意义，推动了我国自然资源的集中统一与综合管理，也顺应了我国国土空间治理能力现代化的发展需求。

国土空间治理主体发挥的职能包括经济及社会发展规划职能、城乡建设规划职能、土地资源规划职能和环境保护规划职能等，例如国土空间利用、城乡建设、生态保护和空间高质量发展等。自然资源部所具有的建立空间规划体系并监督实施的重要职能，实现了"多规合一"。长期以来，我国国土空间治理都存在规划体系不全、职能交叉重叠且部门分割等问题，自然资源部的这项职能既有利于优化空间布局、有效配置土地资源，也有利于推动政府的国土空间治理能力的提升，是实现我国国土空间治理能力现代化的必然要求和关键举措。

除此之外，国土空间治理主体所具有的内在能力，包括知识经验运用能力、政治关系开发能力、组织规则利用能力、风险应对能力等（王洲林 等，2021），对其拥有主体而言是一种比较优势。国土空间治理主体自身可以在不断的实践中提升和改进这些能力，内在所具有的能力越多且越强，相应主体对国土空间的治理效能也就越高。不同地区的各级相关组织和机构在实际的实践内容上各有差异，因此在知识经验运用、政治关系开发、组织规则利用、风险应对等方面的能力有所不同，它们会结合自身实际情况选择相对应的方式，体现出自主性的特点。通常这也是导致各地区及各级政府之间的国土空间治理规划目标的设定及最终结果不同的主要原因之一。

（二）治理对象因素

国土空间治理涉及的各种相关资源的数量、质量及分布情况等，是我国进行国土空间治理的基础，其调查监测需要不断加强全面性和系统性。自然资源资产产权的有效保护是生态文明制度建设的基础，也是经济社会持续健康发展的基石。自然资源部负责自然资源统一确权登记工作，有利于对自然资源资产的权属管理，帮助提升国土空间治理效用与能力。对国土空间所涉资源各方面指标合理合规的评估核算才能做到让各方一确认同，实现共享，才能够帮助建立起值得信赖和运用的信息平台。用途管制是国土空间开发保护的主要手段，以国土空间为依据，对所有国土空间分区分类实施用途管制有利于优化我国国土空间的结构与布局，提高国土空间开发保护的质量和效率。国土空间的开发利用保护更多地作为国土空间治理的出发点，在新时代背景下推进国土空间的生态修复是为实现人与自然和谐共生的必要手段。各方对国土空间治理工作的监管也有利于及时发现治理过程中存在的问题与缺陷并及时改正，新技术的引入也会使监管工作更加高效便捷。

（三）治理外部因素

本节将国土空间治理的外部因素概括为 4 大类，包括制度优势、法律保障、技术支撑和群众监督。

研究表明，一个国家的制度优势在一定程度上可以转化为治理效能（丁志刚 等，2021）。在我国，中国共产党是国家治理效能转化提升的坚强领导核心，在国土空间的治理过程中同样如此。党的各级组织和广大党员干部在国家治理中发挥组织协调与先锋模范作用，党规党纪又为制度优势转化为治理效能提供了纪律保障、加强了监督执行。

国土空间治理相关的法律法规对其治理效能等方面具有保障作用。2019 年《中共中央　国务院关于建立国土空间规划体系并监督实施的若干意见》指出，要"研究制定国土空间开发保护法，加快国土空间规划相关法律法规建设"。《自然资源部2020 年立法工作计划》提出，要"研究起草《国土空间开发保护法》"，配合推进《国土空间规划法》等重点立法工作，逐步形成国土空间治理法律和管理制度体系。

信息技术的发展和运用对提升国土空间治理效能具有重要作用。信息化和数字化手段，在国土空间的治理过程中可以帮助各机构更加简易清晰地理顺管理流程，同时，有利于打通管理中的堵点、痛点和难点（朱彧，2021）。运用大数据、云计算、人工智能和物联网等信息技术，加快推进管理的数字化，有助于实现国土空间相关数据的互联互通和共建共享，为营造良好的国土空间治理环境创造条件。

国土空间治理涉及的业务关联度高，关系经济社会的发展及人民群众的生产生活，因此人民群众的监督和反馈可以反映出国土空间治理的不足与缺陷，由此对症下药，切实保证人民群众的根本利益，对促进提升国土空间治理效能也具有重要作用。

（四）战略目标因素

"十四五"时期是我国生态文明建设进入实现生态环境质量改善由量变到质变的关键时期。近期频发的极端天气、生物多样性减少等其他相关事件，暴露出日益紧张的人地关系问题，"尊重自然、顺应自然、保护自然"的理念显得愈发重要，对科学构建安全和谐、美丽可持续、富有竞争力的国土空间提出了更高的要求。

随着我国社会主要矛盾的变化，要更加注重发展质量、区域协调与效益提升，构建生态优先、以人为本、高质量发展相结合的发展模式。从理念层面来看，国土空间治理的目标是推进生态优先和绿色发展、实现人与自然的和谐共生。从体制层面来看，我国国土空间治理的目标是强化国土空间治理部门的统筹能力，降低原有部门间博弈的制度成本，实现国土空间资源的高效、优化配置，推进国土空间治理能力现代化。从机制层面来看，我国国土空间治理力争通过明晰产权、市场化定价等保障自然资源所有者的权益，从而合理有效地保护自然资源。综合来看，我国的国土空间治理面向人与自然的和谐共生，朝着自然资源可持续利用、治理体系与治理能力现代化及中华民族的永续发展等目标不断前进。

二、运行机制分析

提升国土空间治理体系与治理能力的现代化水平，离不开我国国土空间治理的运行机制。

（一）我国的国土空间治理运行机制

运行机制是指为实现某一特定功能，一定的系统结构中各要素的内在工作方式及诸要素在一定环境条件下相互联系、相互作用的运行规则和原理。我国国土空间治理的运行机制是其治理主体因素、治理对象因素、治理外部因素及战略目标因素在新形势下的相互联系、相互作用的一体化动态过程（图6-3）。

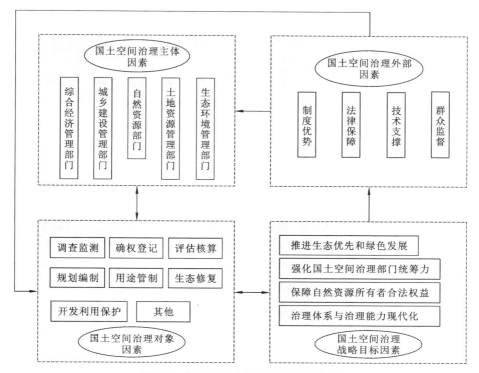

图6-3　我国的国土空间治理运行机制

（二）不同因素在国土空间治理运行机制中的作用

1. 治理主体因素

我国国土空间治理的执行主体以自然资源部门为主导，其他多个部门共同合作来发挥职能。治理主体在外部因素的影响下，如法律法规对治理工作的保障、科学技术对治理工作的支撑作用及各方对治理工作的监督作用，结合战略目标对治理对象最终状态的要求，对治理对象进行相应的调整与规划。

2. 治理对象因素

国土空间治理的对象具体来说包括国土空间的调查监测、确权登记、评估核算、规划编制、用途管制、开发利用保护、生态修复等。治理对象是国土空间治理运行机制的核心，治理主体通过相应的方法和手段对这些治理对象进行调整和处理，从而达到国土空间治理的战略目标。

3. 治理外部因素

外部因素相当于国土空间治理过程所处的环境条件，起着不可或缺的推动作用。制度优势是重要前提，法律法规是根本保障，科学技术是基本支撑，群众监督是动力激励，这些因素都直接或间接影响治理主体的治理能力与效用。外部因素对治理对象的影响在于能够影响作用于其自身的相关主体的行为活动，例如相关法律法规的完善与实施可以规范人们对国土空间相关资源的开发与利用行为，治理主体相关部门由于人民群众的监督作用会时刻保持警惕，及时发现治理过程中存在的问题并改正。

4. 战略目标因素

国土空间治理的战略目标是方向引导，也是最终成果。为了推进生态优先和绿色发展，实现人与自然的和谐共生，国土空间的治理需要重视国土空间的开发利用、保护及生态修复等相关问题。为了推进国土空间治理体系和治理能力现代化，国土空间治理相关部门要强化自身统筹能力，对治理对象进行相应的规划，同时，还会推动相关法律法规的建设与完善。

第三节　我国国土空间治理演进分析

改革开放以来，我国的经济社会发生了巨大变化，社会主义现代化建设取得了历史性成就。在此期间，有关国土空间的治理工作得到不断改进。新时代我国国土空间的治理将牢牢结合生态文明战略，打造高品质国土空间，不断推进国土空间治理体系与治理能力现代化。

一、进程

改革开放推动我国经济、社会等多方面的变革，使得我国在短时间内基本完成发达国家花费上百年走过的城镇化、工业化道路，同时，经济和社会的高速发展给我国的国土开发利用带来了诸多问题，但优化国土空间格局、规范国土空间开发秩序的理念一直贯穿着整个国民经济与社会发展过程。不同时期经济、社会发展水平的不同决定了我国某一阶段国土空间治理目标、内容及手段的差异，也导致了我国不同时期对国土空间治理工作的称谓有所差别。

据此，将我国国土空间治理进程分为起始阶段、探索阶段、发展完善阶段及生态文明新时代阶段 4 个阶段。

（一）起始阶段

中华人民共和国成立初期，中央筹备并成立地质矿产资源管理部门，组织开展了大规模的有关自然资源数量、质量等方面的科学考察和研究工作，同时也进行了区域资源开发与经济发展相关研究，为我国的国土空间的开发和治理工作奠定了资源基础，并提供了科学依据。

改革开放初期，党的工作重点转移到社会主义现代化建设，并强调充分利用国土资源发展国民经济。1981 年中央书记处首次提出"国土整治"将作为一项长远性和全局性任务。同年国家基本建设委员会《关于开展国土整治工作的报告》明确，"国土整治包括对国土资源乃至整个国土环境进行考察、开发、利用、治理、保护这些相互关联的五个方面的工作"（叶裕民 等，2019）。"六五"计划将"国土开发与整治"单列一章，主要包括相关的立法、考察、治理工作等内容。在这个时期，社会各界主要关注的是矿产资源、水资源等的利用，以及对诸如水土流失等生态问题的修复工作。

（二）探索阶段

随着中央对国土整治工作的日渐重视，各界认识到国土规划是国土工作的龙头，是优化资源配置、进行生产力布局的理论依据与技术手段（吕克白，1990）。1984 年《全国国土总体规划纲要》编制办法明确"国土开发整治"的方案是"国土规划"。"国土规划"以解决国土资源综合开发布局、环境综合整治为目的。1988年 4 月，国家计划委员会三定方案在保留原有国土整治职能的基础上，成立国土综合开发规划司以组织研究全国和重点地区综合开发整治的方向、目标和重大问题，组织编制全国和区域性的国土开发整治规划。在这个阶段，"开发"作为"国土整治"五位一体的重要内容凸显出来，形成"国土开发整治"这一概念，与此同时对国土"保护"和"治理"两部分的认知更加细化，但是"重开发利用，轻治理保护"的问题较为突出，开发利用与保护治理不够平衡（卢天梁 等，1991）。

1992 年党的十四大提出发展社会主义市场经济，我国的经济体制迎来变革。1996 年"国土开发整治"概念不再出现在"九五"计划中，只是在报告"可持续发展战略"部分提到国土资源的保护和开发及生态环境的保护。1997 年党的十五大明确提出使市场在国家宏观调控下对资源的配置起基础性作用。因此"国土开发整治"这种计划思维影响下的大统筹综合战略，一定程度上不再适应社会主义市场经济的要求，国土整治侧重点开始转向助力于可持续发展理念的国土"保护"和"治理"。

（三）发展完善阶段

1998 年 3 月九届全国人大一次会议第三次全体会议表决通过《关于国务院机构改革方案的决定》，组建国土资源部，明确了其对土地、矿产、海洋等自然资源的规划、管理、保护与利用，承担优化配置国土资源、规范国土资源市场秩序等职责。这标志着我国国土资源管理工作正式步入正轨，为开展国土空间的治理工作提供了有力保障。但此时，国土资源部的职能并不能涵盖国土空间治理的目标，需要多部门来协作完成。

这一阶段的国土空间治理工作以"国土综合整治"的形式出现。分属国土资源部的相关工作主要包括土地整治、矿山环境整治和海岸带海域治理。进入 21世纪以来，这些工作在国土资源部（2018 年 3 月改组为自然资源部）的统筹之下取得了积极的进展。与此同时，我国的生态保护建设工作也在国家的统筹与系统布局下不断推进，在林业、环保、农业、水利等部门的共同配合下具体开展实施工作。生态修复作为生态保护建设工作的深化和发展，也是国土空间治理工作的重要内容。"十一五"规划将"保护修复自然生态"单列一章，"十二五""十三五"期间生态保护建设格局构想进一步完善细化，"保护优先"和"自然修复为主"成为重要原则。

（四）生态文明新时代阶段

党的十八大以来，生态文明理念不断丰富发展，这一阶段生态优先、绿色发展理念逐渐渗入土地整治、生态建设修复、灾害污染治理各项活动中。2015 年《中共中央 国务院关于加快推进生态文明建设的意见》和《生态文明体制改革总体方案》要求"树立山水林田湖草是一个生命共同体理念，进行整体保护、系统修复、综合治理"。党的十九大报告描绘了新时代我国生态文明建设的宏伟蓝图，2018 年国土资源部发布的《土地整治术语》（TD/T 1054—2018）中指出"修复国土空间功能、提升国土空间质量、促进国土空间有序开发活动，是统筹山水林田湖草系统治理、建设美丽生态国土的总平台"。2018 年 3 月，自然资源部成立。新成立的自然资源部统一履行全民所有自然资源资产所有者职责，统一行使所有国土空间用途管制和生态保护修复职责。三定方案也明确，国土空间生态修复司牵头组织编制国土空间生态修复规划，实施有关生态修复重大工程，负责国土空间综合整治、土地整理复垦等工作。

2019 年初，自然资源部土地整治中心更名为"自然资源部国土整治中心"，为我国国土整治事业提供主要支撑。2019 年 5 月，《中共中央、国务院关于建立国土空间规划体系并监督实施的若干意见》将全国国土空间规划定位为"全国国土空间保护、开发、利用、修复的政策和总纲"，并以"五级三类"构架明确开展专项性规划。我国国土空间治理体系变得更加完善与清晰。

党的二十大报告指出"大自然是人类赖以生存发展的基本条件。尊重自然、顺应自然、保护自然，是全面建设社会主义现代化国家的内在要求。必须牢固树立和践行绿水青山就是金山银山的理念，站在人与自然和谐共生的高度谋划发展"。

二、主要内容

新时代的国土空间治理是结合综合研判，对国土空间治理相关内容实行多措并举，以实现空间结构优化调整、资源高效利用、生态保护修复、灾害污染治理，以期提升国土空间承载力、适宜性、美丽度和安全性，提升国土可持续发展能力的综合治理活动，推进我国国土空间治理体系与治理能力现代化。

区域国土空间治理体系主要包括国土空间治理战略、制度、国土空间规划和区域发展政策体系等内容。它同时贯穿于国土空间和自然资源开发利用的全过程、全域、全链条和全生命周期之中，共同构成区域国土空间治理体系。

（一）引领发展的国土空间治理战略

从起源来看，战略（strategy）一词最早是军事方面的概念，对应于战术。从战略形成与实施的基础来看，战略思维强调安全共同体，安全是战略顺利实施的底线。从空间治理的角度，共同体也就是地域范围，区域协同和统筹发展是安全共同体的实现路径。按照思路，国土空间治理的战略即强调运用权力手段，从供给侧来整体调配国家的空间资源。国家新时代的战略要求是把国土空间视为重要的自然资源和资产，构建以空间规划为基础、以用途管制为主要手段的国土空间开发保护制度，明显区别于原来的部门规划。因此，国家的国土空间治理战略实际上起到引领作用（李继军 等，2021）。

国土空间治理是国家国土空间发展的总体性、系统性安排，需要全面落实党中央、国务院的重大决策部署，成为体现国家意志和总体发展的国土空间行动纲领。国家级和省级等宏观尺度的国土空间治理总体规划需要增强规划的战略性，注重与中长期发展规划的衔接，对国家的重大战略任务进行空间落实，成为国土空间发展的行动指南。对侧重衔接性和实施性的市县级国土空间总体规划需要突破地域局限和地方思维，要自觉提升国土空间品质，主动打造承载国家战略的空间载体。

党的十八大确定了生态文明建设的总体战略，奠定了我国当前阶段发展需重视自然资源和环境保护的基调。"十四五"规划中强调了国土空间的治理工作在我国生态文明建设中发挥的重要作用，并提出优化国土空间开发保护格局的目标要求。党的二十大确定要推进美丽中国建设，坚持山水林田湖草沙一体化保护和系统治理，统筹产业结构调整、污染治理、生态保护、应对气候变化，协同推进降碳、减污、扩绿、增长，推进生态优先、节约集约、绿色低碳发展。这些国家战略表明我国现阶段国土空间治理的重要任务是结合新发展理念实现国土空间治理能力的建设与提升，建立全国统一、权责清晰、科学高效的国土空间治理体系，体现战略性、科学性、权威性、协调性和操作性，实现更高质量、更高效率、更加公平的国土空间治理工作，整体谋划新时代国土空间开发保护格局，促进国家治理体系和治理能力现代化。

（二）支撑国土空间治理体系有效运转的制度建设

国土空间治理体系的制度建设包括法律法规政策制度体系和监督管理制度体系，完善的法律法规体系是推动我国国土空间治理体系有效运转最基本的保障。有效的监督管理制度体系有助于对国土空间的治理成果进行巩固和维护。

我国现有的国土空间相关法律法规可以分为四类：一是城乡规划法规体系，以《中华人民共和国城乡规划法》为核心，另有《村庄和集镇规划建设管理条例》和《风景名胜区条例》等行政法规；二是土地利用规划法规体系，以《中华人民共和国土地管理法》为核心，另有《中华人民共和国土地管理法实施条例》和《基本农田保护条例》等行政法规；三是环境保护规划法规体系，除《中华人民共和国环境保护法》《中华人民共和国水污染防治法》《中华人民共和国水土保持法》等法律之外，还有《建设项目环境影响评价资质管理办法》《环境行政处罚办法》等部门规章；四是其他有关国土空间的法规体系，如《中华人民共和国海域使用管理法》《中华人民共和国自然保护区条例》等。2019 年，自然资源部办公厅印发了关于《自然资源部 2019 年立法工作计划》的通知，将研究起草包括《国土空间开发保护法》《自然保护地法》等多项法律、行政法规及部门规章草案等，推动我国国土空间治理法律法规体系进一步完善。

国土空间治理的成果需要完善的监督管理体系加以巩固和维护，为保障治理目标的实现，要监督各治理主体彼此之间相互合作与制约。一方面，要加强各政府部门协调一致的综合执法力度，改变碎片化管理现状，利用信息化手段开展常态化监督，做到"早发现早解决"。另一方面，在改革政府监督管理体制的同时，尊重社会公众的主体地位，鼓励社会公众参与监督管理，强调事中事后监督管理，充分发挥社会舆论的监督力量，促进多元主体共同参与国土空间治理。在建设审批制度改革方面，国内不同地区也在不断强化监督管理的作用，以成都市为例，其创新工程建设项目质量监督方式，引入商业保险机制，探索推行工程建设项目质量责任保险。又如，长沙市全面推行"双随机、一公开"监管，加大监督检查力度，严肃查处违法违规行为。强化监督管理的核心作用是促进国土空间治理能力提升的关键环节，对提高建设项目审批效率有突出作用。

（三）实现资源配置效率的国土空间规划

国土空间治理是以空间发展战略、法规与规划、国土空间规划和区域发展政策体系为核心内容，由政府管理、市场机制、社会治理等多主体作为参与者共同参与，通过资源配置实现国土空间的有效、公平和可持续的利用及各地区间相对均衡的发展。

根据规划的层级和类型，我国的总体规划强调综合性，是对一定区域范围涉及的国土空间保护、开发、利用和修复做全局性的安排；详细规划强调实施性，一般是在市县以下组织编制，是对具体地块用途和开发强度等做出的实施性安排，是开展国土空间开发保护活动和进行各项建设的法定依据；相关的专项规划强调专门性，一般是由自然资源管理部门或者相关管理部门来组织编制，可在国家级、省级和市县级层面进行编制，特别是对特定的区域或者流域，为体现特定功能对空间开发保护利用做出的专门性安排。

国土空间治理的资源大多具有不可移动性，仅按照资源禀赋进行国土空间资源的配置会导致形成不均衡的空间发展格局。2011 年《全国主体功能区规划》明确了主体功能区的空间管制概念，划分四类主体功能区，并规定了相应的功能定位和开发管制原则，目的在于实现我国国土空间的有序均衡发展（陈江畅 等，2021）。2017 年《全国国土规划纲要（2016—2030 年）》强调"坚持国土开发与资源环境承载能力相匹配""坚持集聚开发与均衡发展相协调""以资源环境承载能力为基础"，推动国土空间开发格局优化和底线保护。新时代国土空间治理强调政府部门提供服务的整体性，依靠信息技术手段，对治理层级、功能、公私部门关系和信息系统的碎片化问题进行有机协调与整合，建立一个跨部门紧密合作、协同运作的治理结构，使政府治理从分散走向集中、从部分走向整体、从破碎走向整合，提升政府部门的整体性运作效率与效能。

（四）配套的区域发展政策体系建设

国土空间治理是我国实现高质量发展和可持续发展的重要组成部分，健全国土空间开发保护制度与国土空间规划体系、发挥地区比较优势形成高质量发展的空间布局等成为国家现代化建设的重要内容，在这个过程中配套的区域发展政策体系建设是不可或缺的支撑与推动力。

1999 年之后我国开始实施西部大开发战略并逐步完善和形成区域发展总体战略。2002 年我国开始研制主体功能区规划，并逐步成为战略和基础性制度，以及对资源枯竭型城市与集中连片贫困区等问题地区的扶持（张文忠 等，2016；周侃 等，2016），在我国国土空间治理和促进区域经济均衡发展方面发挥了重要的作用。党的十八大以来，党中央、国务院依然把区域发展战略作为富国强国的核心抓手，逐步形成了京津冀协同发展、长江经济带和长三角一体化、粤港澳大湾区、黄河流域生态保护和高质量发展等重大区域发展战略（肖金成，2019）。它们共同构成了"美丽中国"建设的核心内容。

"十四五"时期我国区域发展政策体系的建设应按照高质量发展的新要求，把握中国特色社会主义制度的特点和优势，聚焦新时期国土空间治理和区域经济布局的重大改革和重大举措，大胆创新，打造我国高质量发展的新增长点和新亮点（樊杰，2020）。

三、改革方向和重点

近年来，我国自然资源领域的改革更进一步，自然资源部成立，统一行使所有国土空间用途管制和生态保护修复职责，各项工作有序开展，在国土空间治理体系与治理能力现代化的进程中迈出了具有里程碑意义的重要一步，为新时代国土空间治理的发展带来光明前景。目前，湖北省各级政府积极引导自然资源等要素跨区域流动和城市、产业集聚发展，同时，着力构建均衡的三生空间与和谐的三类空间，国土空间治理效果日益显现，为湖北省高质量发展和绿色崛起提供了良好的条件。但我国现阶段国土空间的治理仍然存在一些问题，可将其视为我国国土空间治理的改革方向和重点。

（1）不断加大对国土空间治理管理体制完善力度。各部门国土空间治理通常是以行政层级为依据，自上而下形成多个级别开展治理有关的方案编制与实施工作，有时存在部门分割、事权分散等问题，同时管理主体不一、职责交叉重叠（叶裕民 等，2019），规划协调衔接度不高，相关治理优势不能有效地适应我国社会主义市场经济发展要求。自然资源部的成立使得我国国土空间的规划和治理初步实现了从碎片到整体的转变，但新时代国土空间的规划和治理仍然面临众多挑战，需要更加成熟和完善的管理体制来帮助应对风险。

（2）建立长效且统筹兼顾的国土空间治理相关法律制度。虽然我国有关国土空间治理的现有法律法规及政策制度文件已对国土空间治理及其相关方面做了大量的规定，但尚未形成完整统一的保障体系，在形式与内容上均存在不足之处，如"三规"中仅《中华人民共和国城乡规划法》（2019 年修正版）明确了城乡规划法律地位；《中华人民共和国土地管理法》（2019 年修正版）虽编制了土地利用规划内容，但与《中华人民共和国城乡规划法》（2019 年修正版）相比，缺乏详细的法律条款，作用可能相对较弱。长期以来，我国国土空间治理随着时代的变迁而变化，在此期间虽然相关部门对此很重视，也出台了一系列相关条例与办法等，但直到如今仍然缺乏能够整体统筹且效力持久的相关法律。

（3）注重国土空间治理理念的与时俱进和手段等的创新性。长期受经济建设中心思想的影响，过去的治理方案通常把经济增长作为编制标杆，对社会发展、生态保护问题关注力度不够，导致相关方案实施不力等一系列现实问题。虽然后期在国土空间的治理过程中，民生等社会问题、生态环境保护问题得到关注，但社会法治建设不完善或贯彻力度不够、部分地区生态安全意识仍然较弱，缺乏有效的约束力和执行力。

党的十八大报告将生态文明独立成篇，党的十九大报告描绘了新时代我国生态文明建设的宏伟蓝图，引领国土空间治理与"尊重自然、顺应自然、保护自然""山水林田湖生命共同体整体保护、系统修复、综合治理""空间均衡"等理念牢牢结合（王威 等，2020）。党的二十大报告强调了必须牢固树立和践行绿水青山就是金山银山的理念，站在人与自然和谐共生的高度谋划发展。同时，我国也需要具有创新性的手段将新理念贯穿到各地区的工作中，提高社会各阶层对生态环境问题的关注，从而提高地区国土空间治理的执行力和有效性。

（4）加快构建中国特色自然资源资产产权制度。自然资源统一确权登记在我国是一项全新的工作，且国外可参照经验很少，与此同时，国内体制、配套机制尚不健全。产权是所有制的核心，自然资源产权的有效保护是生态文明制度建设的基础，其确权登记则有利于对自然资源产权的保护。目前我国有关的制度规划、业务体系、技术标准等还处于摸索阶段，产权制度和自然资源领域还没有很好的融合，在我国国土空间治理的过程中发挥的作用还没有真正显现出来，可能无法预防某些较为严重的问题，从而制约国土空间的开发保护与生态修复。

我国自然资源产权的制度选择应该是在可持续发展的经济理念指导下的自然资源效率，即追求自然资源产权绩效大于成本的制度目标（陈家丹，2021）。应当结合我国国土空间治理的实际情况，找出主要问题，构建完善的自然资源产权制度，提高国土空间治理效能，推进我国国土空间治理体系和治理能力现代化。

<h2 style="text-align:center">第四节　新时代影响区域国土空间治理体系
和治理能力现代化的要素分析</h2>

新的时代以来，我国的经济社会进入了新的发展阶段，并对区域国土空间治理体系和治理能力现代化进程产生着深远的影响。

一、新时代对国土空间治理的要求

习近平总书记说过"我们既要绿水青山，也要金山银山。宁要绿水青山，不要金山银山，而且绿水青山就是金山银山"，由此可见，在国土空间布局的四大要求中，首要的便是绿色发展问题。这既是整个国家经济社会发展的必然选择，也是新时代的必然要求。2019 年湖北省自然资源厅在自然资源工作会议中指出，湖北省自然资源系统要通过"守底线、优服务、强基础、求突破"四大方面入手，积极开展工作。这对湖北省国土空间布局提出了新的要求：第一是坚持走带有湖北特色的绿色发展之路，转换新旧动能；第二是抓住机遇，为湖北省高质量发展树立政治自觉与行动自信，推进结构调整；第三是提高凝聚力，将区域协调作为自然资源空间布局的重点，形成强大合力。

（一）绿色发展要求

绿色发展是关系我国长期发展全局的科学理念，体现了党对生态文明建设、社会主义现代化建设规律的深刻认识。2012 年，党的十八大将生态文明建设纳入中国特色社会主义事业"五位一体"总体布局；2015 年，党的十八届五中全会首次提出创新、协调、绿色、开放、共享的新发展理念，将绿色发展作为"十三五"期间乃至更长时期我国经济社会发展的一个基本理念；2020 年，党的十九届五中全会提出推动绿色发展，促进人与自然和谐共生，并将"广泛形成绿色生产生活方式，碳排放达峰后稳中有降，生态环境根本好转，美丽中国建设目标基本实现"列入 2035 年基本实现社会主义现代化远景目标（薛伟贤，2020）。2022 年，党的二十大强调推动经济社会发展绿色化、低碳化是实现高质量发展的关键环节。

绿色发展将成为"十四五"期间甚至未来更长一段时期内经济、社会发展的重要方向。这就要求未来五年必须深入贯彻落实新发展理念，在行动上，以"两山"理念为指导，守护绿水青山和提升生态质量；在管理上，以国土空间开发保护格局为引领，落实可持续发展战略和完善生态文明领域统筹协调机制；在发展上，以人与自然和谐共生为准绳，促进经济绿色转型，推动绿色低碳发展（赵亚莉，2020）。

（1）科学设置绿色发展指标。绿色发展指标是将绿色发展目标在国土空间规划中定量化，明确今后可利用资源空间的最大规模，构筑未来发展可占用资源的底线。在绿色发展指标中，可采用的指标包括森林覆盖率，绿色生态空间比例，单位 GDP 地耗、水耗、能耗，碳排放强度，区域土地开发强度等。在各层级国土空间规划绿色发展指标设置过程中，对于绿色生态空间控制指标，应按照保持生态空间整体性的原则统一落实，不宜层层分解；对于涉及经济增量的绿色发展指标，需要考虑区域生态空间底数和经济发展前景，将其分解到各层级规划，以便因地制宜地保护生态和发展经济，形成国土空间开发保护的绿色发展格局。

（2）加强绿色发展要素保护。国土空间规划应划定地域分区，制定分区管制规则，加强对永久基本农田、重要生态功能保护区、湿地、林地、草地等自然资源的保护，避免生态空间被过度占用，增强绿色发展的资源本底。同时，国土空间规划也应合理配置城乡居民点用地、产业发展用地和基础设施用地，以低碳、集约和高效为目标，优化重要资源、能源、水利、交通等关键性经济要素的空间布局结构，合理控制国土空间开发强度，建立促进经济社会发展的绿色要素保护体系。此外，保护绿色发展要素，须充分发挥市场配置资源的基础性作用，通过价格机制促进自然资源高效集约利用，避免资源浪费。将市场经营理念引入生态资源保护工作，将有助于丰富绿色发展路径。

（3）大力拓展绿色发展空间。一是以国土空间规划为依托，加强对绿色生态空间的保护和修复，提升绿色空间的生态系统服务水平，改善存量绿色生态空间质量；二是扩大重要生态保护区域范围，实施国土空间全域综合整治，减少低效、闲置的建设空间，促进废弃工矿用地向绿色空间转换，增加绿色发展空间规模；三是在生产和生活空间范围内，实施扩大绿色基础设施建设的专项规划，实现生产生活生态空间的绿色融合；四是建立多元化资金投入机制及经济补偿和激励机制。

（4）驱动绿色新兴产业发展。优先安排绿色新兴产业用地指标，以充裕的用地指标和便捷的审批程序吸引绿色产业进入，鼓励新兴绿色产业发展。不符合国家政策的产业将不予分配用地指标，从源头上控制污染严重、生产低效的产业用地规模；制定严格的产业用地管制准则，对于不符合绿色环保标准的产业，不得允许其进行改建、新建和扩建，严格禁止产业用地规模扩张；优先安排新兴绿色产业用地空间，为绿色发展预留发展空间，确保绿色产业能够及时落地建设。国土空间规划的有效实施，将加快促进经济发展方式转型，逐步淘汰落后产业用地，扶持新兴产业用地，为国民经济注入绿色发展的新动能。

（5）努力提升绿色产品价值。国土空间规划如何提升绿色产品价值，关键是要合理布局各类用地空间，促进绿色生态空间与生产生活空间的深度融合，为实现生态产品价值创造基本条件。绿色生态空间必须具有适宜的可达性，既要有利于经营性生态空间的资源资产经营，也要便于生产生活空间享有绿色空间外溢价值，为广大群众的绿色消费行为提供便利条件，实现生态产品价值。如果生态空间可达性差，生态产品价值将很难从产权交易市场上得到实现。同时，国土空间规划确定的用地管制分区，应成为绿色生态产品认证的前置性工具，体现国土空间规划在绿色产品价值实现过程中的基础性作用。

（6）构建国土空间的绿色治理机制。完善政府、市场、社会组织、公众共同参与的空间治理模式，是"十四五"时期空间治理现代化建设的重点，也是国土空间绿色治理的重要内容。一是从规划编制的绿色理念引领、产业布局的绿色产能驱动、用地空间的集约高效、规划实施的绿色指标实现考核等方面，完善国土空间规划的政府治理机制；二是充分利用市场工具，建设空间发展权交易市场，落实跨产业、跨区域用地空间的合理配置，吸引绿色技术和资金投资，构建绿色发展的多元化支持机制；三是从国土空间规划服务人民群众的角度，建立规划的公众参与和公共服务机制，反映人民群众对国土空间规划的期望，提升规划服务人民群众的能力水平，为满足人民美好生活需要提供保障；四是通过规划实施，建立绿色生产模式，培育绿色消费观念，促进全社会绿色发展自觉行动的形成。

（二）高质量发展要求

高质量发展作为我国新时代经济社会发展的重要特征之一，对国土空间治理工作提出了更高的要求，主要体现在以下几方面。

（1）提高技术创新能力，努力提质增效。要实现经济社会的高质量发展，必然要将传统的要素投入型转变为创新驱动型，努力提升产业的科技创新水平。以技术创新作为高质量发展的核心动力，促进产学研深度融合，构建创新协同体系，发挥政府、企业和高校各主体之间的协调耦合作用，为培育创新型人才营造良好的环境。同时，通过技术创新能力的提升推进新型城镇化，加快农村转移人口市民化，提高城市集约利用水平。改善城市"摊大饼"的问题，在坚守城市开发界和生态保护红线的前提下，利用遥感监控技术及互联网大数据分析绘制"一张图"建立综合监测平台，实现国土数据信息的广泛采集和管理，提高城市治理水平，优化城市硬件保障，促进城乡建设用地提质增效和集约高效利用，调整用地结构，合理保障区域公共服务和基础设施用地，拓展生态空间。增强分类思想，根据不同区域确定相应开发强度，努力实现提质增效。

（2）强化"底线思维"，促进国土空间优化布局。开展以生态优先为主的综合承载力测算和障碍因子识别工作，完善差异化区域资源环境管理体制创新，是优化调节国土空间格局、促进区域均衡发展的基础，对贯彻落实高质量发展有重要意义。做好综合资源环境承载力评价工作，判断不同区域的资源环境承载力能力水平，了解国土空间发展的综合潜力和适宜性分区。在客观反映资源环境现状优势和短板基础上，合理发挥未来发展潜力，规避阈值风险，强化底线思维。针对不同区域特点，差异化国土空间布局，优化区域产业结构，明晰范围内适宜性发展目标和生态修复要点，对已有规划进行校正和修改（李碧君，2021）。

（3）把新型城镇化高质量发展与区域资源环境承载力有机结合起来。高质量推进国土空间治理发展必然要受到资源环境的约束。高质量发展的一个重要体现就是不能超过区域资源环境承载能力。这就要求协调好国土空间治理高质量发展与生态环境保护及生态文明建设的相互制约和促进关系，分析国土空间高质量发展的资源、环境效应，揭示国土空间高质量发展与资源环境交互胁迫机理与规律，动态分析两者相互作用的影响程度与动态阈值，随时做出国土空间治理高质量发展的资源环境预警，并提出相应的调控方案与调控路径。

（三）信息化和智能化要求

国土空间信息化和智能化的核心是人地关系，包括人及经济社会活动和土地开发利用方式，人的经济社会活动需要土地的承载，土地在人的经济社会活动下开始呈现多样的利用方式。国土空间规划须考虑人本化、生态宜居等"人"的需求，以及国土空间效率、要素流动、空间协调等"地"的内涵变化，引导人地协同（张东升 等，2021）。

1. 数字化支撑下的国土空间信息化

根据自然资源部《国土空间规划"一张图"建设指南（试行）》的要求，治理信息化建设成为新时期国土空间治理的必然趋势和必备工具。以"一张图"为基础，结合国土空间信息化的有关需求、要求，构建国土空间信息化的总体框架，共分为应用层、数据层、平台层及智能层4个层次。其中：应用层主要着眼于实现国土空间的高水平治理，针对部门事权展开应用；数据层是基础，主要是多元数据的汇集入库和空间表达；平台层是支撑，主要是系统平台工具的开发；智能层实现国土空间智能化规划和智能化治理。

1）应用层

应用层是国土空间高水平治理的主要体现，是各个管理部门职能的重要体现。应用层主要包括国土空间规划应用、自然资源一体化审批应用、自然资源和不动产确权登记应用、耕地保护应用、国土空间生态修复应用、自然资源所有者权益管理应用、自然资源开发利用管理应用、自然资源灾害防治应用、综合执法监察应用、内部综合管理应用及互联网+公众服务应用等内容。

2）数据层

数据层是国二空间信息化的基础。从数据处理逻辑上看，包括数据感知、多源数据汇集、数据清洗、数据建模应用和可视化表达等内容；从数据来源上看，分为商业数据和政府部门数据。商业数据主要包括遥感数据、手机信令、手机软件（application，APP）数据、多系统合路平台（point of interface，POI）数据、网络爬虫数据等。政府部门数据主要包括全国土地调查数据、国土空间规划底图数据、国土空间规划数据、公安人口数据、地理国情数据、经济普查数据、行政管理、交通水利市政等其他部门数据。多源数据集成，经过数据标准化处理，形成基础数据库（数据湖）。

3）平台层

平台层是集成数据层的各类数据，综合运用物联网、互联网、云计算、数据库、地理信息系统等相关技术，构建国土空间基础信息平台、国土空间规划"一张图"实施监督信息系统和跨集群系统处理的大数据平台。其中国土空间基础信息平台重点构建全域底图、底数、底板，国土空间规划"一张图"实施监督信息系统重点构建一张蓝图、规划实施、监测预警、规划评估4个板块，是国土空间规划必选平台。跨集群系统处理大数据平台将国土空间规划有关用地数据，将人口、经济社会等多源数据融合为数据层，开发智能建模+服务组件的空间服务层，以及对内运营和对外应用的应用层，为智慧国土建设提供平台支撑。

4）智能层

智能层是指数字化国土空间规划与管理，包括集数据训练、数据建模、智能推演于一体的智慧化规划，集规划成果入库、指标体系及评价标准和实时数据录入评估于一体的智能评估检测，集规划强条入库、实时数据录入、阈值设定于一体的智能预警，集城市基础地理信息、城市管网等地上地下数据、城市管理数据、城市规划与城市设计成果入库，以及基于三维建模于一体的数字孪生城市建设。

2. 模块化替代重复率较高的工作的智能规划

国土空间治理编制智能化方面试图开发双评价与城市体检评估、城镇边界划定、城镇结构优化、用地布局调整 4 个模块。

模块一：基于双评价运算逻辑开发双评价自动运算程序，结合空间位置数据，强化数据训练和经验值预设，实现双评价和城市体检评估的智能化。城镇开发适宜性评价，利用手机信令、互联网、物联网、射频识别（radio frequency identification，RFID）技术等位置大数据，运用核密度分析等方法进行数据测度。土地资源承载力评价，通过开发智能化插件，对土地、水资源、环境、生态、灾害等方面的基础数据标准化以后，进行智能化操作。城市体检评估，参照双评价的智能化流程，通过单因子或复合因子分析人地关联、公服均衡配置、公共空间利用效率等。

模块二：在现状城区范围识别和国土空间边界划定方面，依据相关指南要求开发智能运算程序进行自动化推演。智能运算程序基于准确的人口和用地现状数据进行规模预测，在利用现状城区范围识别规程识别现状城镇建成区边界的基础上，利用手机信令数据、人口普查数据等，通过空间分析、地统计分析、模型预测等方法研究人口分布变化特征，对用地发展方向、规模进行预测。利用趋势外推加多次迭代、元胞自动机等空间增长模型划定城镇未来空间开发边界。

模块三：在国土空间结构智能化优化方面，基于空间规划专家经验逻辑开发自动化规划推演程序。利用人口位置大数据与核密度分析、网络分析、专家经验的机器学习和训练等方法预测结构性生态要素的结构布局。利用耕地分布、耕地质量、农产品流动等数据，通过网络分析方法预测农业空间适农产业布局结构。利用手机信令、互联网位置大数据，通过地统计分析、核密度分析、网络分析等方法识别城镇公服中心，通过机器学习训练模拟未来居民公服与商业需求，优化城镇空间结构。

模块四：基于城市规划专家经验，基于地上地下基础数据和专家经验开发城市用地规划程序，实现城市用地布局的智能化调整。基于"三调"基础，收集夜景灯光数据、手机信令数据等，通过核密度分析、职住通勤网络分析等方法识别各城市功能片区的职住关系及开发热度；研判市民活动类型和活动范围，进行居住生活、工业就业、娱乐休闲、健身游憩等功能分区，指导国土空间规划用地功能分区。

二、新时代区域国土空间治理体系和治理能力现代化的影响要素

根据新时代的要求，影响区域国土空间治理体系和治理能力现代化进程的因素主要包括现代基础设施建设、制度建设、技术保障、生态环境及市场和效率。

（一）现代基础设施建设

现代基础设施是指为社会生产和居民生活提供公共服务的物质工程设施，是用于保证国家或地区社会经济活动正常进行的公共服务系统，包括交通、通信、供水供电、商业服务、科研与技术服务、园林绿化、环境保护、文化教育、卫生事业等市政公用工程设施和公共生活服务设施等。现代基础设施建设是指在基础设施方面进行的完善、改造等社会工程，是国民经济各项事业发展的基础，对国土空间治理体系与治理能力现代化的建设具有支撑作用。对现阶段我国国土空间的治理而言，其治理体系和治理能力现代化的水平越高，对基础设施的要求也就越高。也就是说，完善的基础设施建设对加速国土空间治理体系和治理能力的现代化起着巨大的推动作用。

在如今的智慧经济时代，为贯彻新发展理念，应用新科技成果，实现国家生态化、数字化、智能化、高速化、新旧动能转换与经济结构对称态，新型基础设施建设开始成为我国现代基础设施建设的重点。新型基础设施建设主要包括 5G基站、特高压、城际高速铁路和城市轨道交通、新能源汽车充电桩、大数据中心、人工智能、工业互联网七大领域，涉及诸多产业链。推进国土空间治理能力和治理体系现代化建设，不仅要满足数据的共享与交互，还应为其提供更好的感知能力、学习能力、分析评估能力和自动化能力（张东升 等，2021），新型基础设施建设的发展为我国国土空间的治理带来了新的机遇与动力，对区域国土空间治理体系和治理能力现代化进程起着举足轻重的作用。

（二）制度建设

系统性的制度建设是我国区域国土空间治理体系与治理能力现代化建设的重要的支撑体系之一，也是优化国土空间开发保护格局的关键。影响我国区域国土空间治理体系和治理能力现代化进程的制度建设包括法律法规政策制度建设和监督管理制度建设。

完善的法律法规体系是推动我国国土空间治理体系有效运转最基本的保障。坚持全面依法治国，是中国特色社会主义国家制度和国家治理体系的显著优势。对国土空间的治理而言，与之相关的法律法规体系同样是其最稳定、最可靠的保障。

我国现有的国土空间相关法律法规体系主要包括城乡规划法规体系、土地利用规划法规体系、环境保护规划法规体系及其他有关国土空间的法规体系，目前我国相关的法律法规体系仍在不断改进与完善。在法律层面做出明确规定，使得我国国土空间的治理在各方面均有法可依。推进国土空间治理现代法治，不仅是推进我国国土空间治理体系和治理能力现代化的必由之路，也是完善中国特色社会主义法治体系的必然要求（严金明 等，2020）。另外，有效的监督管理制度体系有助于对国土空间的治理成果进行巩固和维护。其中：监察制度明确了各部门各主体的具体工作职责，强调各部门具体执行者对规章制度的执行力；无为问责制度则是对各部门执行者工作能力即综合素质的检验；过错追究制度时刻提醒国土空间治理各部门各主体进行自我反省，追求自我完善与提升；绩效考核制度则是提高治理效能的有效途径。因此，制度建设是影响我国区域国土空间治理体系和治理能力现代化进程的重要因素。

（三）技术保障

现如今我国的各项科学技术的发展愈发迅速，技术保障为我国区域国土空间治理体系和治理能力现代化进程提供了强大的推动力。自生态文明体制改革总体方案提出以来，我国的国土空间治理不断朝着建设美丽中国的目标发展改进，不断引进人工智能、大数据、城市信息模型、遥感为代表的新一代信息技术手段来加强国土空间全域数字化、空间治理工作网络化、空间规划监管智能化建设。

在自然资源和国土空间大数据的支撑下，我国正在加快建设国土空间大数据平台，将土地和资源的相关调查数据与空间资源、空间性规划及包括城镇、人口等在内的社会经济数据等进行整合，从而搭建统一共享、上下衔接的国土空间基础信息平台，将基础调查数据、空间规划、政务管理等纳入平台（白世强，2018）。通过充分利用现代化信息技术，例如使用卫星图像与传感技术实时、动态地感知国土空间信息，使治理更加准确化和精细化，从而帮助建立数字化国土空间模型，基于人工智能手段开展知识挖掘，支撑规划科学编制、自动审批、动态监测、智能评估、智慧推演。综上所述，坚实强硬的技术保障深刻影响我国区域国土空间治理体系和治理能力现代化的进程，为国土空间领域规划编制、审批监管、数据供给、分析模拟、信息发布、评估预警等功能应用提供了重要的支撑服务。

（四）生态环境

生态文明的建设关系人民福祉，也关乎民族未来，现如今生态环保的意识已经渗透到国家社会和经济发展的方方面面。

我国的国土空间治理工作早已将生态环境相关内容纳入了自身的战略目标，而国土空间治理本身就是我国加快生态文明体制改革、建设美丽中国的关键举措。从战略目标的角度来讲，战略目标是我国国土空间治理工作的方向引导，同时也是其最终成果，因此生态环境因素会推动我国区域国土空间治理体系和治理能力现代化的建设。从国土空间治理本身的内容来看，国土空间的治理需要重视国土空间的开发利用保护及生态修复相关问题，推进生态优先和绿色发展，实现人与自然的和谐共生及国土空间的治理。

（五）市场和效率

国土空间治理的主要工作包括通过资源配置实现国土空间的有效、公平和可持续的利用及各地区间相对均衡的发展。这个过程中，市场与效率相关因素会影响国土空间治理的效能，从而对我国的区域国土空间治理体系和治理能力现代化进程产生影响。

市场是提供信息的重要场所，现实的各种经济活动所处的市场并不是传统经济学假设中的完全信息市场，不完全信息市场虽然对市场信息效率有所弱化，但经过综合的分析与考察，仍然是相关主体进行决策不可或缺的重要依据。国土空间治理具体来说是由国土空间调查监测、确权登记、评估核算、规划编制、用途管制、开发利用保护、生态修复、智慧监管等构成的全链条治理体系，涉及的各种相关资源的数量、质量及分布情况等，只有通过分析市场中的相关信息，才能做出科学的决策，帮助推动各地区间的均衡发展。

国土空间治理过程中对资源的配置效率直接影响最终的治理效能，对国土空间的可持续发展具有重要意义，也是社会各界对国土空间治理工作重点关注的一类指标。因此在新时代，为推动我国区域国土空间治理体系和治理能力现代化进程，积极探索国土空间治理的有效路径，从而实现国土空间资源综合利用的效益最大化，提高国土空间的资源配置效率是必然要求。

第七章

湖北省国土空间治理体系和
治理能力现代化建设框架设计

根据体系性和时代性等原则，结合《决定》的要求，确立设计思路，对湖北省国土空间治理体系和治理能力现代化建设框架、国土空间治理体系、治理模式、治理机制、国土空间发展战略及国土空间治理体系和治理能力现代化实现路径进行设计，突出交通等现代基础设施、科学技术、生态环境保护和质量与效率等因素在国土空间治理体系和治理能力现代化建设中的独特作用，完善治理体制和运行机制，形成区域国土空间治理体系和治理能力现代化建设架构，并探讨国土空间治理方向和重点。

第一节 设计原则

根据《决定》的精神和要求，本节介绍湖北省国土空间治理体系和治理能力现代化建设框架设计原则。

一、时代性

随着改革开放的不断深入，我国已进入了以结构优化、区域协调和高质量发展为主要特征的新时代。这对我国区域国土治理体系的建设提出了更高的要求，因此，湖北省国土空间治理体系和治理能力现代化建设必须体现新时代的要求。具体来看，结合湖北省发展的实际，时代性原则主要体现在以下几个方面。

（一）绿色发展

党的十八届五中全会提出了"创新、协调、绿色、开放、共享"的新发展理念。它既是对中国特色社会主义理论的丰富和发展，也是针对当前我国资源约束趋紧、环境污染严重、生态系统退化问题十分严峻，人民群众对清新空气、干净饮水、安全食品、优美环境等生活质量的要求和期盼越来越强烈的客观现实等我国经济社会发展中面临的突出问题和挑战所提出的战略指引。它深刻地揭示了实现更高质量、更有效率、更加公平、更可持续发展的必由之路，是关系我国经济社会发展全局的一场深刻变革，也是湖北省经济社会发展的必然选择，更是国土空间治理的重要任务。

（1）绿色发展已成为新时代中国发展的重要特征。在绿色发展理念不断践行的过程中，我国的生态环境状况得到明显改善。目前，绿色发展已成为我国经济社会发展的主要趋势，也是湖北省各级政府近年来的工作重点，但绿色发展制度和环境还没有完全形成，因此，湖北省在国土空间治理中必须加快绿色发展管理制度和发展环境的建设，而《决定》中已明确提出要将"生态环境保护制度""资源高效利用制度""生态保护和修复制度""生态环境保护责任制度"等作为生态文明制度体系的重要内容，并进行了全面的阐述。它不仅丰富了国土空间治理制度的内容，体现了新时代的要求，也成为新时代湖北省国土空间治理建设的主要内容之一，更是湖北省实现绿色崛起的重要依托。

（2）绿色发展已成为经济社会发展的主要趋势。绿色发展注重的是解决人与自然和谐关系问题，强调了生态环境保护和资源节约利用的重要性。它要求在经济社会发展过程中必须把生态环境保护、资源节约和集约利用放在优先的位置，通过转变经济发展方式，调整产业结构，实施可持续发展战略，形成人与自然、人与社会和谐发展的关系。自绿色发展的理念提出以来，它已成为各个国家的共识和自觉行动。在绿色发展的推动下，我国全面开展了生态环境的建设、修复和保护工作，生态环境状况得到了明显的改善，生态环境恶化的趋势得到了有效的扼制，而绿色办公、绿色生产、绿色消费、绿色产品、绿色制度和绿色管理等绿色发展的环境也逐渐完善，为我国可持续发展战略的实施提供了重要的支撑。目前，在实施长江经济带发展等战略的过程中，湖北省按照国家提出的"共抓大保护，不搞大开发"总体要求，全面加强生态环境保护和修复工作，走绿色发展、高质量发展的道路，并取得了重要的进展。

（二）高质量发展

高质量发展是我国新时代经济社会发展的重要特征之一，也是我国经济社会发展的必然选择。实现高质量发展的核心是要提高发展的质量和效率。目前，湖北省高质量发展的基础和条件已经具备。

（1）高质量发展的社会环境已经形成。在调结构、转方式不断深入的进程中，通过供给侧结构性改革的广泛开展，湖北省确立了"一主引领，两翼驱动，全域协同"的区域发展布局，要素集聚和产业集聚的态势明显，城市群和产业集聚区得到了较快的发展，并成为区域创新发展的重要形式，而产业结构、产品结构和国土空间结构不断得到调整和优化，经济社会发展的质量和效率不断提高，高质量发展和绿色发展的态势和社会环境已经开始形成。

（2）高质量发展的技术和产品支撑条件明显改善。随着创新发展理念的不断深入，湖北省各级政府和不同市场主体都十分注重科技创新能力的培育，在科技成果的转化和应用政策的大力支持下，持续的自主知识产权成果和高新技术产品不断涌现，在支撑经济社会快速发展的同时，市场主体的自主创新能力和核心竞争力也得到了显著的提高。科技对经济社会发展的贡献和支撑作用日益显著，而新的管理理论和管理方法也得到了广泛的应用。这一切都为湖北省高质量发展提供了重要的科技支撑，也对湖北省国土空间治理能力的普遍提高起着重要的支撑作用。

（3）高质量发展的制度建设正在推进。在创新驱动发展的推动下，湖北省各级政府和市场主体都充分重视生态环境保护和资源节约集约利用、生产和产品质量标准、质量管理制度等质量建设工作，注重引进和吸收先进的管理技术和方法，提高企业的管理水平，为创新驱动发展、高质量发展提供良好的制度保障。

高质量发展作为新时代中国经济社会发展的主要特征之一，既是我国创新发展战略实施的必然结果，也是湖北省构建区域国土空间治理体系、提高国土空间治理能力、推进国土空间治理进程的内在要求，更是新时代的重要特征。

（三）数字化、信息化和智能化

随着互联网和人工智能技术的不断发展和融合，数字化、信息化和智能化已经成为推动经济社会发展的重要力量。它们具有及时、准确、便捷和表达形式多样等特点，在提高工作和生产效率的同时，也对传统的生产和生活方式产生了革命性的影响。

（1）互联网和人工智能技术的发展为信息化和智能化的快速发展提供了可能。随着互联网和人工智能技术的快速发展，特别是大数据、智慧云、监督云等平台的建设，5G+、互联网+、大数据、区块链和人工智能等先进技术和产品在社会上的广泛应用，加速了互联网和人工智能技术的发展和融合，形成了相互推进的态势，也使城市、企业、社区和政府管理等具体事务呈现了数字化、多维化、立体化、可视化和智能化的特征。它们不仅使管理更加精细、表现形式多样、工作更加方便、效率更高，还可以呈现多维、立体和虚拟等身临其境的视觉效果。在优化管理程序、生产工序，提高生产效率和管理水平的同时，也为推进湖北省国土空间治理体系和治理能力现代化进程提供了重要的技术支撑条件。

（2）数字化、信息化和智能化对传统生产和生活方式的影响已经形成。近年来，互联网、区块链和人工智能等先进技术和产品得到快速发展和应用，特别是信息化和智能化相互融合发展，不仅有效地推动着线上和线下的深度结合，将生产者和消费者进行有效的结合，形成了许多新的业态，并在改变传统产业发展模式、优化产业结构、提高产业发展质量等方面发挥了重要的作用，在电子银行、第三方支付、第三方现代物流平台等方面，提供了重要的技术支撑。它在加快电子商务快速发展的同时，也切实改变了人们的生产、生活方式和政府社会治理方式。如何适应新形势，解决新问题，也对国土空间治理工作的开展提出了更高的要求。

（3）数字化、信息化和智能化已经成为推动经济社会快速发展的重要力量。在经济社会信息化和智能化水平普遍提高的同时，线上和线下的深度结合和互联网+的广泛应用，不仅使传统产业的发展受到重大的冲击和挑战，而且使传统的就业方式、生产方式、消费方式和生活方式发生了巨大的变化。当然，数字化、信息化和智能化在推动产业升级、消费升级的过程中，也催生出了许多新的产业和业态，并带来了许多新的发展机会，现已经成为推动经济社会快速发展的强大引擎。

数字化、信息化和智能化在加强管理，优化管理流程，减轻劳动强度，提高政府管理水平、服务效能和决策能力的同时，也为湖北省国土空间治理体系和治理能力现代化建设提供了重要的技术支撑。

近年来，湖北省自然资源管理部门在加强自然资源管理、提高管理效能的同时，在数字化、信息化和智能化建设方面也已有了一定的基础和条件，一定程度上推动了国土空间治理的进程，但仍然存在发展程度不高，特别是应用范围和技术水平不高，不能完全覆盖国土空间治理的全过程等问题，这对提高国土空间治理效能方面所产生的影响并不十分明显，必须在今后的工作中进一步加强。

二、体系性

国土空间治理体系是我国政府管理在改革开放过程中长期探索和不断发展的最新成果，也是我国政府管理改革和发展的重要理论支撑和改革方向。按照《决定》和区域国土空间治理体系的要求，在湖北省国土空间治理体系和治理能力现代化建设设计中必须体现体系性。具体来看，它的体系性主要体现在以下几个方面。

（一）国土空间治理体系

国土空间治理体系在我国政府治理中发挥了重要的作用。国土空间治理体系不仅包括国土空间规划体系，还包括区域发展战略、国土空间治理制度和区域发展政策体系三个方面的内容，并贯穿于国土空间和自然资源开发利用的全过程、全域、全链条和全生命周期之中。它们之间相互作用、互为联系、缺一不可，共同形成区域国土空间治理体系。另外，区域国土空间治理体系还具有与政府治理一致性的特征。因此，在区域国土空间治理体系和治理能力现代化建设进程中必须注重其内容的完整性和体系的完整性问题。

（二）区域国土空间治理体系的发展

我国的区域国土空间治理体系不仅仅是发展观念和管理理念的重大转变，也是我国政府在自然资源开发利用管理空间层面上实现从管理向治理的重大转变，反映了时代的进步和要求，也必将随着中国特色社会主义理论的发展和社会的进步而不断发展。

总体来看，我国国土空间治理的发展一方面是要反映时代的要求。它要求国土空间治理体系建设在发展过程中要适应时代的要求，并对相关内容进行调整和完善，体现了与时俱进的思想。另一方面，我国的国土空间治理体系也是在不断发展的，特别是在深度融入国际经济体系的过程中，如何进一步适应国际经济社会发展的趋势和需要是政府管理在发展过程中必须面对的问题。这些变化就必然要求国土空间治理体系在建设上得到充分的体现，使我国国土空间治理体系具有更强大的生命力。

第二节　设　计　思　路

适应新时代的要求,推进国土空间规划、国土空间利用控制与主体功能区体系的协调互动,促进相关法律法规、规划、制度和技术的深度融合,形成区域发展战略和产业发展政策,既是推动湖北省国土空间治理体系和治理能力现代化的内在要求,也是国土空间治理深入开展的重要支撑。

根据以上设计原则,本节将湖北省国土空间治理体系和治理能力现代化设计思路确定为以下几点。

以习近平新时代中国特色社会主义思想为指导,全面贯彻和落实党的十八大、十九大和二十大重要精神,深入贯彻习近平总书记视察湖北重要讲话精神,全面落实党中央重大决策部署,坚定不移贯彻新发展理念,适应新时代发展的要求,结合湖北省国土空间治理体系和治理能力建设的实际,突出时代性和体系性,以加快交通等现代基础设施建设,提升技术水平、保护生态环境和提高发展质量与效率为着力点,适应要素跨区域流动和产业集聚的发展趋势要求,着力处理好三生空间和"三类空间"的关系,加快区域、城乡和产业的深度融合,借助互联网、大数据、区块链和人工智能等先进技术和手段,以区域国土空间治理体系和治理能力构成要件为核心,全面加强区域国土空间治理体系和治理能力现代化建设,逐步形成由区域发展战略、管理制度和法律、规划及区域发展政策体系共同组成,并覆盖自然资源和国土空间利用的全过程、全域、全链条和全生命周期,管理有序、运转高效、信息化程度高、时代特色鲜明、执行有力的区域国土空间治理体系和治理能力现代化建设框架,推动湖北省国土空间治理体系和治理能力现代化进程,促进全省高质量发展和绿色发展。

(1)以长江经济带发展战略、"一带一路"倡议和中部崛起战略为引领,紧紧围绕"一主引领,两翼驱动,全域协同"区域发展战略的实施,进行区域发展和产业空间布局,引导要素合理流动和产业集聚,全面主导区域经济社会发展和国土空间治理进程。

(2)依据国家和湖北省发展规划,建立权责清晰、科学高效的国土空间规划体系并监督实施,将主体功能区规划、土地利用规划、城乡规划等空间规划融合为统一的国土空间规划,加快编制各级各类国土空间规划,形成以区域国土空间规划为基础,国民经济和社会发展规划、行业发展规划、专项规划和专题规划等规划为主要内容,以信息化、智能化平台为支撑,以"一张图"为主要表现形式的区域规划体系,实施所有国土空间用途管制,形成国土空间开发保护制度,切实抓好国土空间规划制订、执行和监督,加快形成全省可持续发展的空间蓝图,科学指导各类开发保护建设活动，切实发挥规划在区域经济社会发展和国土空间治理中的引导作用。

（3）以加快国土空间治理制度建设为契机，全面推进"生态环境保护制度""资源高效利用制度""生态保护和修复制度""生态环境保护责任制度""绿色发展制度""高质量发展制度"和"国土空间治理制度""国土空间保护制度""国土空间用途管控"等管理制度及国土空间治理法律、国土空间保护法律等建设进程，形成以领导干部管理制度、地区发展绩效考核制度、自然资源和国土空间开发利用管理制度等国土空间治理制度为基础，以自然资源保护与开发利用法律、生态环境保护法律、水资源开发利用与保护法律、国土空间治理法律和国土空间保护法律等国土空间治理法律法规为支撑，管理制度和法律制度完善、管理规范、运行高效、时代特色鲜明、信息化程度高的区域国土空间绿色治理制度体系。

（4）以完善区域协调发展、区域高质量发展、区域市场体系、区域产业发展和区域生态环境保护等系列宏观政策为支撑，形成区域发展政策体系，助力区域融合发展和国土空间治理。

（5）充分利用 5G+、虚拟现实（virtual reality，VR）/增强现实（augment reality，AR）到人工智能技术等信息化、数字化和智能化技术，辅助卫星、遥感、无人机、监测等技术手段，全面提升现有自然资源管理平台信息化和智能化水平，推动国土空间治理向数字化、信息化和智能化方向转变，切实提高区域国土空间治理能力和监督管理能力，为国土空间治理体系和治理能力现代化提供技术支撑。

第三节　建设框架

本节将重点探讨湖北省国土空间治理体系和治理能力现代化建设框架问题，并就湖北省国土空间治理方向和重点进行探讨。

一、建设框架设计

根据区域发展条件和国土空间治理体系的内涵，基于以上设计思路和原则，下面就湖北省国土空间治理体系和治理能力、国土空间治理模式、国土空间治理机制、国土空间治理战略、国土空间治理体系和治理能力现代化实现路径等问题进行框架设计。

（一）治理体系的地位

湖北省国土空间治理体系是我国区域国土空间治理体系的一个重要组成部

分，也是国家国土空间治理体系和国家治理体系的重要组成部分和重要支撑。它既要服从和服务于国家治理体系和国家国土空间治理体系，体现区域国土空间治理的鲜明特征，也要结合区域国土空间布局和发展的要求。

（二）治理体系和治理能力建设框架

从国土空间治理的内涵来看，湖北省国土空间治理主要包括国土空间治理体系和治理能力两个方面的内容。它们之间相互联系，互为支撑。因此，要加快湖北省国土空间治理体系和治理能力现代化建设进程就必须从这两个方面入手。通过建设，进一步完善功能和体制机制，才能全面加快其现代化建设进程，推动区域国土空间治理朝着纵深方向发展。

二、治理体系和治理能力设计

按照区域国土空间治理体系的要求，对湖北省国土空间治理体系和治理能力进行探讨。

（一）治理体系设计

1. 治理体系分类

通过对空间治理体系内涵的理解，可以将湖北省国土空间治理体系的内容分为区域发展战略、制度、规划和区域发展政策体系4个方面。它们贯穿于自然资源和国土空间开发利用的全过程、全域、全链条及全生命周期，使其成为一个全域、全链条和全生命周期的区域国土空间治理体系（图7-1）。

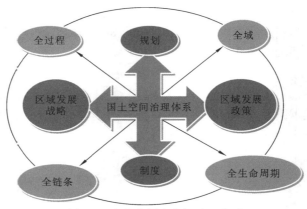

图 7-1　湖北省国土空间治理体系

区域发展战略主要由实现经济和社会发展目标两方面内容组成，它服从和服务于国家战略，并起着支撑的作用；制度主要由管理制度和法律共同组成；规划主要由区域国土空间规划、国民经济和社会发展规划、行业发展规划、专项规划和专题规划等共同组成。它们共同组成规划体系。国土空间治理体系现代化则是由一套治理主体的数据、一个国土空间开发利用效率评价系统及国土空间治理对象组成的空间治理体系共同构成（图7-2）。

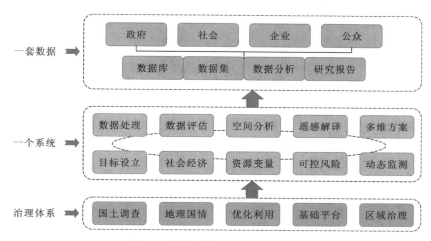

图 7-2　国土空间治理体系现代化

2. 治理体系主要内容

从国土空间治理体系内涵所包括的内容来看，湖北省国土空间治理体系的内容主要包括区域发展战略、制度、规划和区域发展政策体系等。

1）区域发展战略

统筹区域发展是党的十六届三中全会提出的"五个统筹"之一。区域发展战略是引领区域经济发展的方向，是实现经济和社会发展目标的重要举措。涉及湖北省的具体战略主要包含国家层面和地方层面两个层面。从国家层面来看，主要有长江经济带发展战略、"一带一路"倡议、长江中游城市群战略和中部崛起战略；从地方层面来看，主要有"一主引领，两翼驱动，全域协同"的区域发展战略等。

虽然区域发展战略在区域经济社会发展中处于重要的地位，但它仍然要服从和服务于国家战略，且是对国家战略的重要支撑。因此，要继续发挥湖北省各个地区的优势和积极性，通过健全市场机制、合作机制、互助机制、扶持机制，逐步扭转区域发展差距拉大的趋势，形成相互促进、优势互补和共同发展的新格局。

在制订和实施国土空间治理规划时必须以此为基础，服务和服从于区域发展战略的需要。

2）制度

总体来看，国土空间治理制度主要包括管理制度和法律两个层面的内容。

从管理制度而言，国土空间治理应当注重管理制度的系统性、层次性与融贯性，注重顶层设计有效传导至末端治理，保障国土空间制度体系完整、权责统一、层次分明、结构严谨、内部协调、体例科学和信息化程度高。

对基本法律和行政条例而言，要制定能够支撑国土空间治理在统筹全域资源，并进行战略性安排合法性的相关法律和条例，要能够以地方行政规定体系支撑地方与基层国土空间治理活动的有序性，通过不同行政层级和空间尺度间法律保障机制差异化设计提升规划治理的灵活性和适用性。

按照国土空间治理体系的要求，国土空间治理管理制度应该包括领导干部管理制度、地区发展绩效考核制度、自然资源和国土空间开发利用管理制度三个方面的内容（图7-3）。其中，自然资源和国土空间开发利用管理制度主要包括自然资源和国土空间开发利用基本管理制度、绿色管理制度、高质量发展制度、国土空间治理制度和国土空间用途管控制度等内容（图7-4）；绿色管理制度又包括生态环境保护制度、资源高效利用制度、生态保护和修复制度、生态环境保护责任制度、绿色发展制度和国土空间保护制度（图7-5）。国土空间治理法律主要包括现有的水资源、土地资源、矿产资源等自然资源开发利用和生态环境保护、修复等基本法律法规，国土空间治理法律和国土空间保护法律等内容，并形成区域国土空间治理法律法规体系。

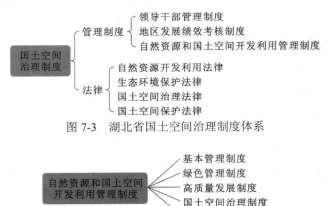

图 7-3 湖北省国土空间治理制度体系

图 7-4 湖北省自然资源和国土空间开发利用管理制度

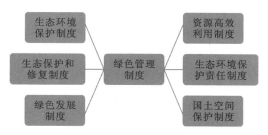

图 7-5　湖北省绿色管理制度

3）规划

总体来看，我国的规划主要包括国土空间规划、国民经济和社会发展规划、行业发展规划、专项规划和专题规划等。它们共同组成了以国土空间规划为基础，由国民经济和社会发展规划及其他规划共同支撑的规划体系，在我国的经济社会发展中发挥了重要的引导作用。

在进行国土空间规划、国民经济和社会发展规划编制的同时，要积极引导要素流动和产业集聚，尽量保证生态空间格局、农业空间格局和城镇空间格局在两大规划体系中基本一致，尽可能在行业发展规划、专项规划和专题规划编制中为发展规划确定的重大项目、重大工程预留空间。同时，要开展湖北省资源环境承载能力和国土空间开发适宜性评价，构建安全、和谐、开放、协调、富有竞争力和可持续发展的美丽国土空间。

4）区域发展政策体系

区域发展政策符合推进区域协调、一体化和融合发展的需要。它在促进区域协调发展、融合发展等方面发挥着重要的作用，也是推进国土空间治理进程的重要支撑。它是促进区域协调发展、支撑国土空间治理工作深入开展的系列政策组合，并形成区域发展政策体系。

因此，在进行国土空间治理时必须要建立和健全区域发展政策体系，以确保湖北省国土空间治理有效实施。主体功能区建设最终应落地基层，推进县域主体功能区建设必须从配套政策方面重点进行设计与完善。在明晰主体功能基础制度作用的基础上，围绕系统改革，通过完善空间管理体制机制并重点落脚于绩效考核、监管预警等配套政策体系，为国土空间治理提供重要保证。

3. 基于不同视角的湖北省国土空间治理体系分析

1）基于国土空间和自然资源开发利用全过程视角的分析

从国土空间和自然资源开发利用全过程来看，要更加注重自然资源的质量和数量的变动。要从各个主体中搜集有效数据，并形成国土空间治理系统，促使产业向同一地区聚集，引导和发展城市群，不断提升国土空间治理效率，以此来实现资源节约和高效利用，达到优化国土空间的目的，同时，要加强国土空间开发利用全过程的监测、监督等建设，形成全覆盖的国土空间监测、监督网络体系，并将国土空间治理体系的内容贯穿于国土空间治理的全过程之中，为国土空间治理工作的顺利开展提供支撑。

2）基于自然资源和国土空间开发利用全域视角的分析

从自然资源和国土空间开发利用全域角度来看，首先，明确对地域空间的划分，既可以从三生空间出发，即将地域空间进一步划分为生产空间、生活空间和生态空间，又可以从"三类空间"出发，即将地域空间归类为农村空间、城市空间和生态空间，搞好与主体功能区规划中的城市化地区、重点生态功能区等的衔接；然后，可以在各个地域空间对各区域进一步细分，并针对不同的区域实行不同的国土空间管理制度，例如把城市空间细分为集中建设区、有条件建设区和特别用途区，进一步明确城镇集中建设区的功能分区，用"用途准入+指标控制"强化功能区的用途管制；在农村空间内划分永久基本农田集中保护区、一般农业区和村庄建设区，按要求分别建立"用途准入+指标控制"和"详细规划+规划许可"管制方式；在生态空间内划分自然保留地、生态保护修复区、海洋保留与特别保护区，采用"清单+指标"的管制方式。因此，通过区域空间的划分可以寻找国土空间治理的重点领域，也能够根据国土空间开发利用中存在的问题，确立区域空间优化的方向，因此，国土空间治理体系的内容必须全面覆盖区域国土空间。

3）基于自然资源和国土空间开发利用全链条视角的分析

从自然资源和国土空间开发利用全链条角度来看，自然资源和国土空间开发利用支撑着不同产业的发展，并贯穿于产业链条之中，其发展方向特别是产业链条中对自然资源和国土空间开发利用数量、质量的需求直接影响国土空间治理的效能，因此，在产业链条的构建和发展中必须加强国土空间的管控。为此，在国土空间治理过程中，要根据不同产业链的特点，构建自然资源和国土空间开发利用一体化、全链条和数字化的国土空间治理框架，将各产业链条囊括其中，进行全面的斟酌和考量，通过运用智能技术，使国土空间治理体系的内容融入产业链条的发展和管理之中，以进一步推动国土空间治理现代化进程，切实提高国土空间治理的效果。

4）基于自然资源和国土空间开发利用全生命周期视角的分析

从自然资源和国土空间开发利用全生命周期角度来看，自然资源具有形成、发现、开发利用和消失等生命周期，因此，从自然资源和国土空间开发利用全生命周期的国土空间治理来看，重点就是要更加注重生态文明建设，建立相应的自然资源回收机制，着重解决"三废"问题，大力发展绿色循环经济。为此，可以建立"四位一体"的差异化绩效考核指标体系，调高生态文明建设所占的权重，促使地方市县提高对生态建设的重视程度，并进一步落实地方政府的责任，注重高质量发展，使国土空间治理体系的内容融入自然资源和国土空间开发利用全生命周期之中。

（二）治理能力现代化建设框架设计

有专家认为，治理能力是指为实现治理目标，治理主体运用治理体系对社会公共事务进行治理的能力，包括制度形成能力、制度实施能力、制度调适能力、制度学习能力和制度创新能力在内的五大要素。治理能力现代化是指治理主体通过自我改革，打造现代化的治理能力体系。一般认为，先进的政府治理目标、高效的政府治理方式和能力、优化的制度构建和使用能力是治理能力现代化的重要标准（李干杰，2019）。

提高国土空间治理能力是新时代的要求，也是满足国土空间治理效能的需要，但从国土空间治理能力现代化来看，它必须有规范的制度保障，更离不开执行有力的政策支撑和大众的参与（图7-6）。

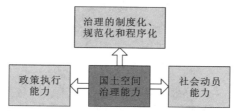

图 7-6 湖北省国土空间治理能力建设框架

其中，治理的制度化、规范化和程序化，即指在对国土空间治理时，应当先从治理理论进行研究分析，初步形成一套相对完整有序的治理体系，并由此衍生出科学的治理方案，根据国土空间的治理需求，进行制度建设，并进行试点。通过总结经验并不断改进，使得治理过程更加规范化和程序化。总体来看，它属于制度的范畴，因此，只有规范的管理制度才能使国土空间治理更加高效、有序。

政策执行能力要求在对国土空间的实际治理过程中，原则上能够遵循前期制定的治理方案，并将各种治理经验穿插运用于其中，同时，对在政策执行过程中遇到的困难，能够灵活应对，高效、合理地解决问题。

社会动员能力主要指的是政府在进行国土空间治理时，能够通过运用新媒体、平台等手段对国土空间治理概念、知识、规划和政策进行科普、宣传，使群众能够对国土空间治理有所了解，并开通群众提议献策的渠道和互动环节，让群众能够一同参与到国土空间的治理中，同时，也要发动广大群众积极参与和监督国土空间治理工作，使国土空间治理工作成效得到广大群众的拥护和支持。

三、治理模式设计

根据以上分析，对湖北省国土空间治理模式进行如下设计。

（一）国土空间治理要素分析

国土空间治理是关系党的使命宗旨的重大政治问题，也是关系国计民生的重大社会问题（李干杰，2019）。党的十八大以来，中央高度重视国土空间治理体系和治理能力现代化问题，并将国土空间治理提上议事日程，成为新一轮政府管理机构改革调整的重要部分，而健全国土空间开发保护制度、健全国土空间规划体系、发挥地区比较优势以形成高质量发展的空间布局等逐渐成为国家现代化建设的重要内容。为促进湖北省国土空间治理体系现代化建设进程，既需要综合运用市场机制的手段，也需要明晰政府、媒体、公众等各类主体权责和作用、参与途径等，形成全社会共同推进国土空间治理进程的良好格局。

政府、市场机制、媒体和社会公众作为国土空间治理主体是我国在国土空间治理过程中长期探索的结果。它们在开展国土空间治理的过程中发挥着不同的作用，承担着不同的功能，并具有不可替代的特点。它们之间既存在相互促进，又存在相互制约的关系，并共同形成国土空间治理的力量。因此，如何发挥它们的作用，形成共同治理国土空间的合力就成为推进国土空间治理进程的重要问题。

国土空间治理体系需要政府、企业、社会和个人等不同主体的充分、合理介入，并通过法规、条例、公德和文化等方方面面的约束而形成健康、向上的社会。由于我国长期习惯于以政府管理为主体手段，利用市场机制、发挥社会力量、让民众更多地参与等一直是我国社会治理中的薄弱环节（樊杰，2020）。因此，在发挥政府主导作用的同时，必须要建立企业、社会和个人共同参与的国土空间治理机制，形成全社会共同治理国土空间的格局。

（二）治理模式构建

近年来，在国土空间治理的过程中，我国各地纷纷对治理模式进行了探索，并不断形成了许多有利于地方国土空间治理的模式。

适应高质量发展的需要，在总结各地实践经验的基础上，湖北省国土空间治理主要是要建立由政府主导，市场机制、媒体监督和社会公众参与作用得到充分发挥的全社会共同参与治理模式（图 7-7）。

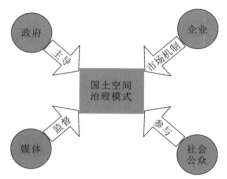

图 7-7 湖北省国土空间治理模式

具体来看，不同主体在全社会共同参与国土空间治理模式中的作用如下。

（1）政府主导。首先，在各级政府领导下，由自然资源部门牵头，由生态环境、住建、农业和农村、水利、通信、经信、金融、文化、旅游等部门共同参与，共同制订和落实国土空间治理方案。其次，政府要发挥规划、基础设施建设等的引导作用，引导资源合理流动和产业集聚，优化国土空间，并形成高效、有秩序的治理模式。

（2）市场机制作用得到充分发挥。市场机制是指在一个自由市场里，价格会不断变化，直到市场出清为止，即直到供给与需求相等为止。市场机制由供求机制、价格机制和竞争机制构成，三者相互作用，共同引导资源的有效配置，其中价格机制是贯通三大机制并使其相互作用、相互影响的核心与主线。理想的国土空间市场价格机制应能够通过传递价格信息来反映供求关系，引导企业的产业集聚行为和国土空间的合理分配。理论上价格是由供给和需求相互作用形成的均衡价格，受各种政府管制、"搭便车"等因素的影响，供求与需求并非总是处于均衡状态，但是市场总是趋于出清的。目前，湖北省国土空间治理市场机制还未充分发挥自身的作用，企业还未完全参与其中，因此，要发挥价格的引导作用，形成市场的激励机制，在政府主导下引导企业参与到国土空间治理进程当中，促使湖北省国土空间治理走上法治化、规范化和现代化的道路。

（3）媒体监督功能更加突出。随着近些年媒体行业的发展，媒体监督作为一种全新的治理机制开始被各个领域高度关注，同时，媒体监督也发挥了不可忽视的作用（闫忠志，2019）。媒体的关注能够对管理者的日常经营活动进行监督报道，给予管理者一定的经营压力。因此，媒体监督作为一种外部治理机制，是对国土空间市场监管制度的完善，对社会公众参与治理也会有一定的影响。对政府而言，可利用媒体等外部监督机制加强国土空间治理监管，对企业投资进行调节分配，充分发挥媒体的外部监管作用；同时，充分利用大数据、互联网等媒体平台加强监管，发挥平台监督作用，引导社会公众参与其中，完善国土空间治理体系。

（4）社会公众参与的发展环境形成。实践表明，广泛动员公众参与国土空间治理可以有效地推动国土空间治理体系和治理能力走向现代化建设进程。这就要求政府的角色及职能发生转变，从最初全面控制的"管理者"角色，转变为现代化治理背景下的"服务者"。在充分发挥主流媒体、新媒体和自媒体等在国土空间治理中的监督作用的同时，要利用互联网等途径，积极创建公众参与方式和平台，并充分听取社会各界的意见和建议，切实提高社会公众参与的积极性、广泛性和主动性，形成全社会共同参与国土空间治理的氛围和机制。

四、治理机制设计

根据以上分析，对湖北省国土空间治理机制进行如下设计。

区域国土空间治理机制是指区域国土空间治理战略、国土空间治理制度体系、国土空间规划体系及区域发展政策体系等国土空间治理 4 个因素之间的结构关系和运行方式。湖北省应坚持以人民为中心，坚持可持续发展，坚持"多规合一"，建立以区域发展战略为主导，以国土空间治理制度体系为基础，以国土空间规划体系为主要表现形式，以区域发展政策体系为支撑的区域国土空间治理机制（图7-8）。它将进一步对湖北省深化区域合作、优化区域国土空间、推进国土空间治理工作提供逻辑支撑。

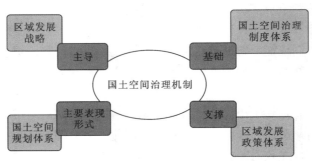

图 7-8　湖北省国土空间治理机制设计

湖北省国土空间治理机制的核心是以区域发展战略为主导。区域发展战略是筹划和指导国土空间建设和运用的总方略，服从和服务于国家战略目标。湖北省发展战略在主体功能战略、可持续发展战略和区域协调发展战略之上，是最高层面的战略。湖北省发展战略的实现离不开发展目标的制定。目标的制定也必须围绕着战略。

国土空间治理制度体系是区域国土空间治理机制的基础。湖北省的国土空间治理制度体系包括地方性法规和管理制度。其中，地方性法规主要包括自然资源保护与开发利用地方性法规、生态环境保护地方性法规、水资源开发利用与保护地方性法规、国土空间保护地方性法规和国土空间治理地方性法规等；管理制度主要包括领导干部管理制度、地区发展绩效考核制度、自然资源和国土空间开发利用管理制度三大类。国土空间治理制度体系规范，形成全过程、全链条、全要素和全生命周期的国土空间治理制度体系。

湖北省国土空间规划的目标体系是以国土空间规划为纲领，国民经济和社会发展规划为主要内容，专项规划和其他规划为支撑的规划体系，并最终形成"一张图"。它继承了国土空间总体规划编制成果，并融合了其他关于国土空间和自然资源发展相关规划，实现"多规合一"。因此，国土空间规划体系是国土空间治理体系的主要表现形式。

区域发展政策体系是区域国土空间治理机制的支撑。政策要形成体系，要有针对性，要能够促进区域国土空间治理机制的形成。如果区域发展政策不完善，国土空间治理预期效果就难以达到。

五、治理战略选择

根据以上分析，对湖北省国土空间治理战略进行如下选择。

（一）区域发展战略

2021年4月12日，湖北省发展和改革委员会发布《湖北省国民经济和社会发展第十四个五年规划和二〇三五年远景目标纲要》，该规划纲要明确了15个方面的主要任务，其中"推进区域协调发展"任务凸显湖北省着力构建"一主引领，两翼驱动，全域协同"的区域发展新布局。其中"一主引领"的"一主"指的是，武汉作为一个主要中心城市与黄石、鄂州、孝感、黄冈、咸宁、仙桃、潜江、天门8个城市共同组成的城市群协同发展。"两翼驱动"中的"两翼"则指的是襄阳、随州、十堰和神农架城市群组成的北部列阵与宜昌、荆州、荆门、恩施组成的南部列阵。两组城市群分别针对汉江生态经济带与长江经济带，共同联结长江中游城市群，并推动湖北全省高质量发展。"全域协同"就是要大力推进以县城为重要载体的城镇化建设，整体推动县域经济发展，做大做强块状经济，形成对湖北经济的重要支撑。

（二）区域国土空间治理战略

新时代，湖北省国土空间治理仍应以区域协调发展为重点，加强对长江经济带相关区域的环境保护，提高资源开发利用效率，使湖北省国土空间治理战略符合国家"十四五"规划总体战略布局要求。湖北省"十四五"规划提出了"一主引领、两翼驱动、全域协同"的全省区域发展布局。湖北省国土空间治理要为这一区域发展战略布局提供空间保障。湖北省未来 15 年的国土空间定位是"一极、两区、一高地";目标是到 2035 年,通过实施六大国土空间发展战略,推动形成绿色繁荣、均衡有序、高品质和可持续的国土空间。湖北省国土空间治理战略的组成如图 7-9 所示。

图 7-9 湖北省国土空间治理战略

1. 协同治理战略

协同实现高质量发展的机遇,协同制定和遵守法规和标准,协同制定和实施规则和制度,协同制定和健全体制机制,协同制定和实施各类规划,协同开展考评机制。通过这 5 个方面的协同,实现省域协同治理、高效发展。形成"一核两极五廊多组团"的国土空间开发格局。"一核"是指强化武汉核心引领;"两极"是指培育襄阳、宜昌形成两大新增长极;"五廊"是指形成汉宜、汉十、京广、襄宜城镇集聚发展廊道和十神恩绿色发展廊道;"多组团"是指打造 10 个联动发展组团。

2. 绿色发展战略

绿色发展战略将绿色发展理念贯穿于区域国土空间治理的始终,内容主要包括:构建绿色高效的国土空间开发利用与保护方案,推进省域国土空间治理现代化。划定生态留白,筑牢绿色空间基底,实施重大生态工程,建设好重点生态屏障;"绿化"产业体系,优化"人、城、产"融合的空间组织和空间形态,最终实现区域自然资源和国土空间的绿色、高效、公平和可持续利用。

3. 品质提升战略

品质提升战略的内容主要包括:坚持以人民为中心的发展思想,塑造高品质城乡人居环境,提高国土空间的舒适性、艺术性,提升国土空间品质和价值为目标,明确总体城市设计为国土空间规划的基础工作,城市设计回归政策属性,将城市设计贯穿国土空间规划、建设、管理全过程。要积极从传统工程思维、蓝图思维向生态思维、治理思维转变，开展有约束、有积层、有温度、有包容、有活力和有智慧的城市有机更新，已达到整体提升城市品质和城市现代化治理水平的目的。

4. 永续利用战略

永续利用战略认为，国土空间资源开发保护需要突出强调"永续利用"伦理观念：既要满足当代人的利用需要，又不对后代人满足其需要的能力构成危害。坚持区域协调、城乡融合，强化"底线"约束，为国土空间永续发展预留空间。

5. 数字治理战略

数字治理战略体现在《湖北省数字经济发展"十四五"规划》之中。该规划提出，到2025年湖北省数字经济核心产业增加值占地区生产总值的比重超过10%，并重点建成"四区两中心"，即建成全国数字产业化引领区、全国产业数字化先导区、中部数字化治理样板区、数字生态活力区和全国数字商贸物流中心、具有全国影响力的数字科技创新中心。该规划明确了数字治理战略实施的路径和目标。

6. 交通发展战略

交通发展战略作为地区发展战略和区域社会经济快速发展的重要支撑条件，湖北省结合区域战略发展需求和实际，制定了符合湖北省省情的全省交通发展战略。通过对湖北省交通发展战略资料的梳理，其核心内容主要包括：积极融入中部交通大走廊；引导公共交通、绿色交通特色发展；在中心城区要解决好因江河阻隔导致的交通问题，平衡好职住关系，系统优化好中心城区内外的各类交通组织，同时，要通过高速铁路、高速公路、机场等现代基础设施的建设，加强城市与城市、区域与区域之间的联系，为区域成员分工与合作关系的进一步深化和区域国土空间治理工作的深入开展提供基础支撑。

六、实现路径设计

根据以上分析，对湖北省国土空间治理体系和治理能力现代化实现路径进行如下设计。

（一）影响因素

当前，以习近平生态文明思想为指引，践行"山水林田湖草沙冰"综合治理理念，面向人与自然和谐共生，促进人类活动与自然环境的空间适配，强调国土空间多要素协同开发，注重国土空间利用效率提升，统筹高质量发展的多元化空间需求，强化国土空间系统全生命周期维护，实施新型信息通信技术支撑的科学决策与系统调控，全面推进治理能力现代化成为新时代国土空间治理的重要发展方向（李双成，2020）。因此，推进湖北省国土空间治理进程，主要是充分发挥交通等现代基础设施、科学技术、生态环境保护和质量与效率等因素在区域国土空间治理体系和治理能力现代化建设中的独特作用（图7-10）。

图 7-10　湖北省国土空间治理体系和治理能力现代化实现路径

（二）主要内容

根据湖北省的实际，加强湖北省国土空间治理体系和治理能力现代化建设进程可以通过以下几个方面的路径来实现。

（1）加快交通等现代基础设施建设步伐。交通等现代基础设施建设对推动国土空间治理体系和治理能力现代化建设进程的作用主要表现在：第一，交通等现代基础设施在进一步加强区域关系、深化区域合作提供条件的同时，也为国土空间用途管控手段等的使用提供了保障，能够提高治理的效能；第二，快捷的交通在降低要素流动和交易成本、加快产业集聚、提高企业竞争力的同时，也提高了国土空间和自然资源开发利用的效率和质量；第三，它会对区域政策的实施产生积极的效果。随着新一轮交通等现代基础设施建设布局的进一步展开，湖北省现已成为我国高速铁路、高速公路、机场等建设的重点区域。特别是以 5G 技术等为主要内容的新基建的全面开展，不仅进一步确立和增强了武汉、襄阳和宜昌在区域经济社会发展中的重要地位，还进一步增强了区域间的紧密联系。它在引导要素快速流动的同时，也使产业向集聚方向发展，为湖北省国土空间布局的进一步展开和产业的快速发展创造了条件，但交通等现代基础设施在湖北省的区域布局和建设进程中参差不齐的情况仍然突出，交通等现代基础设施布局和建设不足仍然是部分地区发展的短板，需要进一步加大建设力度，为深化区域分工与合作的关系，促进国土空间开发利用效率和质量的显著提高创造条件。

（2）突出科学技术进步的重要作用。科学技术的不断进步强有力地支撑着经济社会的发展，已成为第一生产力。目前，人类社会正处于以智能化、数字化和信息化为主要标志的新一轮技术革命的浪潮之中。它不仅对人类社会发展的进程产生着重要的影响，还是国土空间治理体系和治理能力现代化的重要技术支撑。当前，我国的国土空间治理体系日臻完善，相应的科技支撑体系也逐步健全，但与新时代国土空间治理的新需求、高要求相比，相关基础理论和关键技术供给无法有效支撑，前瞻性战略科技研发有所滞后，科技协同创新能力有待提升。因此，亟须加快构建适应新时代特征及未来发展趋势的国土空间治理科技创新体系。突出科学技术进步在国土空间治理体系和治理能力现代化建设的重要作用：一方面可通过先进技术的推广和使用，为构建更加高效的国土空间治理体系和治理能力现代化提供技术支撑；另一方面，通过国土空间治理体系不断完善，治理能力得到显著提高，有效挖掘国土空间治理的效能，推动国土空间治理工作的稳进开展。

（3）加强生态环境保护和修复工作。在国土空间规划改革背景下，国土空间治理对生态环境的保护提出了更高的要求。生态环境部已明确提出"十四五"时期我国生态环境保护的基本思路和环境质量改善策略，湖北省可以在国家战略部署的情况下借鉴经验，协调人与自然之间的和谐发展，以生态环境的高水平保护带动经济高质量发展。随着生态环境保护工作的日益深入，它一方面要求进一步加强绿色制度、国土空间保护制度、高质量发展制度和国土空间治理制度等建设，形成与国土空间治理体系和治理能力现代化要求相一致的制度体系，另一方面，也需要规划区域发展政策和发展战略，使生态环境保护等内容和要求得到全面的贯彻和执行，实现生产空间、生活空间和生态空间的均衡、协调，切实形成人与自然和谐的发展环境。

（4）注重发展的质量与效率。自然资源和国土空间在不同区域、产业和部门的错配会引致生产效率的损失。通过纠正土地资源等自然资源的错配提升国土资源利用效率，对促进经济高质量发展和提高国土空间治理效果具有关键性意义，它也是国土空间治理的目标。因此，区域国土空间治理体系建设过程中，应注重发展的质量与效率：首先，要积极推动湖北省国土空间市场化配置综合改革，并根据市场在资源配置中起决定作用的要求，完善"增减存"挂钩的建设用地统筹机制，通过资源的优化配置带动劳动力、资本、技术等生产要素的再配置和再优化；其次，要顺应市场新产业新模式发展趋势，根据产业结构调整及升级趋势的不同，构建不同产业用地类型合理转换机制；最后，可以借鉴浙江"标准地"事前管测评定标准、事后管达标、强监督的模式，通过工业用地弹性出让的"柔性机制"和政策法规的"硬性约束"推进低效用地的退出和再利用，倒逼不符合单位产出和能耗标准的项目转型升级，集中向优质高效项目供地，促进土地高效利用和产业转型升级，形成有利于要素利用的质量和效率提高的发展环境，也是国土空间治理体系和治理能力现代化建设的要求。

第四节　框架设计的治理方向和重点

根据以上分析，并结合湖北省实际，本节将从湖北省国土空间治理体系和治理能力现代化及国土空间治理两个方面来提出湖北省国土空间治理方向和重点，以推动湖北省国土空间治理体系和治理能力现代化建设及国土空间治理进程。

一、建设方向和重点

（一）建设总体方向

本小节将从国土空间治理体系内容的要求出发，以时代性和体系性的设计原则为约束，提出湖北省国土空间治理体系和治理能力现代化建设总体方向。

1. 技术保障能力建设

适应数字化、信息化和智能化作为推动社会经济快速发展的重要力量的需要，湖北省国土空间治理体系和治理能力现代化建设必须加强技术保障，并形成重要的支撑。要整合管理平台，形成覆盖国土空间治理全过程、全域、全链条和全生命周期，集数据、图、文、动画于一体，互动、监测、监督、评估和预警决策等功能完善，可视化、多维化、数字化、智能化和信息化程度高，运行高效的区域国土空间智能管理平台，为国土空间治理数字化和智能化提供技术支撑。

技术的进步在优化管理程序、生产工序，提高生产效率和管理水平的同时，可以大大提高湖北省国土空间治理体系和治理能力现代化建设的效率。另外，互联网和人工智能技术的发展和融合在一定程度上保证了制度实施的质量，为推进湖北省国土空间治理体系和治理能力现代化进程提供了可能。

2. 生态环境保护

绿色发展是新时代的要求，也是我国经济社会发展的主要特征，同时也是湖北省国土空间治理体系和治理能力现代化建设过程的必然选择。《湖北省国土空间规划（2021—2035 年）》中提及要通过划定并严守生态保护红线、统筹山水林田湖草沙一体化修复、提高生态系统碳汇能力、实施差异化空间管控、拓展"两山"理念转化路径来守护山清水秀的生态空间。此外，生态环境保护除了在规划中有所体现，在生态文明制度体系的建设中也进行了阐述。《决定》中明确提出要将"生态环境保护制度""资源高效利用制度""生态保护和修复制度""生态环境保护责任制度"等作为生态文明制度体系的重要内容。但仍须完善与国土空间有关的生态环境保护制度和国土空间保护制度、国土空间用途管控制度等，以形成与国土空间治理要求相一致的国土空间治理制度体系，为实现区域高质量发展和绿色发展提供制度保障。

3. 质量和效率

质量和效率也是湖北省国土空间治理体系和治理能力现代化建设进程中的关键要求，建设方向为：首先，国土空间规划要以关键性指标作为约束性指标，为高质量推进湖北省国土空间治理体系和治理能力现代化建设提供了可能；然后，增强区域发展政策体系和制度的有效性和支撑性能够在一定程度上提高湖北省国土空间治理体系和治理能力现代化建设的质量和效率；最后，区域发展战略的设计需要紧密结合新时代的高质量发展要求，这对促进湖北省国土空间持续健康发展具有重要意义。

（二）建设重点内容

从国土空间治理体系和治理能力现代化建设的重点内容来看，需要进一步加强以下几个方面的内容建设。

1. 管理制度

从管理制度方面来看，湖北省国土空间治理体系和治理能力的管理制度出于维护省域内各类空间主体有序发展的目的，对可能发生在治理过程中的各种不利影响和行为予以明确的否认并规定相应的后果。比如通过制定各类自然资源管理制度、生态环境保护制度、国土空间保护制度等，将与之有关的主体行为限定在合理范围之内，对一定的行为进行明令禁止，如果违反相应的管理规则会遭受相应的处罚，以致给后续的有关行为带来不利影响。根据湖北省的实际情况，国土空间治理制度建设重点内容主要集中在绿色发展制度、高质量发展制度、国土空间保护制度、国土空间用途管控制度和国土空间管理制度等方面。要通过制度建设促成各种管理制度之间形成合力、形成体系，加快构建符合湖北省实际情况的国土空间治理制度体系。

2. 法律

法律制度经过制定、执行和遵守的过程，使一些不受调整的社会关系得到有效的疏导和整合，使无序变为有序状态。湖北省国土空间治理法律制度与管理制度的区别主要在于各自的地位、约束主体和强制力不同。从区域国土空间治理所涉及的内容来看，湖北省国土空间治理法律建设的重点是要在修订和完善现有法律使其符合时代要求的同时，加强与国土空间治理要求相一致的法律法规建设，使其能够为国土空间治理工作的顺利开展提供法律支持，建设的内容主要包括国土空间治理法律、国土空间保护法律等。法律制度建设要着眼于能够科学地指导国土空间治理工作的开展，能够维护各类市场主体的合法权益，能够提高国土空间治理效率，旨在形成一个系统的、完备的国土空间治理法律体系。

3. 规划

规划的建设重点有两个方面：一是要坚持科学编制，推进多规合一，在经过合理的分析和调研的基础上，结合湖北省实际情况，科学有序统筹布局生态、农业、城镇三类空间，构建统一的信息平台，建立统一的规划体系，实现高质量、高效率的规划体系；二是要坚持上下联动，多方合作，建立湖北省统一、权责清晰、科学高效的国土空间规划体系是一项系统性工程，这不可能一蹴而就，需要各地区各部门按照湖北省的总体部署，结合各区域实际情况，明确各自的目标要求，落实相应的主体责任，上下联动，形成合力。要加快形成以区域国土空间规划为主导，其他规划为支撑的科学高效的规划体系。

4. 区域发展政策体系

区域发展政策体系的建设重点主要有几个方面。首先，要厘清湖北省国土空间治理总政策与区域发展政策之间的关系，形成有利于国土空间治理工作顺利开展和提高国土空间开发利用效率的政策体系。这是湖北省制定各区域发展政策的重要前提。湖北省的国土空间治理区域政策主要是为了实现湖北省国土空间治理总体发展计划而制定的，所以，它的基本功能就是对湖北省各区域的国土空间治理进行统筹和协调，指导各个区域的发展，把每个区域的治理都纳入湖北省的总体治理之中。其次，要充分尊重各区域实际情况，提高制定区域政策的精准性。在湖北省国土空间治理的全过程中应该始终认识到各区域的差异性，在合乎总体发展政策的前提下，允许各区域结合地方实际制定相应的国土空间治理政策，通过合理布局实现高效的国土空间治理。目前，湖北省区域发展政策体系建设的重点是尽快出台有利于自然资源和国土空间开发利用质量和效率、有利于要素和产业集聚、有利于区域融合发展、有利于国土空间保护的政策。

二、治理方向和重点

根据湖北省国土空间分布和开发利用的实际，为进一步优化国土空间，提高国土空间开发利用效率，确立湖北省国土空间治理的方向和重点。

（一）治理方向

本小节按照生产、生活和生态空间（三生空间）和城市、农村和生态空间（三类空间）来分析湖北省国土空间区域治理方向。

1. 基于三生空间的国土空间区域治理方向

从三生空间来看，其重点建设方向有以下几个方面：首先，对于生产空间，围绕"一主引领、两翼驱动、全域协同"的区域发展战略合理规划区域发展布局，优化生产空间的组合关系，从而促进生产空间集约高效；其次，对于生活空间，主要是要在提高生活空间安全性的同时关注居民生活需求的差异性，实现生活空间宜居适度；最后，对于生态空间，要通过划定并严守生态保护红线、依据生态环境容量和城市资源承载能力等因素来约束城市开发强度和规模等措施，实现生态空间的山清水秀。目前，湖北省的生态空间治理工作虽然取得了明显的进展，但仍然需要落实主体功能区建设的要求，进一步加强生态环境保护、修复工作，要以主体功能区建设为抓手，全面开展生态功能区的建设，加强山水林田湖草沙系统治理和建设，切实改善区域生态环境，提高发展的质量和效率，为湖北省的高质量发展、绿色崛起提供良好的生态空间和发展环境。

2. 基于"三类空间"的国土空间治理方向

从"三类空间"来看，城市空间和农村空间的治理重点各有不同。城市空间治理重点关注的是产业集聚、国土空间和自然资源的高效利用。要通过城市群建设实现产业集聚，形成产业集群，并合理地利用城市空间，构建并形成自然资源集约、高效利用的城市空间发展布局。农村空间治理重点更关注的是人与自然的协调发展，即重点是生态环境和人居环境的治理，并构建绿色产业体系，形成人与自然和谐发展新格局。对生态空间的治理，同三生空间中的生态空间治理要求基本一致，但无论是城市空间、农村空间还是生态空间，三者之间都不能简单地划分，使其人为地割裂，而是要建立一种共生、共荣及和谐的关系。

（二）治理重点

1. 基于三生空间的国土空间治理重点

从三生空间来看，湖北省国土空间治理的重点领域主要集中在生产经营活动的生产空间、人们吃穿住行及日常交往的生活空间和保障城市生态安全、提升居民生活质量的生态空间。生产在满足人们生活的同时，也须占用一定的城市空间比例，不同的产业经济占比不同，所带来的经济效益也不同。因此，对湖北省在国土空间治理中的生产空间要地尽其利，这也是国土空间资源优化配置的核心。优化生产空间的组合关系及其空间布局，也是提升城市生产空间利用效率的有效途径之一。生活空间的宜居状况主要体现在它的安全性、便捷舒适性和环境友好性等方面。因此，着力打造安全性、便捷舒适性是国土空间治理中优化生活空间的重要基石与内在要求。生态空间为生产空间、生活空间提供可持续发展保障，并规定了生产空间和生活空间的发展方向。湖北省的生态空间治理的重点主要涉及森林、湿地、河流、湖泊等国土空间。要想拥有山清水秀的生态空间，就必须要敬畏自然、尊重自然，重视生态环境保障的基础地位。

2. 基于"三类空间"的国土空间治理重点

从"三类空间"的治理来看，湖北省国土空间治理需要结合保护的重点和发展的侧重，结合各区域特点对相关指标进行细化设定，形成更切合湖北省实际的三类空间重点建设。

城市始终是经济社会发展的重点，湖北省要结合各区域实际，充分发挥各区域优势资源，以城市群建设为抓手，加快形成各区域特色的产业布局。

农村国土空间治理主要是以农村空间为治理对象，通过各主体之间的规划和协商等方式，实现对农村空间用途的有效管制。湖北省要结合各地级市的实际，摸清农村具体情况，在农村国土空间治理过程中多种手段并施，保证多元主体参与，不断完善农村国土空间治理体系。湖北省国土空间治理中的生态空间治理要统筹推进山水林田湖草沙系统治理，将生态环境保护和生态环境修复放在优先位置，积极探索符合区域实际的生态空间治理策略。

（三）治理领域

本小节主要从自然资源和国土空间开发利用全过程、全域、全链条和全生命周期国土空间治理要求来分析湖北省国土空间治理重点领域。

1. 基于全过程的国土空间治理重点领域

自然资源和国土空间开发利用全过程指的是从区域自然资源禀赋差异、自然资源开发利用，到最终产品和监督、管理形成的整个过程。将国土空间治理的内容融入自然资源和国土空间开发利用的全过程，要做到以下几点。首先，要关注区域间的自然资源禀赋差异和变动情况，在合理开发自然资源的同时减少开发过程中的损耗，以提高、优化国土空间开发和利用效率；其次，要以城市群建设为抓手，深化区域分工，实现产业集聚和要素集聚，从而实现资源和国土空间的高效集约利用；再次，要提高产品质量和生产效率水平；最后，要加强国土空间和自然资源开发利用的监督管理工作。

2. 基于全域的国土空间治理重点领域

自然资源和国土空间开发利用全域分析指的是从三生空间和"三类空间"两种空间分类来分析。从全域来看，湖北省国土空间治理在三生空间领域，主要是要全面落实主体功能区的建设要求，确立不同功能区的建设重点领域，如生产空间建设的重点领域主要是优化区域产业布局，深化区域分工与合作的关系；生活空间建设的重点领域主要是建设生活设施完备、基本公共服务配套、方便出行的交通和生态环境；生态空间建设的重点领域主要是开展生态环境治理，通过生态环境保护、修复，灾害防治、污染治理和建设等，为社会发展提供良好的生态环境。从"三类空间"来看，城市空间治理的重点领域主要包括国土空间和自然资源的高效开发利用，江河湖泊的水生态、水环境，污染物排放等生态环境治理与修复，形成有利于城市发展的生态空间；农村空间治理的重点领域主要包括农村人居环境治理、基础设施建设、基本公共服务能力的建设和绿色产业的发展等。

3. 基于全链条的国土空间治理重点领域

从自然资源和国土空间开发利用全链条来看，其重点治理的领域主要指的是完善产业链，构建产业链共生发展生态。一方面要进一步确立企业的主体地位，促进大中小企业联动发展，形成产业集群，使其强大的带动和辐射作用得到充分发挥。另一方面，要打造先进产业集群，缩短供应链距离，促进产业链上中下游高度协同，优化产业链共生发展生态环境，形成产业优势，切实提高国土空间和自然资源开发利用的质量和效率，促进国土空间治理工作的深入开展。

4. 基于全生命周期的国土空间治理重点领域

从自然资源和国土空间开发利用的角度来看，全生命周期主要指的是从自然资源的发现到开发利用和消费，最终转变成三废并对其进行回收再利用的闭环过程。以信息化、数字化和智能化覆盖自然资源和国土空间开发利用全生命周期为先导，推动国土空间和自然资源开发利用大数据整合，以技术进步来全面提高全生命周期治理的效率和水平，达到全面提升国土空间治理效能的目标。

第八章

推进湖北省国土空间治理体系和治理能力现代化建设进程的政策建议

根据国土空间治理体系和治理能力现代化建设框架的需要,结合湖北省国土空间治理的实际,本章提出推进湖北省国土空间治理体系和治理能力现代化建设进程的政策建议。

第一节　以制度建设为着力点，
打造符合时代要求的制度体系

　　制度建设在国土空间治理体系中占据重要地位，能够通过加强对主体行为的约束，维持治理秩序，从而起到不断推进国土空间治理进程的作用。如今，湖北省的国土空间治理制度建设已经取得一定进展，但与全过程、全域、全链条和全生命周期的国土空间治理体系要求比较则仍然存在一些不足，需要进一步加强。

一、加强绿色制度建设，形成相应制度体系

　　以制度建设为着力点，紧紧扣住推进国土空间治理体系和治理能力现代化建设这一主题，能够始终把握建设方向，并依据现实制定、调试符合湖北省现状的国土空间治理要求的制度。

（一）加强国土空间治理法律建设

　　国土空间治理的良性发展离不开完备的法律制度体系的保障。完善的法律法规制度在保障相关部门推进国土空间治理政策的实施过程中具有重要的支撑作用。国土空间治理体系和治理能力建设工作的不断推进，也对符合时代要求的绿色国土空间治理法律制度提出了更高的要求。

　　一是要加强区域绿色国土空间治理法律建设。要紧紧围绕国土空间治理中国土空间和自然资源开发利用、保护的重点问题、突出问题，着力解决影响湖北省国土空间治理中跨区域的自然资源产权、流动，生态环境资源的保护和产业集聚过程中出现的深层次矛盾等相关法律建设，切实增强法律制度在国土空间治理中的重要地位，全面推进和形成绿色区域国土空间治理法律体系。

　　二是要全面开展法律的修订工作。要按照新时代的要求对原有的法律进行系统的梳理，特别是要理顺上位法与下位法的关系，着重解决生态环境保护、国土空间和自然资源开发利用中相关的公平和效率等突出问题，切实保护相关利益者的权益，保证能够通过法律条例维持湖北省国土空间治理工作的有效推进，打造出良好的法律环境，使其更有利于市场主体参与其中。

　　三是要积极开展立法的调研工作。目前，湖北省在国土空间规划与用途管控、强化生态环境修复与治理、推进测绘管理和规范自然资源执法监管等方面仍然存在诸多问题，没能完全达到国土空间治理的标准。仍然缺少解决上述问题的有关法律条例，为此要在开展立法的调研工作上多下功夫，尽可能形成相对健全的省

级人民政府规章，为当前湖北省国土空间治理工作的有序进行打下良好的基础。

（二）加强绿色空间治理管理制度的建设

按照国土空间治理体系建设的要求，国土空间治理的管理制度建设主要包括以下几个方面。

一是要加强绿色管理制度的建设。要加强以"生态环境保护制度""资源高效利用制度""生态保护和修复制度""生态环境保护责任制度""绿色发展制度""国土空间保护制度"等为主要内容的绿色治理制度建设工作，并尽快实施，为国土空间治理工作的深入开展提供制度保障。

二是要加强国土空间治理制度的建设。要围绕国土空间治理的要求全面开展国土空间治理制度和国土空间用途管控等制度的建设，规范市场主体的行为，落实主体责任，完善管理机制，切实提高国土空间管理效能。

三是要按照时代的要求在修订和完善现有生态环境保护制度的基础上，加强对行政法规、规章和规范性文件的清理，将执行新制度与改进旧制度同步化管理。对符合时代性及湖北省国土空间治理要求的制度进行大力推进；对不符合经济社会发展要求，与新发展阶段及新制度要求相抵触、不一致，或者相互之间不协调的一些制度建设要及时修改或者废止。在国家宏观政策的指导及新旧治理制度的更迭中逐渐形成适合湖北省的绿色国土空间治理制度体系。

二、加强对制度执行的监督，强化制度的约束力

随着国家对国土空间治理工作的不断深入，在国家的统一指导下，各地区按照国家出台的有关国土空间治理制度的要求，在建立和完善地区国土空间治理的过程中加强监督，严格按照各项法律法规开展国土空间治理的各项工作。

（一）加强多部门合作，凝聚监察合力

一是要积极协调，整合各部门资源。国土空间治理的外延非常广泛，如果仅仅是靠某个单一部门来进行监管，必然会捉襟见肘，监管的广度和深度都很难到位。因此，必须为国土空间治理的监管注入新的力量。要形成由自然资源管理部门为主，水利、生态环境、农业农村等其他相关部门为辅的制度监管模式，着力解决在国土空间治理中不断涌现出来的问题，确保各项国土空间治理制度能够在各区域内落地和实施。对制度执行的监督需要贯穿在湖北省国土空间治理制度推进的全过程，要求各部门协调、合作，及时发现在治理过程中出现的问题，共同解决制度缺失和监督不到位的难题。

二是要充分准备，突出工作重点。湖北省国土空间治理要在符合国家空间治理整体布局的前提下结合各区域实际情况开展各项工作。对湖北省国土空间治理的整体规划研究及各项政策制度的颁发和推进不应该是"独角戏"，而是需要凝聚各个有关部门在决策实施前、制度推行中、结果反馈、过程监督中的合力。这就要求各相关部门充分了解在湖北省国土空间治理中各自的角色及承担的任务，担负自己的责任，牢牢把握住各自工作的重点内容，全力配合各个部门开展国土空间治理的相关工作。

（二）加快升级监督手段，加快完善监督体系

一是要在加强日常监督管理的过程中推进监管手段升级。一方面要加强日常对国土空间治理过程的监管，加大对国土空间治理制度执行情况的检查力度；另一方面要加强信息化监管，积极将新技术融入国土空间治理的各个方面，加快推进信息化与制度监管的深度融合，全面提高湖北省国土空间治理的监测与监控能力，为国土空间治理监管工作提供技术支持。

二是要根据实际情况，不断升级国土空间治理的监督理念，打造更加全面立体的国土空间治理监督现代化体系。要做好新时代国土空间治理制度的检察监督工作，就必须要持续更新监督理念，根据不同发展阶段国家的整体战略来调整相应的监督理念，根据湖北省不同区域的实际情况，打造适合的监督理念，实现公平、公正、公开，提高湖北省国土空间治理过程的透明度。并且在这一过程中，要坚持优化国土空间治理的监督理念，各主体要承担起重任，自觉主动地接受社会各方的监督与问责。最后，要在不断的"解新题""答难题"中探索出一套适合各区域的最优监督体系。

三、加强法律建设，约束市场主体行为

在国土空间治理不断深入推进的过程中，我国需要建立相应的法律法规体系，为各省国土空间治理提供指引方向。但由于各省现实环境不同，所以要根据现实情况探索制定出符合当地国土空间治理的法规，在法律法规与现实情况不相适应时，需要及时进一步修改和完善。同时，明确以国土空间治理的各主体、全流程为切入点，推进直接涉及国土空间治理各主体领域的监管，加大违反国土空间治理法律制度的惩戒力度，提高国土空间治理重点领域的违法成本。在国土空间治理法律体系之下，形成行之有效的重点领域监管工作机制和模式，提升监管效能，并在此基础上稳步推进国土空间治理的各项工作，规范市场主体行为，营造良好的国土空间治理环境。

（一）根据区域特色制定完善相应法律法规

要进一步制定和完善适应湖北省各区域国土空间治理新形势和新任务的要求的地方性法规。要根据国家已经出台的有关国土空间治理的总体布局及相对应的法律法规或者指导意见，在全面调查湖北省各区域实际情况的基础上，突出省内各区域的特色和差异性，制定和完善符合湖北省省情的国土空间治理的法规，并与国家已经颁布的相关法律法规配套，共同指导湖北省国土空间治理工作，以达到利用法律来规范和约束市场主体行为的目的，促进国土空间治理工作的顺利进行。同时，要结合其他各部门的发展规划及相关法律法规的要求，对现有法律中相关国土空间治理问题进一步进行严格的规范和要求，提高国土空间治理中各主体的违法成本，为国土空间治理工作提供坚实的法律保障。

（二）提高重点领域的违法成本，规范市场主体行为

一是实施清单管理，强化重点领域国土空间治理信息归集公示。对国土空间治理重点领域的主体实施清单管理，厘清需要监管对象底数。建立国土空间治理的公示系统和重点治理领域的审批、监管、执法等系统对接机制，实现国土空间重点领域治理的及时推进、全过程监管。全面归集国土空间治理重点领域信息，多部门联动提前制定国土空间重点治理事项清单，明确国土空间治理信息归集的重点。各相关部门按照"谁治理、谁主导、谁负责"的原则，将国土空间治理重点领域的各种信息，依法依规及时归集到公示系统。对存在违法情节较重、多次违法等情形的主体，要严格按照相关法律法规进行惩戒，加大失信约束力度。

二是加快形成全方位、立体式追责机制。需要对国土空间治理的各主体实施责任追究制度，应当依据各责任主体在国土空间治理过程中违反法律法规或者规章制度的事实及造成的后果，按照相关法律实事求是地确定各主体应该担负的责任，在执行过程中同时需要注意听取相关部门的意见和申辩，严格按照已经出台的规定和程序进行追责。明确追责制度的重点在于预防各主体在国土空间治理过程中的失职失责行为，及时化解失职失责行为产生的不良后果。追责的制度化、常态化，将使各主体能够在国土空间治理过程中准确预测自己行为的法律后果，从而避免失职失责行为的发生，也有利于推进国土空间治理体系和治理能力现代化建设进程。

第二节　以制订国土空间规划为切入点，全面推动 国土空间优化进程

国土空间规划作为国土空间治理的重要内容在国土空间治理中发挥了重要的作用，加强国土空间规划就能全面推动国土空间优化进程。

一、加快规划编制进程，形成以国土空间规划为主的规划体系

各地在加紧编制地区国土空间规划的过程中，要搞好各项规划的衔接，全面形成以国土空间规划为主体的规划体系。

（一）加快国土空间规划编制的进程

一是搭建国土空间规划信息一体化平台。信息化和智能化目前已经广泛地应用于各行各业，为人们的研究、发展、生活带来了许多的机遇和便捷。在国土空间规划的编制上要敏捷地把握这一趋势，积极借助地理信息系统、遥感、GPS 技术从多个维度、尺度和角度上对国土空间规划的各项数据实施动态监测和收集，利用大数据库与云计算技术进行分析与整理，通过人工智能技术进行分析、制图和建模等工作，进而为后续国土空间规划编制提供强大的技术支撑，推进国土空间规划编制的进程。

二是推进"多规合一"的空间规划平台。在进行国土空间规划编制时，各个规划之间的融合问题日益突出，而"多规合一"作为解决规划之间的衔接方案已成为一大发展趋势，也是经济社会发展的必然要求。目前，实现"多规合一"问题已提上议事日程。湖北省国土空间规划要形成"多规合一"的空间规划平台须开展两项工作。第一要形成"多规合一"的空间规划体系。要利用互联网与云计算技术积极整合国民经济和社会发展各项规划，使其成为一个相互衔接、相互支撑、内容丰富、手段多样的规划体系。第二要建立"多规合一"的空间规划平台。要充分利用互联网与大数据技术，统筹推进国家与湖北省"国土空间资源中心"的平台建设工作，按照"多规合一"的要求，整合各级、各类规划，实现各级、各类规划的衔接和统一，以加快国土空间规划编制的速度。

（二）完善国土空间规划体系

规划的体系性除要加强规划间的衔接、形成以国土空间规划为主导的规划体系外，还需要制度等相关内容的配套和支撑。

一是建立健全法律法规制度体系。完善的法律法规体系在保障湖北省国土空间资源可持续利用发展战略的实施中具有重要的支撑作用，也能够为国土空间资

源开发利用工作的正常进行提供公平竞争的发展环境。湖北省作为国土空间资源丰富的地区之一，要实现用法律法规来保障国民经济和社会发展对国土空间资源日益增长的需要，用法律法规促进国土空间资源市场健康的发展，必须在贯彻和执行国家相关法律法规的过程中根据自身的实际，制定和完善符合湖北省国土空间资源开发利用实际的地方性法规，要以湖北省在国家的国土空间资源开发利用定位为契机，在全面调查的基础上，突出区域特色和差异性，制定和完善一批地区法规，并与国家相关法律法规配套，共同指导湖北省国土空间资源开发利用和管理工作，促进国土空间资源开发利用工作顺利进行，减少行政干预市场主体的行为。

二是完善国土空间资源市场体系。自然资源作为国民经济和社会发展的重要物质支撑，其市场发育和建设程度对自然资源的开发利用产生着重要的影响。在市场经济体制建设过程中，我国对自然资源的市场建设工作也非常重视，并形成了以土地、林地、水域、矿产资源等交易为主要内容的市场体系，但从国民经济和社会发展及国土空间治理的要求来看，仍存在差距和不足。为此要采取以下措施。

第一，进一步完善自然资源的产权登记体系。要通过对国土资源产权人，国土资源数量、质量、分布和特征等情况的登记、确权和产权证的发放，全面建立不动产产权登记制度，形成以自然资源为主体，有利于国土空间自然资源交易的产权登记体系，为国土空间资源产权改革的进一步深化提供基础和条件。

第二，进一步完善自然资源的交易体系。要全面完善以矿产资源矿业权市场、大宗矿产交易为主体，以土地、水域、林地交易为支撑的自然资源市场管理体制和运行机制，形成有利于国土空间资源市场健康发展的市场环境和政策环境。

第三，进一步完善自然资源管理的制度保障体系。要建立和形成有利于自然资源等动态管理制度、交易制度、权益保护制度、开发利用制度等，为自然资源的市场化改革提供制度保障，促进自然资源的高效开发和利用。

二、发挥规划的引领作用，实现布局与生态和谐

要在最大程度上发挥规划的引领作用，并形成国土空间布局和生态环境保护的和谐关系，主要是要做好以下工作。

（一）发挥国土空间规划的引领作用

新时期国土空间规划不仅关系湖北省的经济发展和社会发展，也是湖北省整体战略目标制定、生态环境综合整治的直接依据。伴随着经济的快速发展，国土空间资源也发生了变化，国土空间资源规划的不平衡，造成国土空间资源的严重

浪费，长此以往对经济的发展十分不利，发挥国土空间规划的引领作用对规划湖北省空间发展尤为重要。总体来看，就是要在规划的制订和落实过程中把生态环境保护放在重要的位置，重点处理好发展与保护的关系。

（二）协调国土空间布局与生态环境保护的和谐关系

加强生态环境保护是实现我国可持续发展的前提条件。湖北省是我国国土资源比较丰富的地区，随着经济社会的不断发展，生态环境保护工作越来越受到重视。从现阶段来看，国土空间治理在一定程度上改善了湖北省的生态环境，同时也是科学、合理构建生态环境保护规划体系的有效举措，坚持节约资源和加强生态环境保护两项基本原则，使其积极促进生态文明建设，提升国土空间治理工作成效。将生态环境保护纳入国土空间治理体系中，以促进湖北省高质量发展和绿色发展为导向，在此基础上加强生态环境保护各项措施与政策的落实，合理开发、综合利用自然资源，以湖北省高质量发展为导向、空间规划为基础，根据区域环境、建设及管理等特点，细化国土空间规划布局，推动各行业、领域绿色发展，坚守生态环境质量底线，在资源环境可承受范围内开展各类经济活动，实现生态环境与经济发展良性互动。

深刻认识国土空间布局与生态环境保护关系的内在要求，就是要坚持统筹兼顾、注重平衡、保持均势，增强发展的整体性和协调性，通过明确资源环境承载能力，持续推进国土空间规划各项基础工作，并做好未来区域环境承受底线预警措施，既能有效管理国土空间资源又能改善生态环境，进而实现社会经济未来可持续发展目标。

三、加强国土空间用途管控，进一步优化区域产业空间布局

国土空间用途管控是国土空间治理的重要工具。加强国土空间用途管控手段的使用，进一步优化区域产业空间布局主要是要做好以下工作。

（一）建立国土空间用途管制体系

国土空间用途管制与国土空间规划是共存的关系，新时期国土空间用途管制应该以生态文明建设为基本要义，运用法律法规、政策制度、经济奖励、管理技术等手段对全域空间实施分区管控措施，以保障国家和区域的生态安全和经济安全。

一是要设定多级管制体系。国土空间用途管制的目标要明确，注重与同级空间规划相协调，建立多级管制目标体系。新时期国土空间用途管制要积极推进生态文明建设，且管制的目标要具有多元性。首先要继续实施和完善严格的国土用

途管制制度，保护耕地和永久基本农田，从而保障湖北省的粮食安全；其次要通过空间管制解决已有生态空间被挤占、生态环境被破坏的问题，注重生态价值的实现和保护，不断推进人工生态建设，为生态安全筑起稳定的基石；最后在粮食安全和生态安全的基础上，通过空间用途管控保障城市的精明增长和农业的集约高效，从而推进湖北省的高质量发展。依托"全国—省（自治区、直辖市）—市—县—乡（镇）"五级行政体系，各级国土空间用途管控应坚持目标导向，结合地方管控现状和发展阶段，逐级构建适宜的空间用途管控目标体系。

二是要完善空间管制体系。国土空间用途管制的实施离不开国土空间规划体系、行政审批体系、政策法规体系和技术方法体系的有效支撑。国土空间用途管制的依据来自国土空间规划，而国土空间用途管制实施更多依赖我国行政管理体系。因此，各级政府应该按照"五级三生"国土空间规划体系要求，加快建立完善的空间管制体系，并相应健全衔接有效的行政审批体系。同时，管制的政策法规体系是国土空间用途管制实施的保障，需要在已建立的用地审批制度及相关的政策法规基础上，进一步融合空间管制和环境要素等相关管制政策法规。相应地，技术体系方面，要加强大数据、人工智能等新技术运用，充分借鉴土地利用总体规划、城市总体规划和主体功能区规划等空间性规划的管制方法，实现"一张图"区域全周期、全过程的国土空间用途管制。

（二）优化区域产业空间布局

一是要发挥国土空间规划与区域国土空间规划的引导作用。科学而合理的区域国土空间规划是区域产业空间布局的关键。区域产业空间布局结构的调整依靠制订和贯彻科学的国土空间规划来解决。国土空间规划和区域产业布局规划是城市发展的战略、城市建设的纲领、城市管理的依据。要加强国土空间规划工作，提高国土空间规划水平和质量，进一步加强区域国土空间规划编制工作，增强规划的科学性、系统性，将区域国土空间规划与产业布局规划统一起来，以区域国土空间规划来引导和保证产业规划的实施，以产业规划促进国土空间规划的完善。按照湖北省高质量建设要求，合理规划好国土空间发展中的区域空间布局，科学编制各个区域的产业规划，并与区域总体规划相衔接，有机地融合在一起，以便为湖北省的高质量发展奠定坚实的基础。

二是要进一步完善产业空间布局规划。产业空间布局规划在区域发展中是阻碍区域产业空间结构演化的直接外部手段，是一种影响空间结构演化的"他组织"手段。产业空间布局规划的编制和管理更多是希望通过人为的介入和强制性的干预，按照决策者的设想，赋予区域发展特定的外部作用，以获得有序的结构，并使之始终都处于可控的状态。湖北省目前在区位、资源等方面有较大的优势，但根据产业布局现状，需要坚持市场主导与政府引导、产业发展与资源环境、专业分工和区域协作、空间集聚与区域均衡相协调的原则，进一步细化和完善。这需要以一种开放的心态来构建湖北省区域产业空间的格局，要培育和发展定位明确、优势互补、特色鲜明、错位竞争的产业格局，避免各区域在快速发展过程中的内部竞争，导致利益外流；要遵循区域产业演化规律，以产业集群发展、资源集约利用、功能集成建设为指导，推动以产业价值链为纽带的产业体系重构，统筹产业布局规划和功能区开发建设，实现各区域第一产业、第二产业与第三产业的融合发展。

第三节 以信息化、智能化建设为契机，推动治理现代化进程

随着《自然资源部信息化建设总体方案》的出台，新的自然资源信息化建设框架逐步形成，着力进行自然资源信息化建设已经成为当下对国土空间管理的新要求。在此基础上，还要打造"多规合一"的空间规划体系，使国土空间监控网络体系趋于立体化，不断提高我国国土空间治理水平。

一、加强信息化建设，切实提高国土空间管理水平

随着 5G、互联网等新一代信息技术的快速发展，传统的自然资源管理模式已经无法满足当前需求，自然资源档案管理已经呈现了系统化、现代化、数字化的发展趋势。并且依托于这些信息技术的存在，自然资源档案管理的发展找到了新的突破口。要在国土空间治理工作中，实现自然资源信息化，并以此带动政府信息化工作，使二者相辅相成、互相作用。

（一）建立自然资源信息、资料和数据的共享制度

建立自然资源信息、资料和数据的共享制度就是要以信息技术为支撑，建立所有涉国土单位资料、数据和信息集中和统一管理的制度，搭建统一的自然资源信息、资料和数据上报、使用、处理及分析的运行平台，建立自然资源数字化管理模式，规范自然资源信息、资料和数据使用程序，实现自然资源信息、资料和数据的共享、共用和开发，为开发和利用自然资源资料，全面提高自然资源科学决策、数据分析和管理能力提供数据、信息和资料支撑，提高自然资源数字化治理能力。

同时，要抓住大数据和互联网产业加快发展的机遇，以智慧耕地为重点推进

智慧国土建设，加强自然资源大数据开放共享和关联应用，完善自然资源"一张图"和数据库，实现精准高效管理土地、矿产、水资源，努力打造"自然资源云"升级版，不断提升全省自然资源管理的集成化、系统化、信息化和智能化水平；要加强测绘地理信息能力建设，完善北斗导航与位置服务系统，推进通用标准机场和航空应急测绘基地建设，着力提升测绘地理信息保障能力和服务水平；要建立管地管矿防地灾决策支持平台、监测分析和决策服务信息系统、电子文件交换和视频会议系统，完成电子政务协同办公平台更新，构建全省"一张图"批、供、用、补和查的一体化管理格局，切实增强网上监管和服务能力。

大力推进与空间治理数字化密切相关的自然资源调查监测评价体系、基础地理信息资源体系、现代测绘服务体系建设，并构建国土空间数字化治理应用体系，建立服务数字政府和数字社会应用模式，推进自然资源政务审批一体化、业务管理信息化、监管分析智能化，为自然资源治理能力和治理体系现代化建设提供有力支撑。

借助信息技术和互联网，可以构建出以自然资源为核心的多层次数字化网络系统。首先，应以推广为主，将得到的自然资源档案信息通过多媒体形式进行普及推广，以确保自然资源能够得到充分利用；然后，完善自然资源档案管理内部局域网络，与其他相关部门进行科学高效的信息传递和共享，完善工作流程，确保工作顺利开展；最后，在网络系统中还要构建与其他职能机构对接的系统，使自然资源信息的共享能够更加便利和顺畅，提高工作效率。

要提高自然资源基础服务效能。全面梳理自然资源领域重大改革事项，在构建国土空间规划和用途管制体系、生态保护修复体系、资源节约集约利用体系的同时，建立健全自然资源法治、确权登记、资源资产产权、综合监管、科技创新、营商环境等方面的政策制度，加快构建科学、简明、可操作的自然资源保护和利用制度体系，提升自然资源保护利用、管理决策和公共服务水平。

（二）以信息化带动自然资源管理现代化和政务公开工作的深入
　　　 开展

根据湖北省实际，其自然资源信息化的重点是要利用互联网、人工智能技术加强自然资源数据、资料、信息的收集、处理、分析和决策能力，为管理决策的科学化提供技术支撑，并通过集成化、系统化、信息化和智能化带动自然资源管理现代化的进程，提高管理、决策和服务能力，不断提升全省自然资源管理的水平，为自然资源的开发利用工作的深入开展提供支撑。现在，我国政府的政务工作已经逐步实现信息化变革，创新力度加强，政府的工作效率大大提升。

湖北省加快以信息化为支撑的政务公开工作就是要在自然资源信息化建设的

过程中将自然资源政策、法规、规范、标准、信息、资料和程序全面公开，管理方式、手段、流程、结果公开和透明，并及时更新，全面接受人民群众和社会的监督；要利用管理平台的界面设立企业、民众与政府互动环节，及时跟踪和回答自然资源开发利用中的热点、难点和人民群众关心的问题；要及时解决企业和人民群众在自然资源开发利用和国土空间治理中遇到的问题和困难。

要完善自然资源及与之密切相关的管理规章制度。在进行自然资源管理规章制度建设时，要重点关注自然资源档案管理信息化建设的实际情况，对自然资源档案管理立卷归档规范、保管期限、分类方案等进行有针对性的修订，保障自然资源管理部门各种类型的档案都能够按照规章制度进行收集、归档。同时，还要充分利用信息化技术的发展，建立健全电子档案归档制度、电子文件移交制度、接收管理制度、电子档案鉴定制度、网络安全保密制度等，规范自然资源档案管理的流程。

要进一步将信息化与政府对自然资源的管理理念相融合，使国土空间治理工作更加法治化、规范化、系统化和流程化，从而实现资源的优化配置，促使国土空间治理工作更加现代化。

（三）通过自然资源信息化带动地区政府管理数字化工作的全面推进

要继续强化信息技术支撑基础，加强云计算、大数据、互联网、物联网、区块链和人工智能等新一代信息技术建设，并将现代信息技术与政府管理工作相结合，使地区政府管理工作更加智能化，并加强政府的大数据治理能力，使政府能够游刃有余地运用现代信息技术。政府要优化内部组织机构，改革审批制度。要进行政府国土空间治理工作管理变革，政府工作人员要转变管理观念，摒弃原有管理观念与方式中落后的部分，重塑新的、先进的、与时俱进的管理观念和方式，从而使信息化建设能够顺利推进。

政府管理信息化工作中，需要通过顶层设计制定相应的规范和标准来使工作更加流程化。在进行顶层设计时，还要把信息化建设融入其中，以实现信息化工作为目标，通过信息化建设对政府以往的国土空间治理工作进行改变，将公共服务由分散、碎片化转变为通过数字化窗口获得的"一站式"服务。

二、加强"多规合一"建设工作，形成信息化程度高的规划体系

当前，"多规合一"作为国土空间规划体系的重要框架，其正处于发展的拐点。要密切关注"多规合一"的建设，配合"一张图"，充分发挥其作用，把握其未来发展的大趋势，提高国土空间规划体系的信息化程度。

（一）形成"多规合一"的空间规划体系

利用互联网、人工智能等技术和手段，积极整合国民经济和社会发展各项规划，使其成为一个相互衔接、相互支撑、内容丰富、手段多样、表达形式多样，信息化、数字化和智能化管理程度高的规划体系。

为此，要将现存的多套网络融合打通，尽可能实现不同网络间的互联互通，为形成湖北省一个规划、一张蓝图创造条件。要整合包括林地、草地、牧地、水域、矿产、地质、海洋、湖泊和湿地等在内的各类数据库，以及现状类、规划类、管理类和社会经济类等各种数据，并保持实时更新，从而使数据能够形成三维立体的"一张图"。要强化政府的服务职能，在国土空间规划审批上以"一张图"为主，使政府行政审批更加简单易行。由于目前国家层面还没有出现公认的"多规合一"规划体系，政府要从湖北省的实际出发，以"一张网""一张图""一个平台""三应用""一中心"为支撑，构建数字自然资源管理平台。

政府在编制和实施国土空间规划时，应当将性质、用途、规模、位置和时序都考虑在内，构建治理国土空间的五重框架，在多重约束下寻找国土空间治理的最优解。要在正确处理生产、生活和生态空间的基础上，优化城市、农村和生态空间规划。为此，湖北省必须要严格落实生态保护红线、环境质量底线、资源利用上限和生态环境准入清单。要在生态环境可承载能力范围内进行城市开发，并严格遵守城市开发边界，使国土空间的开发与保护能够达到协调统一。

（二）建立"多规合一"的空间规划平台

利用各类数据库搜集到的数据，整理并形成统一的空间数据体系，结合湖北省实际情况，选取适当的指标依据，对湖北省国土空间进行功能区的划分，并充分利用互联网、人工智能等新技术、新手段，统筹推进国家"自然资源云"湖北省中心和"湖北省自然资源云"平台建设工作，按照"多规合一"的要求，整合各级、各类规划，建立"多规合一"，信息化、数字化和智能化的空间规划平台，运用新一代信息化技术，打造"互联网+空间规划"模式，建设互联互通的"智慧空间"云平台，以此来实现各级、各类规划的衔接和统一，为国民经济和社会发展数据分析、应用、共享和科学决策提供数据支撑和服务。

要将"智慧空间"云平台作为国土空间治理信息化的重要基础设施，不断对其进行优化、升级。要积极总结和学习其他省份与地区打造类似空间规划平台的经验，并因地制宜，在"智慧空间"云平台的建设中融入湖北特色。要基本建成湖北省新型基础测绘体系，使测绘生产组织体系能够达到协同联动。要以"智慧空间"云平台为基础，促使湖北省测绘地理信息服务方式变革、服务效率提升，将"智慧空间"云平台建设纳入地方新型基础测绘体系研究工作。

三、加快监督能力建设，形成立体化的监控网络体系

要重视监督作用，运用信息技术增强社会各主体对政府的监督能力，进一步完善监督制度，为广大群众提供更加便利有效的监督渠道，打造更加立体的国土空间监控网络体系，从实质上提升国土空间治理能力。

（一）完善评估监督制度

要建立规划实施评估机制。合理的监督评估制度能够起到一定约束作用，充分激发工作人员的工作热情和提高工作人员的工作积极性，使其对待工作更加认真、严谨、不懈怠，尽职尽责地完成自己的工作任务，从而形成科学良好的工作机制，使整个工作流程能够正常运行。

为此，要制定并进行日常检查、中期评估和终期考核，时刻抽查工作人员的工作状态，对任务完成情况进行密切关注和追踪，对不足之处进行补救，避免遗漏重要问题。强化对执行情况的监督与检查，使工作人员在一定压力下，能够更好地对项目实施过程负责，促使其高效地完成所制定的任务。

（二）强化实施社会监督

要以信息化为支撑，形成大数据驱动式的社会监督，建成较为完善的监控网络体系。大数据时代的到来，使社会监督模式得到了转型的契机。运用现代技术，能够推动社会监督形成新的监督范式，在大数据的驱动下，公众的社会监督得到了更有力的支持。

为此，要形成多中心的网络结构，控制大数据权力，避免大数据权力滥用。政府要将所得到的国土资源相关信息与数据向社会公众和用户免费开放，实现大数据权利共有，重要数据共享，为有效的社会监督奠定基础。信息的愈加开放，使得信息不再为个别人所垄断，去中心化，使社会公众能够拥有更强的主动性、选择性，形成强而有力的社会监督。

在这一过程中，还要注意保持社会监督的形态多元化。一方面，对于对互联网和大数据等信息技术较熟的公众，可以由其自行选择参与监督活动；另一方面，对于对信息技术不熟悉的公众，应当设立相应的中介机构，为其监督权力的实现提供帮助，在总体上充分尊重公众的主体地位，配合其行使相应的监督权力，使社会监督更加顺畅，能够对工作人员产生重要约束，以确保工作的稳步推进。

第四节　以执行能力建设为抓手，全面推进治理能力现代化进程

执行能力是治理能力的重要表现形式，也是落实治理能力的关键部分。为此，要运用新一代信息技术，加快执行能力的信息化建设，构建国土空间数字化治理应用体系，并在这一过程中加强监督，形成社会共同治理的局面。

一、全面落实管理责任，切实提高国土空间治理的执行能力

提高国土空间治理执行能力的核心是要全面落实管理责任。

（一）坚持公共治理，强化公民参与

让公民广泛参与既是提高国土空间治理效率的一个重要方面，也是国土空间治理机制的重要内容。

一是要让公民参与监督政府承担政治责任、行政责任的过程。要时刻考察政府的工作情况，政府所做出的决策要与人民的利益一致。政府在制定国土空间治理方案时，要及时进行信息公开，使公民能够第一时间了解到最新内容和主要进展。要运用互联网，推进公民监督网络化，使得公民对政府公共治理的监督能够实现高效便利、成本低廉。要健全公民举报的权益保障机制，使公民在面对违法乱纪的政府工作人员时，能够做到毫无后顾之忧地大胆举报，行使公民的权利。

二是要建立有公民参与的公共服务评估机制。要选择适宜的评价指标和方法，建立湖北省公共服务评估机制体系，并定期进行相关评估并规范评估的内容、形式，保证评估过程和评估结果能够做到公开化、透明化，使评估结果真实可信、科学准确。不断完善评估体制，使评估体制的设立愈加趋向多元化。要把公众参与度和满意度等与公众相关的指标作为重要的评估指标，使得民意表达数据化，有利于加强政府工作人员对民意的重视程度，汇集民意，在制定国土空间治理政策时考虑民意，使国土空间治理工作能够获得公民的支持与配合。

三是要提高政府对国土空间治理的决策科学化程度。政府工作人员应当不断提升自己的创新精神，加强地方政府对国土空间治理决策的责任机制建设，防止政府各职能部门互相推诿扯皮而导致行政效率低下。完善政府关于国土空间治理的决策咨询机制，加强专家咨询制度，使得政府所做出的决策拥有强大的理论支持，减少发生重大的、不可能挽回的错误的可能性。

（二）以公民为中心，强化公平正义理念

政府在进行国土空间治理和管理时，要全面树立以公民为中心的意识，切实考虑公民的利益和诉求，将公民生活、生产所需考虑在内，创造共享利益和共担责任的机制，建立社会远景目标。要以实际行动响应公民的共同价值观念，重视社会长期利益，确保公共利益的主导地位。

政府在进行国土空间治理时，要强化并贯彻公平正义理念，保证公民个人都能享受公共权力合法权利，并通过立法、执法等安排予以体现；要塑造公共服务过程中的机会公平观念，保证法律、法规、政策及其运行机制在内的社会规则的公平；要让全体公民在公共服务中享受规则公平的待遇，更要将国土空间治理的效果惠及全体公民。

二、加强执行能力的信息化建设，提高执行效率

传统的国土空间治理模式中存在大量重复性工作，流程烦琐且效率低下。随着中央提出信息化发展规划、大数据行动纲要等，显然政府已经将数字治理提升到国家战略高度，因而要顺应时代潮流与政策响应，采用现代理性方法，全面提高数字治理技术水平，重视信息化建设，大幅提高政府在公共管理和服务方面的效率。

（一）建立服务数字政府和数字社会应用模式

建立服务数字政府的起点应当是从政府服务网站建设开始。要将政府门户网站建设好，相应的政务服务网站也要快速建立起来，方便社会公众对政府工作进行监督，并向政府寻求帮助或建言献策等。与此同时，可以开拓网络微博问政等新型政社互动方式，及时了解和接收公众实时反映的问题，真正做到深入基层，从群众中来到群众中去。

要建设全国公共部门信息联网数据库，使得数据库资源能够自由流通、共享，同时使得数据存储更加方便。要注意加强数据库的安全保障，防止数据丢失或出现乱码等问题，设定专门的技术人员定期对数据库开展相应的维护和检查，保证政府工作的顺利进行。要增强对数字化资料的安全管理能力，重视网络安全，对国土空间数据库系统进行加密控制，在内部设置虚拟专用网络（virtual private network，VPN），并提升防火墙控制等级，设置多重安全管理措施来保证国土空间信息资料的安全。

要保障政务服务数据共享配套资源支撑。对于行政资源，要建立长期高效的工作机制，设置专门的管理机构，全面实现制度化和规范化，运用制度来提供行

政动力机制和安全保障；对于物质资源，要建立相应的经济补偿制度，并设立专项资金，不断完善基础设施，提高保障能力。

（二）构建国土空间数字化治理应用体系

要搭建整体性治理平台，使多种不同的治理主体、治理资源和治理行为能够达到协调统一。一方面，中央要加强国土空间数字化治理的顶层设计，着力构建良好的数据治理体系，建立高效的数据交换共享机制。另一方面，要鼓励地方政府进行相应的国土空间数字化治理创新，大胆设置国土空间数字化治理的试点与示范区，在工作过程中根据出现的问题不断调整治理体系。

地方政府在构建国土空间数字化治理应用体系时，要从当地实际出发，着眼于公众的具体需求，便于群众能够建言献策，为其提供个性化服务。要搭建信息整合云平台，建立动态的数据安全保障体系，使得各部门数据能够互联共享。

要加快建设国土空间和自然资源调查监测应用体系，包括建立关于国土空间和自然资源开发利用的全天候监测，时刻关注其动态变化，掌握国土空间和自然资源全面、最新信息，并设置相应的预警机制，能够第一时间接收有关国土空间的重要信息；要在国土空间数字化治理应用体系中，不断推进国土调查全流程信息化，并面向社会公众提供数据开放服务，将与国土空间治理有关的政务信息公开，接受来自社会公众的监督。

国土空间治理档案也要推行数字化管理，以增强国土空间档案资料的共享性，提高档案管理效率。要研发国土空间包括 APP 在内的数字化管理软件，采用内部授权方式，运用先进的数字化技术对国土空间档案进行动态化、数字化和智能化管理；注重平台等基础设施建设，并培养工作人员的数字化管理能力和适应能力，提高政府官员的创新意识，实现对大数据等信息技术的应用。

三、加强治理过程和环节的监督，形成国土空间治理监管体系

在国土空间治理过程中，要对自然资源给予关注，要以国土空间和自然资源开发利用是否有利于生态环境保护、是否有利于可持续发展为出发点，在开发中保护环境，在保护中开发自然资源，形成人与自然、人与社会和谐发展的环境。

（一）加强对自然资源开发利用全过程的监管

湖北省的自然资源包含土地、矿产资源、水域、湿地和林地等，其内容丰富、领域广泛，但开发利用技术却不同，因此，管理难度大。加强对自然资源开发利用的监管，重点是要对自然资源开发利用进行全过程的管理。因此，要在自然资

源勘察、勘探、开发、利用等环节上制定和实施科学管理标准,在完善管理制度的同时,利用现代信息化技术、设备和手段对自然资源开发利用的各个环节进行监管,防止安全事故、地质灾害和生态环境破坏情况的发生,达到对国土空间和自然资源开发利用全过程、全链条、全域和全生命周期一体化监管的目标。

(二)建立国土空间和自然资源开发利用治理责任制

要全面建立和落实以国土空间和自然资源管护、巡查和生态环境保护为主要内容的目标责任制,落实管理责任,明确管理目标;加强国土执法队伍建设,严格执行自然资源开发利用标准、制度和法律,认真开展自然资源开发利用市场的清理、整顿和规范工作,加大巡查、处罚力度,提高执法能力,重点打击各种违法、违规行为,规范和维护自然资源市场秩序,实现国土空间和自然资源有序开发利用。

(三)建立和完善自然资源监管制度,为自然资源合理开发和综合利用提供制度保障

要全面加强对自然资源勘察、勘探、开发、利用等全过程和各个环节的制度建设,切实把安全放在首位,明确监督和管理的主体责任,实现用制度、规范、法律和标准来加强对自然资源开发利用全过程的监督和管理,形成有利于自然资源综合开发利用、生态环境保护和符合市场经济体制要求的自然资源监督和管理制度体系。

(四)积极探索自然资源管理的新工具和新手段

为了适应可持续发展战略的需要,湖北省要进一步发挥市场在自然资源管理中的独特作用。重点是要通过实施促进节约用水的阶梯水价制度、污染物减排激励机制、节能减排的政府采购、节能减排重大项目的信贷支持、排污权有偿使用和交易试点、生态地质环境保护补偿机制和生态环保投融资体制改革,建立自然资源开发利用与生态地质环境改善相互促进的良性循环机制;要充分发挥该区域建立的碳排放权交易市场在促进碳达峰、碳中和目标实现中的独特作用,通过碳交易的广泛开展和生态补偿基金的建立,使生态补偿通过市场得以实现,为提高社会共同参与该区域生态环境建设的积极性创造条件和提供支撑;要发挥资源补偿税对矿产资源开发利用活动和环境保护的调节作用,以提高矿产资源的开发利用效率,减少对土地、地下水和生态地质环境的破坏及不利影响。

四、完善治理机制，形成全社会共同治理的发展环境

随着数字化技术革命的深入开展及协同政府概念的提出，政府应当运用市场机制，进一步构建国土空间网络化治理应用体系。在网络化的作用下，政府将形成新的治理体系，主张治理主体多元且平等，群策群力，充分调动多主体的积极性，形成全社会共同治理的发展环境，推动国土空间治理进程。

（一）积极探索市场机制在国土空间治理中的新途径和新方式

要充分发挥市场机制在国土空间治理中的特别作用，维护好国土空间领域的营商环境。政府要维护市场秩序，提供公共服务，为各主体参与国土空间治理提供可靠的渠道及保障，协调各方利益，使得公众能够稳步推进。要加大审批制度改革，优化内部审批路径，省去不必要的办理程序，化繁为简，提高工作效率，并全面推行证明事项和涉企经营许可事项告知承诺制。要打造一流政务环境，构建"互联网+政务服务"应用体系和业务体系，实现智能化审批。要提升保障服务水平，建立"店小二"常态化管理机制，编制"招商地图"，营造良好的招商引资环境。

在国土空间网络化治理应用体系中，要做好以下几点。首先，强调在部门结构上，已经不再是以往的高瘦型金字塔式结构，而是呈现更加扁平化的趋势，并且有关国土空间治理的公私合作也被大量引进，因此，要充分调动市场主体的积极性，形成治理的合力；其次，在管理工具上，在保持必要的公共政策、法律法规等强制性手段的基础上，在一定程度上保持市场化的开放程度与灵活性，适当运用市场交易机制来达成公共治理的目标；最后，在治理理念上，更加注重公众利益，给公民更多选择权与自由度，让公众能够充分参与到国土空间的相关治理中，注重公众的满意程度。

（二）打造全社会共同参与的国土空间治理模式

为了印证"人类命运共同体"的理念，要充分激发各主体的活力，让各主体能够参与到国土空间的治理中，对治理模式进行深层次的改革，打造全社会对国土空间的共同治理模式。要使政府和社会能够在国土空间治理问题上，形成权力制衡，让二者能够进行合作，打造良性互动方式，形成协调统一的治理模式。

为此，要打造"强政府、强社会"。一方面要打造服务型政府，要营造出一个适合各主体充分发挥其主观能动性的环境，并逐步培育社会组织的自主能力，鼓励公众参与；要建立协商机制，使社会公众各阶层都能够自由便利地与政府进行沟通交流；要建立个人权利的保障机制，使公众在参与治理时能够拥有强大的后

盾，没有后顾之忧，畅快地表达所见所想，使公民能够真正行使自己的权利；要对社会各主体参与国土空间治理的情况进行监督，在提高治理效率的同时，也能够维护公平与正义；要保证与国土空间相关的治理工作透明公开，使得公众能够行使监督权，同时更加了解国土空间治理的工作内容。

另一方面，既要提高公民对国土空间治理问题的兴趣程度和参与程度，又要提高公民的参与能力与专业能力；既要保证公民能够充分行使自己的权利，又要保证公民行使权利流程的正确性与形式规范性；既要引导社会组织良性发展运行，又要使社会组织逐步减轻对政府的依赖程度。

参 考 文 献

白世强, 2018. 关于建立完善的国土空间治理体系的几点思考. 资源导刊(7): 20-21.

陈家丹, 2021. 破解自然资源统一确权登记制度"中梗阻". 清风(3): 63.

陈江畅, 张京祥, 陈浩, 2021. 底线与边界: 治理视角下的土地资源合理配置逻辑. 城市发展研究, 28(9): 33-41.

陈磊, 姜海, 2021. 国土空间规划: 发展历程、治理现状与管制策略. 中国农业资源与区划, 42(2): 61-68.

陈丽媛, 2007. 党的区域经济发展战略的演变及对湖北经济的影响. 湖北经济学院学报(人文社会科学版)(7): 38-39, 152.

陈仙春, 赵俊三, 陈国平, 2019. 基于"三生空间"的滇中城市群土地利用空间结构多尺度分析. 水土保持研究(5): 258-264.

陈研新, 袁媛, 李宝儿, 2020. 国土空间规划中发展战略规划路径转变: 框架、愿景到绩效: 湛江、黄石与北海的对比研究. 规划师, 36(12): 66-71.

陈章旺, 黄惠燕, 2020. 区域众创空间绩效评价: 基于因子分析角度. 科技管理研究, 40(2): 73-78.

楚言, 2019. 用实干作答中部地区崛起的时代考题. 湖北日报, 2019-09-02(1).

崔家兴, 顾江, 孙建伟, 等, 2018. 湖北省三生空间格局演化特征分析. 中国土地科学(8): 67-73.

丁陈颖, 唐根年, 纪烨楠, 等, 2021. 美丽乡村"三生空间"融合发展的路径研究: 以浙江省为例. 乡村科技, 12(24): 99-103.

丁志刚, 李天云, 2021. 制度优势转化为治理效能: 深层逻辑与核心机制. 中共福建省委党校(福建行政学院)学报(2): 59-70.

董积生, 2013. 甘肃省提升资源可持续利用能力的路径探索: 以经济发展战略转型为目标. 开发研究(5): 26-30.

杜伊, 2021. 面向生活圈空间绩效的社区公共绿地布局优化: 基于上海中心城区的实证研究. 中国园林, 37(3): 67-71.

樊杰, 2020. 我国"十四五"时期高质量发展的国土空间治理与区域经济布局. 中国科学院院刊, 35(7): 796-805.

樊杰, 周侃, 陈东, 2013. 生态文明建设中优化国土空间开发格局的经济地理学研究创新与应用实践. 经济地理, 33(1): 1-8.

方创琳, 2013. 中国城市发展格局优化的科学基础与框架体系. 经济地理, 33(12): 1-9.

方春英, 2011. 湖北省产业结构调整对策研究. 江苏科技信息(2): 8-10.

方芳, 田啟, 2021. 湖北"碳"索助力绿色崛起. 湖北日报, 2021-07-16(12).

方时姣, 肖权, 2019. 中国区域生态福利绩效水平及其空间效应研究. 中国人口·资源与环境, 29(3): 1-10.

冯广京, 王睿, 谢莹, 2021. 国家治理视域下国土空间概念内涵. 中国土地科学, 35(5): 8-16.

冯吉芳, 袁健红, 2016. 中国区域生态福利绩效及其影响因素. 中国科技论坛(3): 100-105.

高爽, 祝栋林, 胡惠良, 2017. 基于"三生共赢"的小流域水环境综合治理对策研究. 中国环境管理(5): 52-56.

格里·斯托克, 1999. 作为理论的治理: 五个论点//俞可平. 治理与善治. 北京: 社会科学文献出版社.

郭炳南, 唐利, 张浩, 2021. 环境规制与长江经济带生态福利绩效的空间效应研究. 经济体制改革(3): 73-79.

郭东才, 2011. 关于建设绿色矿山的思考. 企业导报(10): 116-117.

韩美, 孔祥伦, 李云龙, 等, 2021. 黄河三角洲"三生"用地转型的生态环境效应及其空间分异机制. 地理科学(6): 1009-1018.

湖北省人民代表大会, 2021. 湖北省国民经济和社会发展第十四个五年规划和二〇三五年远景目标纲要. 湖北日报, 2021-04-12(1).

湖北省水利厅, 2000. 《湖北水利志》综述(2000 版). http: //slt. hubei. gov. cn/slyw/slwh/slsz/200711/t20071126_967780. shtml

湖北省水利厅, 2021. 《2020 年湖北省水资源公报》. http: //slt. hubei. gov. cn/bsfw/cxfw/szygb/202108/t20210803_3677598. shtml

黄安, 田莉, 于江浩, 等, 2021. 治理视角下村镇建设资源环境承载力综合评估. 农业工程学报, 37(13): 232-241.

黄金川, 林浩曦, 漆潇潇, 2017. 面向国土空间优化的三生空间研究进展. 地理科学进展(3): 378-391.

江曼琦, 刘勇, 2020. "三生"空间内涵与空间范围的辨析. 城市发展研究, 27(4): 43-48, 61.

金贵, 王占岐, 姚小薇, 等, 2013. 国土空间分区的概念与方法探讨. 中国土地科学, 27(5): 48-53.

金鑫, 林永亮, 2019. 人民观察: 共同推动世界多极化深入发展. 人民日报, 2019-02-15(9).

景思江, 袁毅阳, 2012. 循环经济视角下的湖北产业集群发展的现状与政策选择. 改革与战略, 28(3): 123-125.

孔冬艳, 陈会广, 吴孔森, 2021. 中国"三生空间"演变特征、生态环境效应及其影响因素. 自然资源学报, 36(5): 1116-1135.

孔星河, 2018. "三生"约束下的湖北省农地整治潜力评价及分区研究. 武汉: 华中农业大学.

赖一飞, 谢潘佳, 叶丽婷, 等, 2021. 我国区域科技创新效率测评及影响因素研究: 基于超效率

SBM-Malmquist-Tobit 模型. 科技进步与对策, 38(13): 37-45.

李碧君, 2021. 提升综合承载力促进高质量发展. 合作经济与科技(5): 38-39.

李峰清, 赵民, 黄建中, 2021. 论大城市空间结构的绩效与发展模式选择. 城市规划学刊(1): 18-27.

李干杰, 2019. 深入学习贯彻习近平生态文明思想 坚决打好污染防治攻坚战. 行政管理改革 (11): 4-11.

李广东, 方创琳, 2016. 城市生态—生产—生活空间功能定量识别与分析. 地理学报, 71(1): 49-65.

李国政, 2018. "绿色矿业"的逻辑机理、实践探索与推进策略. 西部论坛, 28(2): 79-90.

李洪涛, 王丽丽, 2020. 城市群发展规划对要素流动与高效集聚的影响研究. 经济学家(12): 52-61.

李继军, 魏水芸, 王楚涵, 2021. 国土空间规划的国家战略思维. 中国名城, 35(10): 13-18.

李佳, 2020. 光谷率先启动, 新规划来了. https://baijiahao.baidu.com/s?id=1673661694752868547 &wfr=spider&for=pc, 2020-07-31.

李晶, 虞志淳, 梁锐, 2020. 陕西富平县域城乡空间绩效测算及评价研究. 西安建筑科技大学学报(自然科学版), 52(5): 633-637.

李墨, 张珊妮, 2021. 东湖畔将崛起世界一流科学城. 湖北日报, 2021-09-04(2).

李奇, 罗宏明, 刘翠霞, 等, 2021. 珠三角城市群"三生空间"特征演化与优化配置研究. 自然资源管理(2): 5-10.

李秋颖, 方创琳, 王少剑, 2016. 中国省级国土空间利用质量评价: 基于"三生"空间视角. 地域研究与开发, 35(5): 163-169.

李双成, 2020. 贵州如何通过绿色高质量发展实现后发赶超?. 当代贵州(22): 79.

李桃, 刘科伟, 2016. 我国空间规划体系改革研究: 以县域总体规划编制为例. 城市发展研究, 23(2): 16-22, 77.

李欣, 方斌, 殷如梦, 等, 2019. 江苏省县域"三生"功能时空变化及协同/权衡关系. 自然资源学报(11): 2363-2377.

李欣, 殷如梦, 方斌, 等, 2019. 基于"三生"功能的江苏省国土空间特征及分区调控. 长江流域资源与环境(8): 1833-1846.

李雪松, 张雨迪, 2015. 长江经济带与汉江生态经济带如何协调融合. 学习月刊(9): 36-38.

李臻谛, 罗郧, 2011. 面向生态文明的自然资源综合评价体系. 地质通报, 30(10): 1614-1618.

李志英, 李媛媛, 汪琳, 等, 2021. 云南省国土空间"三生"功能特征及分区优化研究. 生态经济(6): 94-101.

梁星, 陈英杰, 2019. 城市水资源绩效评价研究: 以长江经济带沿江城市为例. 会计之友(18): 63-71.

梁星, 刘杨东涵, 2017. 基于空间关联分析的自然资源生态绩效评价: 以山东省为例. 会计之友 (18): 30-34.

梁耀文, 王宝海, 2021. 环渤海地区农业生态效率时空演化及影响因素研究. 生态经济, 37(6): 109-116.

廖李红, 戴文远, 陈娟, 等, 2017. 平潭岛快速城市化进程中三生空间冲突分析. 资源科学(10): 1823-1833.

林成文, 2020. 共同推进湖北全域国土综合整治. 湖北日报, 2020-01-10(4).

林久人, 2019. "三生"视角下长江经济带空间均衡状态研究. 内江师范学院学报(12): 77-81.

林伊琳, 赵俊三, 张萌, 等, 2019. 滇中城市群国土空间格局识别与时空演化特征分析. 农业机械学报(8): 176-191.

刘凤兰, 2003. 临汾西部山区农业自然资源灰色综合评估与可持续利用的对策. 农业系统科学与综合研究(2): 106-108.

刘贵利, 郭健, 江河, 2019. 国土空间规划体系中的生态环境保护规划研究. 环境保护, 47(10): 33-38.

刘纪远, 匡文慧, 张增祥, 等, 2014. 20世纪80年代末以来中国土地利用变化的基本特征与空间格局. 地理学报, 69(1): 3-14.

刘继来, 刘彦随, 李裕瑞, 2017. 中国"三生空间"分类评价与时空格局分析. 地理学报, 72(7): 1290-1304.

刘涛, 侯兰功, 2021. 2000-2018年成都平原国土空间格局演化及驱动力研究: 基于"三生"空间多功能视角. 西南农业学报(9): 2004-2013.

刘燕, 2016. 论"三生空间"的逻辑结构、制衡机制和发展原则. 湖北社会科学(3): 5-9.

刘洋, 石丹, 王吉, 2021. 旅游型城镇三生空间功能识别与分析: 以吉林省长白山二道白河镇为例. 江苏农业科学, 49(18): 201-206.

卢天梁, 张军, 1991. 大城市地域国土开发整治政策探讨. 地理学与国土研究, 7(3): 16-19.

鲁达非, 江曼琦, 2019. 城市"三生空间"的优化策略. 高等学校文科学术文摘(3): 147-148.

骆云, 李文渊, 武永江, 2012. 论我国矿业权法制化建设的历史演变. 生态经济(11): 112-115.

吕克白, 1990. 国土规划文稿. 北京: 中国计划出版社.

迈克尔·波特, 2002. 国家竞争优势. 李明轩, 邱如美, 译. 北京: 华夏出版社.

毛健, 潘鸿, 2010. 自然资源: 合理开发与经济增长相关分析. 经济学动态(1): 72-75.

念沛豪, 蔡玉梅, 马世发, 等, 2014. 国土空间综合分区研究综述. 中国土地科学, 28(1): 20-25.

彭一苇, 左晨, 王思为, 等, 2021. "25条"力推要素配置市场化. 湖北日报, 2021-03-19(3).

祁帆, 贾克敬, 常笑, 2019. 在国土空间规划中统筹划定三条控制线的五大趋向. 中国土地(12): 4-8.

邱洪全, 2021. 多维邻近性、空间关联与区域协同创新绩效. 科技管理研究, 41(11): 3-101.

任晓丽, 2009. 山西省农业自然资源评估及可持续发展. 国土与自然资源研究(3): 27-28.

单薇, 金晓斌, 冉娜, 等, 2019. 江苏省土地利用"生产–生活–生态"功能变化与耦合特征分析. 长江流域资源与环境(7): 1541-1551.

司建楠, 2011. 建设主体功能区 构建三大战略格局. 中国工业报, 2011-06-16(A2).

宋马林, 杜倩倩, 金培振, 2016. 供给侧结构性改革视阈下的环境经济与自然资源管理: 环境经济与自然资源管理学术研讨会综述. 经济研究, 51(4): 188-192.

孙安军, 2018. 空间规划改革的思考. 城市规划学刊(1): 10-17.

孙国庆, 2013. 多规合一国土空间综合分区方法与支持工具研究. 北京: 中国地质大学(北京).

汤尚颖, 2020. 湖北省自然资源空间布局优化研究. 北京: 科学出版社.

唐伟, 许庆福, 乔庆伟, 等, 2021. 嵌入理论视角下的新时代国土空间规划基本框架. 国土空间规划, 37(9): 70-75.

陶小马, 谭婧, 陈旭, 2013. 考虑自然资源要素投入的城市效率评价研究: 以长三角地区为例. 中国人口·资源与环境, 23(1): 143-154.

田大庆, 王奇, 叶文虎, 2004. 三生共赢: 可持续发展的根本目标与行为准则. 中国人口·资源与环境, 14(2): 8-11.

王俊俊, 2020. 基于SBM-Malmquist的广西旅游生态效率研究. 桂林: 桂林理工大学.

王玲, 2021. 湖北省人民代表大会常务委员会工作报告. 湖北日报, 2021-02-03(4).

王娜, 2019. 供给侧改革背景下湖南省自然资源配置方式创新探讨. 中国市场(2): 17-19, 25.

王珊, 2018. 基于"三生"空间的西安市国土空间开发格局优化研究. 西安: 长安大学.

王威, 胡业翠, 2020. 改革开放以来我国国土整治历程回顾与新构想. 自然资源学报, 35(1): 53-67.

王晓东, 2020. 政府工作报告. 湖北日报, 2020-01-21(1).

王新峰, 袁兆宇, 李君, 等, 2018. 基于空间绩效的总规实施评估方法探索. 规划师, 34(6): 112-117.

王新红, 2011. 产业地产开发模式发展对策研究. 北京: 北京交通大学.

王旭, 马伯文, 李丹, 等, 2020. 基于FLUS模型的湖北省生态空间多情景模拟预测. 自然资源学报, 35(1): 230-242.

王洲林, 陈蔚镇, 2021. 国土空间规划治理机制与模式探析: 基于"控制权"理论的视角. 城市发展研究, 28(6): 50-57.

韦晨, 侯国林, 2020. 基于"三生空间"功能评价的中原城市群国土空间特征及优化研究. 湖南师范大学自然科学学报(3): 18-26.

魏超, 2019. 基于生态文明理念的国土空间利用协调发展研究. 武汉: 中国地质大学(武汉).

魏小芳, 赵宇鸾, 李秀彬, 等, 2019. 基于"三生功能"的长江上游城市群国土空间特征及其优化. 长江流域资源与环境(5): 1070-1079.

魏雅丽, 袁巧灵, 唐子淳, 2021. 美丽乡村视域下传统川西林盘"三生空间"耦合协调分析: 以广福村为例. 西华师范大学学报(自然科学版), 42(4): 410-416.

吴健, 王菲菲, 胡蕾, 2021. 空间治理: 生态环境规划如何有序衔接国土空间规划. 环境保护, 49(9): 35-39.

吴九兴, 徐晨, 师奎忠, 2021. 安徽省资源环境承载力与国土开发利用强度耦合协调研究. 上海国土资源, 42(3): 49-54.

吴鸣然, 2021. 我国省域研发资源创新效率的测度. 统计与决策, 37(12): 74-78.

吴瞳, 2021. 武汉"光芯屏端网"延伸到城市圈. 长江日报, 2021-07-30(3).

吴艳娟, 杨艳昭, 杨玲, 等, 2016. 基于"三生空间"的城市国土空间开发建设适宜性评价: 以宁波市为例. 资源科学(11): 2072-2081.

武汉国家粮食交易中心, 2020. 守牢耕地保护红线 筑牢粮食安全根基. 湖北日报, 2020-12-02(8).

武占云, 2018. 中国可持续城市建设理念与实践. 环境经济(24): 46-51.

席建超, 王首琨, 张瑞英, 2016. 旅游乡村聚落"生产-生活-生态"空间重构与优化: 河北野三坡旅游区苟各庄村的案例实证. 自然资源学报(3): 425-435.

肖金成, 2019. 区域发展战略的演变与区域协调发展战略的确立: 新中国区域发展 70 年回顾. 企业经济, 38(2): 43-50.

肖蕊, 邵怀勇, 李峰, 等, 2021. 四川省"三生空间"分类评价与时空格局分析. 湖北农业科学(6): 146-152.

谢高波, 2020. "谱写新时代湖北高质量发展新篇章"新闻发布会. http://www.hubei.gov.cn/hbfb/xwfbh/202001/t20200112_1910892.shtml, 2020-01-12.

谢译诣, 邹艳, 2022. 2000—2020 年北京市"三生空间"格局变化特征分析. 桂林理工大学学报, 42(1): 141-150.

徐磊, 2018. 基于"三生"功能的长江中游城市群国土空间格局优化研究. 武汉: 华中农业大学.

许燕琳, 李子君, 2021. 基于 DEA 和 STIRPAT 模型的山东省农业生态效率评价. 水土保持研究, 28(4): 293-299.

薛伟贤, 2020. 坚定不移推动绿色发展. 西安日报, 2020-11-16(7).

闫忠志, 2019. 媒体监督、管理层权力与企业非效率投资行为. 财会通讯(30): 29-33.

严金明, 张东昇, 迪力沙提·亚库甫, 2020. 国土空间规划的现代法治: 良法与善治. 中国土地科学, 34(4): 1-9.

杨辰丛海, 2021. 海岸带地区三生空间演变与协调性分析: 以惠安县、晋江市为例. 亚热带水土保持(3): 21-26.

杨清可, 段学军, 王磊, 等, 2018. 基于"三生空间"的土地利用转型与生态环境效应: 以长江三角洲核心区为例. 地理科学(1): 97-106.

杨上广, 2007. 自然资源绿色评价模型的理论研究. 科技进步与对策(2): 99-102.

叶裕民, 王晨跃, 2019. 改革开放 40 年国土空间规划治理的回顾与展望. 公共管理与政策评论, 8(6): 25-39.

宜昌市人民政府, 2020. 宜昌建立多元化资金保障机制 大力推进山水林田湖草生态保护修复试点工程. http://www. yichang. gov. cn/html/redianzhuanti/sjsthjbhdchtkjxs/duchadongtai/2020/1003/1025596. html.

余荆圃, 桑俊, 2007. 湖北经济增长的产业集群战略选择. 商业时代(24): 116-118.

余亮亮, 蔡银莺, 罗成, 2020. 湖北省国土空间规划管制测度及空间相关性分析. 地理与地理信息科学(5): 97-103.

曾小洁, 王芳, 冯艳芬, 等, 2018. 广东省欠发达地区"三生"空间的时空变化分析: 以粤北连州市为例. 广东土地科学(3): 36-44.

詹姆斯·N. 罗西瑙, 2001. 没有政府的治理. 张胜军, 刘小林, 等, 译. 南昌: 江西人民出版社.

战强, 2019. 空间治理视角下的"三区三线"划定研究. 哈尔滨: 哈尔滨工业大学.

张陈为, 谌恺祺, 郭艺文, 等, 2021. 顾及三生空间交互特征的城市空间宜居性评价: 以武汉市为例. 测绘通报(1): 124-129.

张东升, 冷红, 丁爱芳, 等, 2021. 新基建背景下国土空间信息化建设思考与探索. 小城镇建设, 39(7): 112-118.

张浩哲, 杨庆媛, 2021. 中国收缩城市土地利用效率及其影响因素研究. 人文地理, 36(3): 108-116.

张景鑫, 2017. 基于"三生空间"的区域国土空间利用质量及耦合协调度评价: 以苏南城市群为例. 农业科学研究(3): 57-63.

张静, 2018. 以城市群为主体推进湖北区域协调发展. 湖北日报, 2018-01-14(7).

张军涛, 翟婧彤, 2019. 中国"三生空间"耦合协调度测度. 城市问题(11): 38-44.

张军涛, 翟婧彤, 2020. 我国沿海中心城市"三生空间"耦合-协调度评价及优化策略. 现代城市研究(6): 2-8.

张雷, 2002. 中国矿产资源持续开发与区域开发战略调整. 自然资源学报(2): 162-167.

张然, 杨瑞, 2019. 基于生态福利绩效的山东省绿色发展研究. 林业经济, 41(12): 51-59.

张守忠, 2003. 论湖北省工业结构调整. 湖北大学学报(哲学社会科学版), 30(5): 37-40.

张泰山, 徐鑫, 2006. 1927-1937 年湖北田赋赋额状况考察: 南京国民政府时期湖北田赋研究之三. 湖北教育学院学报(7): 49-51.

张文忠, 余建辉, 李佳洺, 2016. 资源枯竭城市转型的驱动因素和机理解析. 中国科学院院刊, 31(1): 92-100.

张衍毓, 张晓玲, 邓红蒂, 2021. 新时代国土空间治理科技创新体系研究. 中国土地科学, 35(4): 9-16.

赵继华, 邓有成, 付春晖, 2000. 湖北产业结构变动轨迹. 统计与决策(1): 33.

赵继敏, 杨波, 2018. 多目标导向下的北京城市空间结构绩效评价研究: 基于"五位一体"的视角. 生态经济, 34(7): 148-153.

赵亚莉, 2020. 绿色发展理念主导下的国土空间规划编制路径. 中国土地(10): 31-32.

郑德凤, 张雨, 魏秋蕊, 等, 2016. 基于可持续能力和协调状态的水资源系统评价方法探讨. 水资源保护, 32(3): 24-32.

郑洋, 郝润梅, 吴晓光, 等, 2018. 基于 MCR 模型的村庄"三生空间"格局优化研究. 水土保持研究(5): 362-367.

中华人民共和国国民经济和社会发展第十四个五年规划和 2035 年远景目标纲要. 人民日报, 2021-03-13(1).

中华人民共和国商务部办公厅, 2005. 关于扩大开放、提高吸收外资水平、促进中部崛起的指导意见 (商资字[2005]130 号). http://tfs.mofcom.gov.cn/article/ba/bl/gfxwj/201304/20130400103322.shtml.

周炳中, 包浩生, 彭补拙, 等, 2000. 苏北地区可持续发展中的资源环境问题研究. 人文地理(6): 46-49.

周德, 徐建春, 王莉, 2015. 环杭州湾城市群土地利用的空间冲突与复杂性. 地理研究(9): 1630-1642.

周侃, 王传胜, 2016. 中国贫困地区时空格局与差别化脱贫政策研究. 中国科学院院刊, 31(1): 101-111.

周晓艳, 于沣玉, 张亩苗, 2019. 武汉城市圈三生功能时空格局及权衡与协同分析. 湖北社会科学(11): 63-71.

朱古月, 潘宜, 2020. 城市绿色空间服务绩效评估及影响机制: 基于武汉中心城区的案例. 经济地理, 40(8): 86-95.

朱琳, 程久苗, 金晶, 等, 2018. "三生"用地结构的空间格局及影响因素研究: 基于 284 个城市面板数据. 中国农业资源与区划(8): 105-115.

朱彧, 2021. 构建数据标准体系 提升空间治理效能: 部有关司局负责人解读国土空间用途管制数据规范. 中国自然资源报, 2021-07-12(5).

朱媛媛, 余斌, 曾菊新, 等, 2015. 国家限制开发区"生产-生活-生态"空间的优化: 以湖北省五峰县为例. 经济地理(4): 26-32.

ANDERSEN P, PETERSEN N C, 1993. A procedure for ranking efficient units in data envelopment analysis. Management Science, 39(10): 1261-1264.